책문화생태계의
현재와 미래

책문화교양
0 0 1

책문화생태계의 현재와 미래

독자-출판-도서관-서점의 공생과 공존을 위하여

출판저널 · 책문화생태계연구소 기획 및 엮음

카모마일북스

책을 내며

책문화생태계 패러다임의 도래

출판은 시대를 기록한다는 점에서 매체 역사에서 매우 중요한 역할을 담당해 왔습니다. '출판'이라는 '잡지'를 만들면서 미디어로서의 잡지의 역할과 미래를 생각해 봅니다. 1987년 창간 당시 〈출판저널〉은 책, 저자, 출판사, 독자를 연결해 주는 매체였습니다. 창간 이후 당대의 책문화를 기록해 왔습니다. '책문화'라는 단어를 언제부터 사용했는지 연구자료 등을 찾아보았더니, 〈출판저널〉 1990년 5월 20일자에서 '부산지역 책문화의 터줏대감 영광도서'라는 제목으로 처음 사용되었으며, 이후에도 〈출판저널〉 1991년에서도 '책문화의 최일선 심부름꾼 인천중앙도서관 이동도서관' 기사에서도 책문화라고 기록합니다. 〈출판저널〉이 창간된 이후 출판뿐만 아니라 출판-서점-도서관 등을 모두 포괄하는 개념으로 책문화라는 개념을 사용해 왔다는 것을 알 수 있습니다. 〈출판저널〉 통권 500호부터 '책문화생태계'라는 개념으로 특집좌담 시리즈를 진행해 온 것은 우연이 아니며 〈출판저널〉이 창간부터 주도해 온 책문화 정신의 연장선이라고 봅니다.

〈출판저널〉은 2017년 7월호로 창간 30주년을 맞이하였고 2017년 9월호인 500호부터 특집좌담 '책문화생태계 모색과 대안'을 기획하여 수록하고 있습니다. 1990년대 인터넷 시대가 열리면서 출판환경과 독서환경이 변화되기 시작했습니다. 구글의 전 회장 에릭 슈미츠는 "사회 모든 계층에서 '연결성(Connectivity)'은 계속 더 경제적·실용적으로 변할 것이다. 사람들은 어디서나 지금보다 훨씬 저렴한 무선 인터넷 네트워크에 접속할 수 있을 것"이라고 주장한 바 있습니다. 이렇게 급속하게 변화하는 환경 속에서 출판의 역할과 새로운 모델은 무엇일까, 책을 읽는 사람들은 왜 줄어들고 있을까, 도서관과 서점의 역할은 무엇일까, 각자도생하지 않고 함께 잘 살 수 있는 공존공생의 방안은 무엇일까… 많은 질문들 속에서 현장에서 그 해답을 찾고자 '책문화생태계 모색과 대안'이라는 특집좌담을 기획하게 되었습니다.

〈출판저널〉이 지난 30년간 급속하게 발전해 온 출판산업의 단면을 기록하였다면, 이제는 건강한 책문화생태계를 모색하고 대안을 찾아내어 향후 30년 미래를 성장하게 만드는 지혜를 모아야 한다는 기획이 담겨 있습니다. 따라서 좌담에는 책문화 현장에서 종사하시는 다양한 전문가들의 생생한 육성을 기록함으로써 그 해답을 찾아나가고자 합니다.

《책문화생태계의 현재와 미래》는 〈출판저널〉 500호부터 505호까지 6회 분량의 특집좌담을 재정리하여 엮었습니다. 1장 책문화생태계를 둘러싸고, 2장 책문화생태계 시점에서, 3장 서점의 현재와 미래, 4장 도서관은 어떻게 바뀔 것인가?, 5장 지역출판의 가능성을 찾아서, 6장 직장환경과 출판의 미래를 모색해 보았습니다. 책문화생태계는 책을 생산하고 유통하고 소비로 이어지는 차원을 포괄하는 더 큰 개념입니다. 즉 책문화생태계는 출판, 서점, 도서관 등 업계와 밀접하게 연관되어 있을 뿐만 아니라 우리 사회의 교육시스템, 정치 환경, 행정 등 책문화를 둘러싼 다양한 환경과도 연관되어 있고 영향을 주고받습니다. 책문화생태계가 건강해지면 우리 사회가 좀 더 윤택해지고 삶의 질이 높아지고 풍요로운 삶을 살 수 있지 않을까요.

일본에서 〈출판저널〉을 애독하고 계시는 출판칼럼니스트이자 번역가 다테노 아키라 선생님께서 〈출판저널〉의 특집좌담을 일본에서 번역출판하자는 연락을 먼저 해주셨고, 한·일 동시 출간이라는 출판역사의 한 장면을 남기게 되었습니다. 번역을 담당해 주신 다테노 아키라 선생님과 일본판을 출판해 주신 미디어펄의 시모무라 테루오 사장님께 지면을 통하여 감사 인사를 드립니다.

또한 〈출판저널〉 특집좌담의 사회를 맡아주시고 일본과 소통 역할을 해주신 김정명 교수님, 출판학자로서 후배 연구자들에게 존경을 받고 계시는 부길만 교수님께서 매회 좌담을 함께 해주시고 깊이 있는 조언을 해주셔서 큰 힘이 되고 있습니다.

〈출판저널〉 좌담에 참석하여 주시고 소중한 말씀을 나누어 주신 김나솔 제주스퀘어 대표님, 김명숙 나무발전소 대표님, 김민주 리드앤리더 대표님, 김영애 책찌 대표님, 권영란 작가님, 박상융 변호사님, 박수연 경문사 편집실장님, 백원근 책과사회 연구소 대표님, 송승섭 명지대학교 문헌정보학과 교수님, 신경미 밀알학교 선생님, 신중현 학이사 대표님, 안유정 왓어북 대표님, 은종복 풀무질 대표님, 이용훈 한국도서관협회 사무총장님, 이정수 서울도서관 관장님, 이종복 한길서적 대표님, 이홍 한빛비즈 이사님, 조진석 책방이음 대표님, 천정한 정한책방 대표님, 최서영 더페이퍼 대표님, 황풍년 전라도닷컴 대표님께 깊은 감사를 드립니다.

《책문화생태계의 현재와 미래》를 많은 독자들이 읽고 토론하며 책문화를 함께 만들어나가는 데 밀알 같은 역할을 하길 기대해 봅니다.

이번 한·일 동시 출간(2018년 11월 11일)을 통하여 〈출판저널〉의 국제화가 시작되었다는 점에 기쁘게 생각하며, 한국과 일본이 책문화의 현재를 함께 고민하고 발전적인 미래를 도모할 수 있기를 희망합니다. 한·일 동시 출간의 시작으로 아시아, 유럽, 영미 등 전 세계 출판인들과 책문화 미래를 함께 논의하고 비전을 만들어나갈 수 있기를 기대해 봅니다.

2018년 11월 11일
정윤희 〈출판저널〉 대표

목 차

책을 내며 책문화생태계 패러다임의 도래   5

1장
책문화생태계를 둘러싸고

책문화생태계가 당면한 과제들   20
책문화생태계의 정의와 책문화 선순환을 위해 해결해야 하는 과제들   34
출판유통의 문제와 해결 방안   53
출판과 독서의 상호작용을 위한 방안   61

2장	
책문화생태계 시점에서	

2017년 출판산업 특징	68
송인서적 부도의 충격	80
통일된 도서 데이터베이스 시스템의 필요성	89
정가제가 아닌 도서정가제, 공론화 없이 3년 재연장	95
출판계 블랙리스트 세종도서 문제, 도서관 도서구입 예산 확충	102
출판계 종사자도 모르는 출판문화산업 진흥 5개년 계획	111
책문화생태계 변화 특징과 전망	117

3장	
서점의 현재와 미래	

서점을 둘러싼 다양한 생각	128
우리에게 서점은 어떤 곳인가	140
서점의 위기는 어디에서 오는가	158
출판인이 보는 서점, 서점인이 보는 서점, 독자가 보는 서점	165
함께 만들어가는 서점의 미래	172

4장

도서관은 어떻게 바뀔 것인가?

국내 도서관 역사, 도서관 수, 사서인력 현황	182
공공도서관 사서배치의 쟁점과 사서의 중요성	193
도서관은 우리에게 어떤 공간이어야 하는가?	211
훌륭한 사서 없는 훌륭한 도서관은 없다	224
도서관은 어떻게 변화되어야 하는가	234

5장

지역출판의 가능성을 찾아서

지역출판의 시대가 왔다!	242
지역출판이란 무엇인가	246
지역출판사들의 사명	253
지역에서 생산-유통-소비가 선순환하는 생태계 필요	258
'지역출판 쿼터제' 필요	261

6장
직장환경과 출판의 미래

미투운동은 왜 일어났는가	274
출판분야 직장환경 어떻게 개선해 나갈 것인가	281
페미니즘 도서의 사회적 의미	297
미투 이후, 좋은 직장 환경을 위한 방안들	300
부록 〈출판저널〉의 출판문화사적 의의와 과제	306
에필로그 책문화생태계 모색을 위한 좌담은 계속 된다	315

기획 및 엮음
출판저널 · 책문화생태계연구소

좌담 기획　정윤희 〈출판저널〉 대표

좌담 사회　김정명 신구대 겸임교수

좌담 조언　부길만 한국출판학회 고문

좌담 참석자

김나솔 제주스퀘어 대표/ 전 제주출판잡지연대 사무국장
김명숙 나무발전소 대표
김민주 리드앤리더 대표
김영애 책찌 대표
권영란 진주〈단디뉴스〉전 대표
박상융 법무법인 한결 변호사
박수연 한국여성편집인클럽 회장/ 경문사 편집실장
백원근 책과사회연구소 대표
송승섭 명지대 문헌정보학과 교수
신경미 《시간을 파는 서점》저자 / 밀알학교 교사
신중현 제2대 한국지역출판문화잡지연대 회장 / 학이사 대표
안유정 왓어북 대표
은종복 풀무질책방 대표
이용훈 한국도서관협회 사무총장
이정수 서울도서관 관장
이종복 한길서적 대표
이 홍 한빛비즈 편집이사
조진석 책방이음 대표
천정한 정한책방 대표
최서영 더페이퍼 대표
황풍년 제1대 한국지역출판문화잡지연대 회장 / 전라도닷컴 대표

1장

책문화생태계를 둘러싸고

이용훈

천정한

조진석

- **사회** 김정명 / 신구대 미디어콘텐츠과 겸임교수
- **참석** 부길만 / 한국출판학회 고문
  　　　　이용훈 / 한국도서관협회 사무총장 전 서울도서관 초대관장
  　　　　천정한 / 정한책방 대표
  　　　　조진석 / 책방이음 대표
  　　　　정윤희 / 〈출판저널〉 대표에디터
  　　　　김명숙 / 나무발전소 대표

한국의 출판산업은 근대화 이래 산업화와 민주화를 거치면서 격동의 시대를 함께 거쳐 왔습니다. 〈출판저널〉 1987년 7월 20일자 창간호에서도 밝혔듯이 출판유통의 선진화와 독서문화 진흥은 출판계의 과제였고 현재도 그렇습니다. 1987년 이후 30년 지난 지금 한국의 출판산업은 다양한 각도에서 진전되어 왔지만 IT와 스마트미디어 산업이 중첩되면서 아직도 해결해야 할 과제들이 남아 있습니다. 〈출판저널〉 500호 좌담 주제인 '책문화생태계의 현재와 미래'에서는 왜 '책문화' 관점에서 봐야 하는지 알아보며, 책문화생태계를 구성하는 주체들인 출판, 도서관, 서점 입장에서 들어보고자 각 분야의 전문가들을 모셨습니다. 책문화생태계를 건강하게 만드는 요소들에 대하여 좌담을 통하여 들어보았습니다.

좌 담 포 인 트

- 책문화생태계가 당면한 과제들
- 책문화생태계의 정의
- 책문화 선순환을 위해 해결해야 하는 과제들
- 책문화생태계의 가장 큰 이슈인 출판유통의 문제와 해결방안
- 4차산업혁명 시대의 책문화 변화와 대응 방안
- 지방분권시대에서의 책문화생태계 발전 방안
- 출판과 독서의 바람직한 상호작용을 위한 방안

책문화생태계가 당면한 과제들

김정명 〈출판저널〉 500호 특집 좌담으로 '국가경쟁력과 책문화생태계'라는 주제에 대해서 논의를 할 전문가들을 모셨고, '모색과 대안'이라는 큰 주제로 이번 500호 좌담에 이어 지속적으로 좌담회를 이어나갈 예정이라고 합니다. 30년 전에 〈출판저널〉이 창간할 당시 한국 출판산업이 당면한 문제점들이 해결되지 않았다는 점은, 그만큼 우리 출판계가 담론으로서 이야기를 하고 더 구체적인 방향성 제시와 실천이 부족하지 않았나, 라는

생각이 듭니다.

모색과 대안이라는 큰 주제도 이 좌담회가 크게 아우를 수 있는 주제라고 생각을 합니다. 저도 배우는 입장에서 오늘 나와주신 전문가들의 고견을 들어보도록 하겠습니다. 그럼 먼저 오늘 좌담에 참석해 주신 분들께서 각자 소개를 해주시고요, 특별히 관심분야도 언급해 주시면 고맙겠습니다.

부길만 제가 출판과 독서 등 책문화와 관계를 맺은 때가 1980년부터입니다. 서울양서협동조합에서 독서운동 실무책임자를 맡았어요. 어린이도서연구회 전신이에요. 그 당시 제가 아이디어를 내서 처음 시작했는데 이렇게 회원 수가 많아질 줄 몰랐죠. 서울양서협동조합에서 중고생 독서운동을 하자고 했는데 중고생 독서운동은 아직까지 잘 안 되더라고요. 그러다가 조합을 그만 두고 한길사, 범우사에서 편집자로 일하다가 1989년에, 마흔 살이 조금 안 되어 대학원 공부를 시작했어요. 1997년에 대학에 출판과가 생기면서 대학에서 출판을 가르쳐왔어요. 개인적으로 관심 있는 분야는 출판역사에요. 출판역사를 공부하다 보니까, 이 분야를 공부하겠다는 사람이 너무 없어요. 출판역사를 공부하겠다는 사람이 있다면 자료를 제공해 줄 수 있고 후원을 하고 싶어요. 제가 문화재위원회 위원을 하고 있는데요. 제가 속한 근대사분과는 건축역사, 미술역사, 출판역사를 연구한 분들이 위원으로 있어요. 저는 출판역사 분야여서 문화재위원회 위원으로 위촉됐죠. 앞으로 출판역사 분야 연구자들이 많이 나와서 다양한 분야에서 활동했으면 좋겠어요.

이용훈 저는 2017년 7월 1일부터 한국도서관협회 사무총장으로 일하고 있습니다. 지난 4년간 서울도서관 초대 관장으로 일했어요. 요즘 도서관도 많은 변화에 직면해 있어요. 도서관도 최근 2, 3년 동안 양적인 성장을 많이 했지만 양적인 성장에 비해 인(人)적 성장은 아직도 미약합니다. 사서들의 권익 향상 등 풀어가야 할 문제들이 많아요. 한편으로는 책과 지식정보의 활용 방법도 많이 바뀌어서 대학, 기업, 연구소들은 축소되고 있고요. 부길만 교수님께서 말씀하신 것처럼 각 부문의 역사가 매우 중요하죠. 우리나라 도서관의 역사도 제대로 정리할 필요가 있어요. 특히 근대 중심의 도서관 역사는 거의 안 되어 있거든요. 그래서 도서관박물관을 만들어야겠다는 생각을 해요. 더 나아가서 같이 할 수 있다면, 책박물관이나 인쇄박물관이 조금 조금씩 하고 있는데, 책-출판-독서-도서관까지 아우르는 박물관이 필요하다고 봐요. 이런 부분은 저의 개인적인 관심이기도 하고요.

저는 몇 십년간 도서관계에 종사하면서 출판, 서점 등의 관계자들과 교류를 하고 있지만, 가만히 보면 몇몇 사람들 간의 관계이지 책문화생태계 전체가 단단한 연결고리는 부족한 것 같아요. 서로가 서로를 잘 몰라요. 같이 가야 할 관계임에도 갈등이 더 깊어지는 것 같고요. 앞으로 각 부분들이 리더십을 발휘하고 서로 단단하게 연결될 수 있도록 만들어야 합니다. 좀 더 넓게 각 현장에서 일하는 사람들이 교류할 수 있는 기회가 많아졌으면 합니다.

김정명 이용훈 사무총장님께서 말씀하신 것처럼 지금까지는 출판, 서점, 도서관 등 각자의 입장이 있었는데, 이를 연결할 수 있는 네트워킹이 필요한 것 같아요.

부길만 지금까지는 출판, 인쇄 등 산업 입장, 즉 책을 생산하는 측면에서 정책을 폈는데 이제는 시야를 확장해서 도서관, 독서운동 단체 등을 망라하는 정책을 펴야 해요.

김정명 좋은 말씀 주셔서 감사드립니다. 그러면 이젠 서점에 종사하시는 조진석 책방이음 대표님 말씀 들어볼게요.

조진석 IMF 이후 1998년부터 인권과 평화 시민운동을 지금까지 계속 하고 있습니다. 2009년에 12월부터 서점을 하게 됐어요. 시민운동을 하다보니까 저변을 넓히는 게 필요했어요. 우리 사회가 책을 읽지 않고서는 변화되기 어렵기 때문에 자연스럽게 독서와 서점에 관심을 갖게 되었어요. 마침이라고 하기엔 불행하게도 개인이 운영하고 있는 서점이 있었는데 문을 닫을 상황이 되었어요. 아무리 수를 내도 방법이 생기지 않았죠. 개인이 계속 투자를 해도 유지가 어렵겠더라고요. 그런 상황에서 문을 닫게 되었고. 서점이 영리가 안되고 사익을 추구하는 게 어렵겠다는 결론으로, 비영리공익서점으로 만들게 된 계기가 되었고요. 제가 몸담고 있는 '나와 우리'라는 시민단체에서 인수를 한 거죠. 그게 8년 전의 상황이었는데요. 되돌아보면 8년 동안 더 어려워지고 있어요. 서점들이 생기고 있지만 규모가 크지 않은 작은 형태의 서점들이 생기고, 기업들이 서점을 아니면 책을 인테리어처럼 책을 매개로 하고 있다, 이런 것은 책만으로는 수익이 나지 않기 때문에 여러 가지 시도가 있는 게 아니냐 이런 생각을 하고 있습니다. 불과 5년이라는 시간 속에서 새로운 서점들, 기존에 서점을 하지 않았던 사람들이 서점을 오픈하기도 하고 독립책방 처럼 작은 서점들이 생겨나고 있습니다. 그래서 안정적으로 서점을 할 수 있는 노하우를 나누고 지혜를 서로 나누려고 하고 있습니다. 어른들 말씀을 빗대어 얘기하면 애가 애를 키우고 있는 상황인 거죠. 저도 서점을 운영한 지 8년밖에 안 됐는데 서점을 돕겠다고 하니까요.

부길만 그럼 지금 책방이음은 회원제로 운영을 하고 있나요?

조진석 네 그렇습니다. 기존의 시민단체 회원이기도 하고 새로 가입하는 회원도 시민단체 회원이 되기도 합니다. 출자회원으로 30여 명 있고요. 300명 정도 매달 5천 원 이상의 후원 회비를 내는 뿌리회원, 줄기회원이 200여 명, 잎새회원(마일리지 적립을 해서 서점을 이용하는 회원으로) 13,000여 명 있습니다. 책을 일시적으로 사는 사람들로는 서점을 지속적으로 운영할 수 없기에 회원제로 서점을 운영하고 있습니다.

대학로에 위치한 책방이음

부길만 그럼 회원을 확보하기 위한 홍보나 마케팅은 어떻게 하고 계시나요?

조진석 인스타그램, 페이스북, 텔레그램, 카톡 등 소셜 네트워크 서비스(SNS)에 실시간으로 서점에 대한 소식들을 올리고 있습니다. 이를 본 사람들이 행사에 참여하고 서점에 와보기도 하고 온라인이나 오프라인으로 왔다가 회원으로 가입하기도 해요. 처음 온 사람은 20% 내외 정도 되고요. 처음이 아닌 사람은 70~80% 정도 되는 거죠. 나중에는 출자를 원하는 회원이나 매달 후원 회비를 내는 뿌리회원으로 가입하세요.

부길만 책방이음의 사례를 〈출판저널〉에서 알려주고 벤치마킹할 수 있도록 연결해주는 역할을 해주시기를 부탁드립니다.

조진석 두 번째로 제가 말씀을 드리고 싶은 것은 출판계 언저리에 있어보니까 두 가지 현상이 있는데, 소가 닭 보듯이 하거나 개와 원숭이의 사이가 있는데, 도서관과 서점은 밀접하게 관계가 되어 있는데 별 관계가 없다고 생각하죠. 출판사와 서점, 도서관도 밀접하게 관련 있는데 교류가 없고요.

부길만 책방이음은 몇 평인가요?

조진석 40평정도 규모에요. 6천권 정도의 규모의 서점이고요. 주로 인문사회과학 서적이 많죠.

부길만 1년 만에 4만 종 이상의 신간이 출판되는데 그중에서 도서를 선별해서 구비하는 어떤 기준이 있나요?

조진석 책방이음은 인문, 사회, 예술 분야의 책을 취급하고요. 소수의 고객들이 찾는 책은 주문을 해서 구비를 해요. 도서선정위원회는 없어요.

부길만 조언을 드리자면, 지역책방들이 책에 관심이 있는 동네 주민들 중에서 도서선정위원회를 만들어 책을 구비하면 회원확장에도 도움이 될 수도 있을 것 같습니다.

조진석 네, 그래서 저희도 2016년부터 책방비전팀을 꾸려서 '독자의 서가'를 두었어요. 추천위원회는 없지만 책방비전팀을 만들어서 독자들이 좋은 책을 추천하고 서가를 꾸미는 일을 하고 있어요. 최종 책임은 저지만 그분들이 자문 역할을 하는 거죠. 추리나 장르 분야는 제가 전문이 아니니까 그 분야의 전문가들이 도서를 추천하고 있어요.

부길만 그럼 대표님은 월급을 받는 건가요?

조진석 저는 시민단체에서 월급을 받고요. 책방에서 나오는 수익은 모두 시민단체로 가는 거죠. 그래서 사회로 환원하는 방식으로 운영해요.

부길만 적자가 나면 어떡하나요?

조진석 적자는 지금까지 6개월 정도 있었어요.

부길만 1년에요?

조진석 아니요. 1년에 여섯 달이 적자면 안 되죠. 지금까지 8년 동안 운영하면서요.

부길만 아 대단하시네요. 그럼 흑자가 나면요?

조진석 그렇다고 흑자가 큰 규모는 아니기 때문에 지원할 금액이 크지는 않아요. 출판사와 홍보를 같이 한다든지, 도서관에는 프로그램을 지원을 해요. 출판사와 도서관을 이어주는 역할을 하고 있어요. 책방이음은 시민단체이기 때문에 수익이 나면 사회에 환원을 한다는 비전을 갖고 있어요. 오늘 좌담이 제가 연구대상이 된 것 같은데요. 하하!

부길만 조진석 대표님이 굉장히 중요한 말씀을 해주셨어요. 이 모델을 잘 벤치마킹을 해서 시민단체들이 서점을 만들어서 운영하면 책문화생태계에 큰 도움이 될 듯합니다.

김정명 시민단체에서 서점을 운영하는 사례가 또 있나요?

조진석 책방이음 말고는 없는 걸로 알고 있어요.

부길만 제가 1980년부터 2년 동안 회원제 서점을 운영해 본 경험이 있어요. 그 당시 20만원 월급을 받던 대기업에서 무작정 나와서 월급 5만원을 받기로 한 양서협동조합에 들어가서 활동했지요. 당시 존립을 위해서 200명 회원들을 대상으로 독서 프로그램 운영도 많이 했고요. 조진석 대표 말씀 들으니까 그때 경험이 생각나네요.

김정명 아 부길만 교수님이 책방 경험이 있으셨군요. 조진석 대표님의 두 번째 말씀 마무리를 듣고 싶어요.

조진석 네, 그래서 저는 출판사, 서점, 도서관이 만나야겠다는 생각을 해요. 한동네 사람들이고 옆집인데도 만나지 못하니까 갈등관계가 만들어지죠. 출판사들은 책이 안 나간다고 그러고, 서점에서는 책을 못 받는다고 하고, 도서정가제 정책 관련해서는 도서관에서는 결정된 것을 그대로 따를 수밖에 없고. 한동네에 있는데 왜 우리는 같은 자리에서 우리의 고민들을 나누지 못하고 있는가에 대해서 생각을 해봤고요. 앞으로는 출판사, 서점, 도서관이 함께 만나서 책문화생태계를 함께 만들어나갔으면 합니다.

김정명 조진석 대표님 말씀대로 출판동네 반상회가 필요하고 그런 의미에서 〈출판저널〉 500호 좌담회 자리가 그 시작이라고 보고요. 이번에는 천정한 정한책방 대표님 말씀 들어볼게요.

천정한   저는 도서출판 정한책방 대표입니다. 2001년도에 보리출판사에 입사해서 출판영업을 처음 시작했습니다. 그 전에 〈한겨레21〉 〈월간 말〉에서 독자관리를 했어요. 그 이후 다양한 출판사에서 출판마케팅 업무를 맡았어요. 17년 동안 출판마케팅이라는 길을 걸어왔습니다. 처음 출판마케팅을 담당했던 당시 2001년이라는 시기는, 1990년대 후반에 인터넷 서점이 들어오면서 한국 출판의 유통이 크게 요동치고 있었을 때예요. 제가 2001년에 입사를 했을 때 앞전에 계셨던 선배들은 서점영업을 중심으로 하셨다면, 온라인서점이 등장하면서 출판사에도 '마케팅'이라는 용어를 쓰기 시작하면서 출판사 내부 시스템도 많이 바뀌게 되었어요. 저는 당시 선배들을 통해서 체계적인 마케팅 교육을 받고 싶었어요. 그래서 교육을 시켜 달라, 도대체 서점영업을 어떻게 하는 거냐, 등등을 물어봤는데 당시 선배들은 술자리에서 자기 영업경험을 이야기 해주는 게 전부였어요.

뭔가 답답함을 많이 느꼈죠. 서점 결제일에 1만원, 2만원 받으려고 안산, 수원, 고양시에 있는 서점까지 가서 영업자들이 줄 서서 기다리는 것도 비효율적이라는 생각을 했었어요. 영업자 중에 다른 업종에 온 사람들은 이런 출판영업 현실에 너무 놀라워했어요. 4개월 치 10~20만원 하는 어음도 그렇고요. 출판유통에서 굉장히 많은 문제를 안고 있던 상황이었고요. 이후 출판마케팅 경력이 쌓이면서 들었던 생각은 마케팅을 포함해서 출판교육을 좀 더 체계화할 필요성이 있겠다는 거였어요. 그래서 다양한 출판사에서 꾸준히 현장 경험을 쌓으면서 개인적으로 공부도 해나갔습니다. 그런 와중에 2012년 투데이북스에서 이시우 대표님과 공저로 《출판 마케팅 실무노트》를 출간하게 되었고, 이듬해에 단독저서로 《출판마케팅 실전전략서》라는 책을 냈죠.

김정명 하하. 저도 그 책 읽었어요.

천정한 당시에 책을 내고 나서 주변의 반응은 썩 좋지 않았어요. 왜냐하면 아무래도 출판계 기라성 같은 선배들도 있는데 젊은 후배가 마케팅 책을 내니까 업계에 계신 분들이 안 좋게 보는 기류가 느껴지더라고요. 우리 출판계가 답답하고 참 막힌 구조가 아닌가. 그런 생각이 많이 들었고요. 당시 제가 출판 선후배, 동료들에게 이야기를 하고 싶었던 점은 출판마케팅의 발전을 위해서는 마케팅 경험, 노하우를 어떤 식으로든 공유해야한다는 점이였어요. 술자리에서 지극히 개인적이고 은밀한 정보공유가 아니라 책으로 공개적으로 할 필요가 있다는 것이였죠. 출판편집과 디자인, 제작 관련된 책들은 자주 출간됨에도 불구하고 출판마케팅에 대한 체계적인 교재나 교육시스템이 없다보니 여전히 선배나 직장 상사의 경험에 의존하는 마케팅이 지금까지 이어져 오고 있어요. 세상은 변하고 있는데 출판은 변하지 않고 있다는 위기의식 같은 게 느껴졌어요.

2014년 여름, 아카넷출판사 퇴사 후 출판사 정한책방을 창업하게 되었습니다. 2014년부터 2016년까지 한국출판문화산업진흥원에서 출판마케팅 강의를 했어요. 강의를 하면서 스스로도 공부가 많이 됐고요. 2017년에 성공회대학교 문화대학원에서 미디어문화연구로 석사학위를 받았어요. 논문으로 '네이버 책문화 서비스가 출판마케팅에 미치는 영향'이라는 주제로 썼어요. 최근에 일어나고 있는 콘텐츠마케팅에 대해서 관심을 가지고 있고요. 그동안의 출판마케팅이 서점영업 중심이었다면 최근 시장은 콘텐츠마케팅으로 빠르게 바뀌고 있어요. 그래서 현업에 있는 인력들도 그렇게 바뀌고 있는 추세이고요. 콘텐츠 마케팅, 플랫폼 비즈니스, 더불어 출판전문인력 양성에 대한 관심들이 있어요. 2017년 충북대학교에 연계융합전공으로 번역출판과정이 생겼는데 저는 '출판의 이해'를 강의했습니다.

부길만 사회를 보시는 김정명 박사님이 마케팅 전공을 하셨죠.

김정명 그리고 오늘 좌담회에 청취자로 특별 초청되신 김명숙 나무발전소 대표님 말씀도 들어볼게요.

김명숙 네, 저는 배우고 싶어서 좌담에 참석했어요. 저는 대학을 졸업하고 계속 출판 일을 했어요. 문학잡지 에디터로도 일하고 출판사에서 에디터로 일하고 출판사 아웃소싱 일도 10년 정도 했어요. 책을 만드는 게 출판이 다인줄 알고 살았던 사람입니다. 저는 책을 만들면 다 베스트셀러가 되는 줄 알았어요. (참석자들 웃음) 나무발전소를 창업한 지 8년째인데 너무 힘들어요. 왜 안 될까? 항상 물음표를 달고 살죠. 2017년 1월 2일에 송인서적 부도를 당하면서 정말 큰 충격을 받았고 지금도 받고 있어요. 어음이라는 게 한국에만 있고 더구나 출판에만 있다는 게 깜짝 놀랐어요. 올해 처음으로 서점 영업하시는 분에게 부탁을 해서 전국 서점을 순회하고 있어요. 서점을 돌면서 출판인으로서 반성을 많이 해요. 내가 만든 책이 서점에서 독자들에게 어떻게 전달되고 있는지 고민이 전혀 없었던 그런 시절을 보내다가 이렇게 살면 안 되겠다는 반성을 하고 있는데요. 지방에 가보니까 대형서점들이 많이 생겼더라고요. 문제는 뭐냐면 동네서점들이 점점 사라지고 있는 거예요. 대형서점이 한 달 동안 참고서를 안 팔다가 한 달이 지나면 참고서를 팔기 시작하는 거예요. 그렇게 되면 학교 앞의 작은 동네서점들은 타격을 입을 수밖에 없잖아요. 지방에서 20년, 30년 하던 지역서점들이 사라지는 것을 보면서 우리 출판계가 서점에도 관심을 가져야 한다고 봐요. 작은 서점과 대형서점이 공생할 수 있는 생태계가 필요해요. 제가 살고 있는 성산동 성미산 마을에도 작은 서점이 있는데요. 서점 회원으로 활동하면서 정말 작은 서점들이 있는 게 굉장히 중요하다는 생각을 많이 해요. 저는 또 어렸을 때부터 책을 읽어왔고 앞으로도 책을 만들면서 읽기도 하겠지만 자아실현을 하고 싶다는 마음도 있기 때문에 사람들이 책을 체험하는 문화가 필요하다고 봐요.

이용훈 대형서점의 참고서 판매 기간이 1년 6개월인 걸로 알고 있는데요. 한 달 참고서를 팔지 않는 이유는 신규입점이 아니고 리모델링이나 확장이전이라는 방법을 쓰기도 하더라고요.

부길만 서점이 중소기업적합업종●으로 지정을 받았죠.

이용훈 대형서점만 존재하지 않고 지역서점들이 함께 공존할 수 있는 연대가 필요하다고 봐요. 결국 소비자의 주권 문제이기도 하고요.

부길만 일부 도시에서는 반갑게도 '희망대출제'라고 해서 서점과 도서관을 연결하는 일을 하고 있어요. 지역 주민이 도서관 홈페이지에서 제시한 책을 골라서 서점에 가서 그 책을 받은 다음, 읽고 서점에 다시 반납하면 도서관이 서점에 도서 구입비를 지급해주는 제도를 운영하고 있어요.

이용훈 결국은 지역서점 살리기 조례도 만들었는데요. 소비자의 주권을 위해서 업계 내부에서 다양한 제도와 사례를 논의해볼 필요가 있어요. 책문화생태계가 그런 것이죠. 사실 대형 중고

● 「대 · 중소기업 상생협력 촉진에 관한 법률」(약칭: 상생협력법)에 따르면, "중소기업 적합업종 · 품목"(이하 "적합업종"이라 한다)이란 대 · 중소기업 간의 합리적 역할분담을 유도하기 위하여 중소기업의 형태로 사업을 영위하는 것이 적합한 분야(서비스업을 포함한다)를 말한다.

서점 때문에 지역의 작은 서점들이 더 어려워지고 있는데요. 당연히 출판사도 힘들고요. 신간이 안 팔리니까요. 거기다 도서관도 책을 대출해주니까 책 신간 소비가 줄어들 수밖에 없죠. 출판사에서는 도서관이 마음에 안들고요. 도서정가제 연장 논의 때도 도서관이 충분하게 참여하지 못한 것 같습니다. 공공대출권 등 공공서비스를 늘리려고 하면 예산이 늘어나야 하고 전략이 필요하거든요. 주장만 하는 게 아니고, 출판계와 도서관계가 팀워크를 잘 짜서 제도를 수정 보완하거나 도서관의 신간 장서구입비 예산 확충 등을 함께 논의하고 정부에 제안할 수도 있죠. 이번 문화체육관광부가 조직 정비를 했는데 출판인쇄독서진흥과로 바뀌면서 독서, 출판, 인쇄를 하나의 과로 묶었는데 도서관은 따로예요. 도서관도 독서, 출판, 인쇄와 함께 가야 해요. 특히 도서관은 산업적 측면보다는 지역문화 측면에서 공공서비스를 해야 하는 역할이 있죠.

책문화생태계의 정의와 책문화 선순환을 위해 해결해야 하는 과제들

김정명 자연스럽게 책문화생태계에 대해서 이야기를 나누고 계시는데요. 그럼 '책문화'는 무엇이고 '책문화생태계' 개념을 어떻게 정의할 수 있을까요? 각자 생각하시는 책문화와 책문화 생태계에 대해서 말씀해 주시면 고맙겠습니다.

부길만 최근에 일본 나가노도서관에 다녀왔는데요. 제가 지역신문에 칼럼을 쓰면서 '지방분권시대의 책문화 살리기'에 대해서도 언급을 했어요. 책을 생산하는, 즉 책을 만드는 일만 살려서는 안 되겠더라고요. 책을 둘러 싼 써클이라고 볼 수 있는데요. 책을 만드는 사람이 있고, 책을 유통시키는 사람이 있고, 책을 소비하는 주체가 있죠. 이 흐름을 제대로 돌아가게 만들어주는 정부 정책, 교육, 국민들의 문화의식, 사회분위기 등 이를 통틀어서 저는 책문화라고 봅니다. 이젠 책문화 안에 책 산업이 들어가야지, 산업적인 접근만 하면 안 된다는 거죠.

책을 만드는 단계는 크게 저술 그룹과 출판 그룹이 있어요. 저술 그룹은 원고를 쓰는 저자들이고 출판 그룹은 원고를 선별하거나 기획을 합니다. 유통은 서점, 도서관을 포함하고요. 제일 중요한 것은 소비 측면이라고 봐요. 소비는 곧 독서인데 한 권의 책이 그냥 소비자에게 전달됨으로써 끝나는 게 아니라 독자가 읽고 서평도 하고 토론도 하는 것을 말하지요. 도서관이나 서점에서 하는 독서동아리 활동이라든가 다양한 독서 활동이 소비라고 봅니다. 일련의 시스템을 묶어서 전체 큰 틀에서 봐야 합니다. 그동안에는 출판에 한정지어서 봤는데요. 그래서 앞으로는 출판 발전보다는 '책문화 발전'이라고 표현해야 한다고 보고요.

생태계는 결국 유기체인데 큰 틀로 가면 이게 국가경쟁력이지요. 우리 한국사회가 세계문화에 어떻게 유익하게 기여해야 하는가, 그리고 시대의 흐름을 어떻게 반영할 것이냐, 시대정신 등 거시적인 관점에서 볼 수 있는 분야가 책문화라고 봅니다. 동시에 사람들의 삶의 현장 속으로 책문화가 세세하게 들어갈 수 있도록 하는 게 중요하죠.

천정한 저도 부길만 교수님의 말씀에 동감합니다. 그동안 출판문화, 출판산업이라는 말을 많이 썼는데 이는 철저히 책을 생산하는 입장에서 꺼내든 화두였습니다. 이제는 '책문화'라는 개념에서 책을 소비하는 과정에 있는 독자들이 매우 중요한 위치에 있다고 봅니다. 개정 도서정가제가 도입되고 실행되는 과정 속에서 출판계가 얼마나 독자들을 생각했을까, 책문화생태계 안에서 독자들의 입장을 얼마나 고려했는가에 대해서 냉철히 돌아봐야 합니다. 제가 마케팅을 하면서 시장에서 독자들을 만나보면 독자들은 출판업계에 많은 불신들을 갖고 있거든요. 특히 책 정가에 대한 부분이나 유통 마케팅까지, 출판시장에 대한 신뢰가 없다고 볼 수 있습니다. 도서정가제를 출판사 배불리기 정책으로 생각하는 사람도 많습니다. 이렇게 독자들에게 불신하게 만든 원인은 베스트셀러에 집착하는 등 과도한 성과주의에 집착하면서 독자를 돈벌이 수단으로 생각한 출판계에 있죠. 이제부터는 출판 정책을 펴나가고 책문화생태계를 형성해 나갈 때 독자 중심으로 패러다임을 바꾸어야 한다고 봅니다.

부길만 독자들과 출판사뿐만 아니라 저자들과 출판사간 갈등도 있어요. 지금보다 투명하고 윤리적인 책문화 시스템이 필요해요.

정윤희 책문화생태계라는 개념이 책을 생산하고 유통하고 독자들 소비로 이어지는 차원을 넘어서는 개념이라고 봅니다. 즉 책문화생태계는 출판, 서점, 도서관 등 업계와 밀접하게 연관되어 있을 뿐만 아니라 우리 사회의 교육시스템, 정치 환경 등 책문화를 둘러싼 다양한 환경과도 연관되어 있고 영향을 주고받습니다. 책문화생태계가 건강해지면 우리 사회가 좀 더 윤택해지고 삶의 질이 높아지고 풍요로운 삶을 살 수 있다고 봅니다. 결국 국가의 경쟁력과도 연관되어 있고요. 저는 우리나라가 산업화와 민주화가 급진적으로 이루어지고 이러한 토대가 잘 뿌리내리지 못한 상황에서 IT 환경이 몰아치는 바람에 우리가 진정으로 추구해야 가치들을 상실했다고 생각해요. 가치의 상실은 결국 우리 사회를 황폐화시키고 혼란스럽게 만들죠.

이용훈 문화가 자연스럽게 우리 일상 속에 스며드는 것이라고 본다면, 책이 일상 속에 스며들어 자연스럽게 책문화가 만들어진다고 보고요. 여기서 문제가 뭐냐면, 예전과는 달리 지금 책만이 가장 보편적이고 가장 쉽게 접근하기 좋은 문화, 미디어가 아니라는 거죠. 그래서 책문화의 재정의가 필요합니다. 생태계는 생로병사 과정이 자연스럽게 흘러가는 과정일 텐데요. 새로운 것이 생겨나고 소멸되는 과정이 얼마나 잘 움직이고 있느냐가 생태계라고 봅니다. 우리는 생태계를 이야기할 때 생로병사 중 특히 '사(死)'에 대해서 상당히 부정적이에요. 우리나라는 실패가 불가능한 나라거든요. 절대 실패하면 안 되는 나라죠. 생태계는 자연스럽게 생성과 소멸의 과정을 거치게 되는데 그런 의미에서 죽은 것도 의미가 있고 사는 것도 의미가 있다고 봅니다. 그러다보니까 각자 자기 나무 하나에 집중해 있고 숲 전체를 못 보는 게 아닌가, 라는 안타까움이 있습니다. 우리가 관점을 더 넓혀야 한다고 봐요.

예전처럼 책이 많지 않아서 보고 또 보는 시대가 40년도 안 된 것 같아요. 학문이 성장하면서 저자들도 늘고 출판물도 늘고 도서관도 계속 성장해 왔는데 갑자기 이런 구조가 빠르게 무너지고 있죠. 생태계 안에서 나는 한 그루의 나무이고, 각자가 존재해야 하는 이유가 있으며, 그리고 전체를 위해서 우리가 어떻게 조화롭게 어우러져야 하는지 깊이 고민하고 생태계를 잘 가꾸어가는 노력들이 필요한 시점입니다.

김정명 이용훈 사무총장님께서 생로병사를 말씀하셨는데, 예전엔 웰빙이 중요했지만 지금은 웰다잉에 더 관심이 높잖아요. 책문화생태계에서도 '웰다잉'이란 게 있을까요?

부길만 지난번에 출판사 사장님을 만나서 중요한 이야기를 들었어요. 출판사들이 많이 팔려는 정책을 쓰면 안 된다고. 그것은 출판이 아니라고 하더라고요. 책이 필요한 사람에게 필요한 책을 만들어내는 것이 출판이라는 거죠. 생태계로 볼 때는 의미 있는 발상 같아요. 오락거리, 볼거리들이 많은 지금 책도 엄청 많이 쏟아지고 있는데 정말 책을 어떻게 내느냐도 중요하죠.

스마트폰이 나오면서 책보다는 스마트폰을 더 즐기는 문화가 생겼죠. 또 스마트폰 안에 엄청난 콘텐츠가 있어요. 문제는 스마트 기기만 발전하도록 놔두는 것이 국가 경쟁력 측면에서 옳은 것인가라는 문제죠.

천정한 책을 종이책으로 한정할 것이 아니라 넓은 범위에서 스토리 콘텐츠로 변화되는 것까지 다 포함시켜야 한다고 생각해요. 요즘에는 책 콘텐츠가 웹툰, 영화, 음원 등과 같이 여러 형태로 장르화 되기도 하니까요. 그리고 책문화생태계에는 글쓰기와 독서모임과 같이 책을 소재로 자발적이고 자생적인 형태를 띤 생활문화 그룹도 해당된다고 봅니다.

조진석 조금 전에 말씀하신 것처럼 콘텐츠라는 측면에서 접근할 필요가 있지 않을까요. 그럼 온라인과 오프라인의 구분이 깨지는 거죠. 지금처럼 종이책 vs 전자책처럼 경쟁관계가 아니게 되고요. 콘텐츠 중에서 온라인으로 보거나 오프라인으로 보거나 독자들이 선택하는 거죠. 그중에서도 책이라는 꼴(자료집의 형태, 논문의 형태, 책이라는 형태)로 만들어가지고 유통되기 위해서는 독자가 있어야 저자가 존재하게 되는 거죠. 독자를 통해서 저자가 새롭게 나올 수 있는 시스템이 저는 책문화라고 보고요. 저는 조금 다른 관점에서 본다면 저자로부터 독자까지, 독자로부터 저자까지 이루어지는 과정이 책문화라고 봐요. 즉 저자, 출판사, 유통망, 유통망 속에 서점이 들어가겠죠. 그리고 책을 만날 수 있는 도서관, 그리고 독자, 독자가 다시 저자가 되는 이러한 순환과정이 지금 잘 이루어지지 않고 있어요.

김정명 박사님께서 책문화생태계의 웰빙뿐만 아니라 웰다잉을 이야기 하셨는데, 법정스님의 책《무소유》가 웰다잉의 대표적인 사례이지 않을까요. 만약 지금까지도 그 책이 나온다고 한다면 출판사와 저자에게 의미가 있겠지만, 책 제목인 '무소유'처럼 책도 독자가 소유하지 않고 죽는 것도 의미가 있다고 봐요. 지금 출판생태계는 각자의 영역이 흔들리고 있을 뿐만 아니라 각자도생을 하는 방법을 선택했기 때문에 저자도 출판서도 서점도 도서관도 독자까지도 모두 기반이 흔들려서 어쩔 줄 몰라하는 상황이라고 봅니다.

부길만 책을 콘텐츠로 보는 것은 동감하고요. 예전에는 우리가 콘텐츠가 워낙 적으니까 콘텐츠에 접근만 하면 굉장한 저자였어요. 그 사람이 파워를 갖는. 지금은 정보의 홍수 속에서 사람들에게 정보를 퍼부어대니까 정보홍수 속에서 허우적거린단 말이에요. 뭘 어떻게 봐야 할지도 모르고. 그럴 때 출판 행위에 의미가 생긴다고 봐요. 종이로 하든 전자책으로 하든 관계 없이 어떤 콘텐츠를 선별해서 독자들에게 주겠느냐는 문제죠. 출판이라는 것은 제대로 된 콘텐츠를 선별하는 역할을 하는 거고, 그러면 출판을 통해서 무엇을 해야 하느냐. 일반인들이 콘텐츠를 선별할 수 있는 능력을 갖게 만들어 주는 것이 출판이 해야 할 역할이라고 봅니다. 비슷한 생각을 유발 하라리와 앨빈 토플러가 썼더라고요. 뭐냐면 옛날에는 정보를 차단하는 검열 방식이었는데 최근에는 정보를 쏟아부어버린대요. 그럼 뭐가 뭔지 모르게 되지요. 앨빈 토플러가 《부의 미래》라는 책에서 국가적으로나 개인적으로나 쓸모없는 정보는 버리라고 주장하지요. 쓰레기 같은 정보를 많이 버려라, 그래야 부를 창출한다고 합니다. 이런 역할을 하는 게 출판이라고 생각합니다.

천정한 플랫폼 비즈니스를 연구하다보면 결국 정보는 하나의 플랫폼에 다 모아지잖아요. 쓸데없는 정보, 알찬 정보 등등 떠돌다가 하나의 특정 플랫폼 안으로 들어와서 이 콘텐츠를 소비하는 사람들이 자발적으로 취할 것은 취하고 버릴 것은 버리고 그러면서 자신들에게 맞는 콘텐츠를 확장시켜 나가죠. 그런 것들은 우리가 전통적으로 책을 만들어서 서점에 깔고 하는 수동적 출판 행위와는 다르게 정말 살아있는 유기체로서 콘텐츠가 공유되고 소비되는 현상을 볼 수 있으니까 이것도 최근에 드러나는 새로운 책문화생태계의 모습이라고 봅니다.

이용훈 디지털 시대가 되고 직거래 시스템이 되면서 기존에 매개자 역할을 했던 유통망이나 출판사의 역할이 무너지고 있다고 봅니다. 저자와 독자가 바로 만날 수 있는 환경이 되었고요. 수없이 많은 것들 중에서 무엇을 선택할 수 있을 것인가에 대한 고민이나 결정장애가 있어서 신뢰할 수 있는 정보를 제공해주는 것이 필요하다고 봐요. 요즘 서점이나 도서관에서 하는 큐레이션이죠. 독자들이 책이 없어서 못 사는 게 아니잖아요. 그 많은 책들 중에서 정확하게 무엇을 원하는지, 누군가가 그 니즈에 맞게 콘텐츠를 제공하는 것이 중요해졌어요. 출판도 그런 점에서 왜 이 책을 냈는지 명확하게 독자들에게 보여 줄 필요가 있어요. 서점이나 도서관도 왜 이 책이 여기 있어야 하는지 독자가 왜 읽어야 하는지 가이드를 해주어야 하죠. 도서관에서는 주제를 정해서 도서 전시를 한다거나 독자들에게 지속적으로 책을 권하고 정보를 전달해주는 역할을 해야 할 것 같아요. 저는 책문화생태계에서 가장 중요한 것은 신뢰라고 봐요. 얼마나 서로를 믿는가. 상호신뢰를 만들어가는 게 가장 큰 과제가 아닐까 생각합니다.

부길만 이용훈 사무총장께서 책문화생태계의 선순환을 위해서는 상호 신뢰가 가장 중요하다고 말씀하셨는데 저도 동감합니다. 출판사도, 도서관도, 서점에서도, 독자들도 선택의 과정이 계속 흘러가기 때문에 생태계가 되는 것 같아요. 문제는 우리가 같이 검토해야 할 주제는 그럴 때 선택의 기준을 어떻게 정할 것인가, 입니다.

이용훈 그것은 어떤 특별한 기준이 아니고 결국 그 선택을 하는 사람들이 일방적으로 전달하기보다는 독자들과 소통을 통해서 필요한 정보나 전문성을 더해서 선택해서 제공하고, 상호 피드백도 받는 것 같아요. 예전에는 어떤 양서목록이나 추천도서가 있어서 그 도서목록을 다 읽어야 하는 것으로 알았는데 이제는 그런 시대가 아니죠. 독자들의 취향이나 세대별 특징 등이 너무 다양해졌기 때문에 출판, 서점, 도서관 등도 더 독자들을 알고 다양하고 깊이 있는 콘텐츠를 제공해야 한다고 봐요.

조진석 '사적인 서점'●이란 책방이 있어요. 개인 상담을 두세 시간 하고 그 사람에게 맞는 책을 골라서 책을 보내주는 서점이에요. 단적으로 보여주는 것이 뭐냐면 1대 1로 필요한 책을 골라주는 곳으로서 서점의 역할. 우리의 서점이 아니라 나의 서점이 필요한 것이죠. 우리의 목록이 아니라 '나의' 목록이 필요한 서점으로 큐레이션이 필요해졌고요. 서점이 개개인의 욕구들을 얼마나 채워줄 수 있느냐. 적극적으로 잘 고를 수 있는 사람도 있지만 대체적으로 잘 못 고르죠. 그러면 많이 노출되거나 어떤 유명

● 2016년 10월 홍대입구에 정지혜 대표가 '책 처방 프로그램'을 운영하는 예약제 서점으로 2018년 문을 닫았고 사적인 서점 시즌2를 준비하고 있다.

인이 추천하는 책 위주로 고르게 되죠.

중요한 것은 책 평가에 대한 자신의 신뢰감이에요. 그 기저에 보면 나만을 위한 서비스가 있었으면 좋겠다는 생각들은 이제 수요이기도 하고 요구이기도 하고 생산도 그렇게 되고 있어요. 독립잡지가 많아지는 것도 그렇고요. 천 권, 이천 권 찍는 게 아니라 내가 표현하고 싶은 양만큼 찍는 거죠. 소진하면 끝내고. '나'라는 주어로 변화되고 있는 것에 대해서 출판이 얼마나 잘 대응하고 있는가. 이런 고민이 들더라고요.

부길만 좋은 말씀을 하셨는데요. 1대 1 서비스는 아주 중요한 거라고 봐요. 또 한 가지는 독서와 출판의 개념을 달리 공부를 하거든요. 출판과 독서 자체에 몰입해서 갈 게 아니라 어떤 그룹과 연결시키는 출판과 독서를 생각할 필요가 있어요. 예를 들어 다문화가정이 많다, 다문화가정들을 위해서 어떤 책을 출판하고 그들을 위해서 어떤 책을 권장할 것이냐, 다양 니즈를 그룹핑해서 출판을 하고 독서로 이어지게 하는 과정이 필요해요.

천정한 출판사들은 타깃에 맞는, 수요에 맞는 책을 출판하겠다는 게 원칙이죠. 하지만 대중 출판을 하면서 예측 가능한 출판기획을 하기가 사실 쉽지 않습니다.

부길만 저도 출판사 사장님들을 많이 알고 있는데, 크게 두 유형이 있어요. 베스트셀러를 내야겠다는 출판사와, 자신이 좋아하는 분야의 전문서만을 꾸준히 내는 출판사. 베스트셀러를 쫓는 출판사들은 버티기 힘들어요. 많이 망하죠. 그러나 전문서를 내는 출판사들은 시간이 흐를수록 독자군이 생겨나죠. 예를 들면 건축이나 미술처럼 출판사들도 이젠 전문성을 가지는 게 중요해요.

이용훈 조진석 대표께서 사적인 서점 사례를 말씀해 주셨는데요. 사실은 도서관의 역할이 1 대 1 도서 추천 서비스를 해주는 문화 공공성을 가지는 곳이에요. 사서가 하는 일은 책을 대출반납 해주는 일이 아니라 이용자에게 적합한 자료를 전달해서 이용자의 문제를 해결하도록 돕는 게 역할이에요. 그러나 한국의 도서관에서는 이용자들이 요구한 적도 없고 요구해도 충분한 인력이나 전문성을 가진 사서들이 이용자들에게 서비스를 하지 못하고 있어요. 외국의 도서관들은 이미 그렇게 하고 있습니다. 번역서를 보면 어떤 도서관의 누구 사서에게 고맙다는 서문을 쓰는 저자들이 많아요. 한국에서는 그런 서문을 본 적이 거의 없어요. 도서관은 개인이 할 수 없는 지식의 양을 모아 놓고 전문적으로 관리하면서 필요한 질문에 답을 해주고 자료를 제공해주는 공유의 문화시설인데요. 이런 과정에서 전문적인 사서들이 역할을 하고 있죠. 저는 앞으로 우리 사회가 도서관에 많은 투자를 하고 책문화생태계의 기반이 되도록 해주려면 기본적으로 이런 공공서비스를 잘 하도록 만들어야 한다고 봅니다. 기본적으로 도서관 수도 많아야겠지만 자료구입비도 증가시키고, 도서관이 자료들을 쌓아놓는 공간이 아니라 책문화를 잘 움직이게 하는 인적자원에 대한 관심을 반드시 가져야 한다고 봅니다. 이 문제는 도서관 정책을 담당하는 정부의 관계자들도 반드시 알아주셨으면 합니다. 출판도 사실 가장 중요한 것이 '출판인'이듯이 도서관도 건물이나 책도 중요하지만 '사서'가 매우 중요하다는 것을 사회적으로 발언하고 독자들도 이런 부분에 관심을 가져주었으면 해요.

부길만 도서관이 사서를 많이 확충하는 건 매우 중요하고 그게 기본이지요. 동시에 도서관에서 능력 있는 자원봉사자들을 대거 확보해서 활용할 필요가 있어요. 지식이나 경륜이 많지만 현직에서 퇴직하신 분들이 우리 사회에 많거든요. 서점의 경우 독일에서는 서점원에게 자격증을 줍니다. 고객이 와서 상담을 하면 고객에게 맞는 책을 추천할 수 있는 능력을 키우게 하는 것이지요.

천정한 책문화생태계가 좀 더 풍성하게 만들어지기 위해서는 결국 다양한 책들이 우리 사회에 쏟아져 나와야 해요. 최근에 도서 유통 상황을 보면 다양성이 굉장히 줄어들고 있는 구조가 되었어요. 도서정가제 이후에 드러나는 현실은 구간 판매가 더 이상 되지 않고, 반면 신간은 늘어나는 추세이지만 실제로 그마저도 잘 팔리지 않아요. 이벤트나 광고 같은 프로모션에 마케팅비를 더 많이 쓰면서 출판사들의 경영이익은 더 악화되고 있어요. 이런 상황이 반복되다 보니까 독자들에게 필요한 책을 만들어야겠다는 생각도 하지만 출판사의 생존을 위해서 결국 팔리는 책을 중심으로 출판기획을 하게 되는 거죠. 대다수 출판사들이 안고 있는 현실적인 문제에요. 출판의 다양성을 확보하려면 출판사가 안정적으로 책을 출판할 수 있는 시장과 유통개선이 필요하다고 봅니다.

이용훈 국립중앙도서관에서 빅데이터 사업을 하고 있어요. 대출데이터를 모아서 어떤 책들이 많이 대출 됐는지 등등을 알 수 있죠. 도서관에 오면 이용자들이 검색을 해요. 정확히 아는 책을 검색할 수도 있고 키워드로 검색을 하기도 하고요. 있으면 있다고 나오고 없으면 안 나오겠죠. 현재 나와 있는 책들은 도서관에서 수서를 하지만, 수서하지 않는 책 외에도 아예 없는 책들이 있어요. 이런 데이터를 모아서 출판사들, 또 많은 저자들과 공유해서 책이 출판된다면 책의 다양성을 얻을 수 있겠죠. 도서관에서 이용자들의 정보들이 쌓이면 출판계와 공유를 해서 출판기획으로 이어지는 과정이 필요해요. 이 부분은 출판 쪽에서 적극적으로 관심을 가져야 해요.

김정명 독자들의 니즈를 정확하게 알 수 있는 도서관이나 서점의 검색 빅데이터의 분석은 출판과정에서 매우 중요한 자료죠.

이용훈 소셜 네트워크 서비스만 잘 분석해도 독자들의 니즈를 파악할 수 있어요. 책문화생태계에서 가장 안타까운 게 잡지 등 정기간행물에 대한 관심이 없다는 거예요. 일본도 잡지가 단행본보다 매출이 줄어들고 있는 기사를 얼마 전에 봤는데요. 잡지가 굉장히 위기죠. 위기라는 것은 필요가 없어서가 아니라 다른 미디어로 대체가 되고 있으니까, 도서관은 정기간행물에 대한 관심도 많은데 예산의 한계가 있기 때문에 업계가 적극적으로 정부에 정책 제안도 필요해요. 도서관은 책, 잡지, 신문, 디지털 자료 등 엄청난 자료들이 많은데 이용자들의 니즈에 신속하게 대응하는 서비스를 책문화생태계 안에 들어 있는 주체들과 함께 고민하고 해결해 나가야 합니다.

천정한 2015년 국민독서실태조사를 보면 우리나라 사람들의 독서 장애 요인 1위는 여유가 없다는 거예요. 성인은 일이 많아서, 학생들은 공부를 해야 해서라고 답 했어요. 스마트폰의 보급 확산이 책을 안 보게 되는 이유라고 생각했던 거와는 달라서 좀 놀랐던 기억이 납니다. 책문화생태계의 선순환을 위해서는 사회적 시스템의 변화가 절실해 보입니다.

부길만 대입 수능시험의 70%가 EBS 교재에서 나오니까 중고등학생들은 EBS 교재만 보는 거예요. EBS 비중을 10% 이하로 줄여야 해요. 또한 청소년들이 대학을 가기 위한 공부가 아니라 자신들의 인생진로를 위한 진정한 책 읽기 문화로 교육시스템을 바꾸어야 합니다.

조진석 제가 했던 것 중에서 30분 독서임금제를 시행했어요. 매일 30분을 임금으로 책정하는 거죠. 저희는 출근시간이 11시

또는 1시이기 때문에 그 이전에 자기가 10시 30분이나 12시 30분에 나와서 자기가 읽고 싶은 책을 30분 동안 읽는 거예요. 책을 읽는 시간을 임금에 포함하는 거죠. 이런 제도를 시행하니까 직원들이 실제로 자기가 읽고 싶은 책을 마음 편하게 읽더라고요. 일하는 시간에는 자기가 보고 싶은 책을 볼 수 없잖아요. 독서를 하면 좋다, 그러나 시간이 있어야 독서를 하지, 이런 이야기를 들으면서 이 문제를 개선해보려고 30분 독서임금제를 시행하고 있어요.

부길만 제가 어느 출판사에서 일을 할 때 아침마다 각자 책을 읽고 일주일에 한 번씩 독서토론을 하고 서점에 나가서 어떤 책들이 나오는지 조사를 하고 토론하는 시간을 가졌어요. 지금은 운영하고 있는지 모르겠지만 모든 직장에서도 직원들에게 책을 읽을 수 있는 시간을 근무 시간 중에 준다면 개인, 조직, 기업 나아가 국가의 경쟁력까지 높아질 수 있지 않을까요. 세종대왕은 사가독서제도●를 만들어서 독서를 장려했어요.

● 사가독서(賜暇讀書). 세종은 1420년 3월에 집현전을 설치한 뒤 집현전 학사들 가운데 재행(才行)이 뛰어난 자를 선발, 휴가를 주어 독서 및 연구에만 전념할 수 있게 하고 그 경비 일체를 나라에서 부담하도록 하였다. 사가독서제도가 최초로 실시된 것은 1426년 12월로서, 왕은 권채(權採)·신석견(辛石堅)·남수문(南秀文) 등 3인을 선발하여 관청공무에는 관계없이 연구에만 몰두하게 하였는데, 그 규범은 대제학 변계량(卞季良)의 지시를 받게 하였다. (한국민족문화대백과, 한국학중앙연구원)

이용훈 서울시 공무원들도 사가독서제도가 있습니다. 저도 잘 사용했었죠.

김정명 학교에서 아침독서제도를 시행하거나 직장에서는 30분 임금제도처럼 독서문화를 함께 만들었으면 해요. 일본의 경우 아침독서제도를 통해서 아이들이 책 읽기 시간이 많이 늘었다는 결과가 있어요.

천정한 아침독서는 학교장의 재량권에 달려 있더라고요.

조진석 책을 소비하는 소비자의 니즈에 대해서 정확하게 파악한 바가 있는가에 대해서 고민을 해야 해요. 고객의 니즈를 바탕으로 출판을 하든 독서운동을 하든 정책을 펴든지 해야 하는데 독자들의 니즈를 정기적으로 조사하지는 않았다고 봐요. 그런 자료들이 없으니까 개별적인 노력이나 주먹구구식으로 되어 온 것이죠. 이 문제가 긴급하게 풀려야 한다고 보고요. 또 하나는 이용훈 사무총장님께서 잡지 이야기를 하셨는데요. 일본에서 원전사고 이후 그 다음 달에 관련 책들이 꽤 나왔어요. 이는 이미 준비되었다는 거죠. 즉 잡지에 실렸던 글이든 혹은 관련 저자들이 어떤 긴급한 사건이 일어나더라도 책이 바로 나올 수 있는 저자군이 있다는 거예요. 이런 역할은 잡지가 해주어야 해요. 잡지가 책으로 연결되는 역할을 하는 거죠. 각 산업분야의 전문지들도 많고 그런 요소요소들을 잡지를 통해서 콘텐츠를 비축해 놓고 필요할 때 바로바로 책으로 독자들에게 전달되는 시스템이 필요합니다. 〈아사히신문〉에서는 '잡지책학교'를 열고 있어요. 강상중 선생님 등 저자들이 잡지책학교를 열어서 하더라고요. 이런 사례도 벤치마킹하면 좋을 듯해요. 신문-잡지-책이라는 매개를 잘 연결하는 거죠. 어떻게 보면 같은 독자들인 거죠. 문해에 대해서 관심있는 독자들, 그리고 문해가 필요한 독자들에게 지속적인 관심을 불러일으켜서 그들을 독자로 만드는 사례를 우리도 배울 필요가 있어요.

이용훈 잡지가 어떻게 보면 저수지 같은 역할을 하는 거죠. 책문화생태계에 잡지까지도 포함해서 유기적인 관계로 만들어 시너지가 나도록 해야 한다고 봅니다. 출판물들 보면 잡지나 신문에 연재되었던 글들을 묶어서 많이 내잖아요. 그런데 책이라는 결과에만 집중하기보다는 다양한 분야의 전문성 있는 콘텐츠가 잡지를 통해서 쌓이는 과정도 매우 중요합니다. 왜냐면 이미 독자들의 반응도 알 수 있고요. 언젠가부터 우리는 잡지도 안 보고 신문도 안 보잖아요. 정말 문제에요. 책문화생태계를 넓게 생각하면 잡지도 꼭 포함해야죠.

정윤희 출판과 잡지는 사실 같은 뿌리인데, 정책적으로는 떨어져 있어요. 문화체육관광부 미디어정책국의 출판인쇄독서진흥과에서 단행본을 중심으로 하는 정책을 담당하고 있고, 미디어정책국의 미디어정책과에서 잡지를 담당하고 있죠. 이렇게 정책적으로 떨어져 있다 보니깐 연결과 협력이 안 되고 있습니다. 특히 「독서문화진흥법」에 따른 독서문화진흥기본계획 수립 시에 단행본을 중심으로 독서정책을 펴고 있습니다. 제1조(목적)에 보면 '이 법은 독서 문화의 진흥에 관한 기본적 사항을 규정하여 국민의 지적 능력을 향상하고 건전한 정서를 함양하며 평생 교육의 바탕을 마련함으로써, 국가 경쟁력을 강화하고 국민의 균등한 독서 활동 기회를 보장하며 삶의 질을 개선하는 데 이바지함을 그 목적으로 한다.'고 밝히고 있습니다. 특히 제2조(정의)에서 '독서 문화란 문자를 사용하여 표현된 것을 읽고 쓰는 활동을 중심으로 하여 이루어지는 정신적인 문화 활동과 그 문화적 소산을 말한다.'라고 정의하고 있으며, '독서 자료란 문자를 사용하여 표현된 도서·연속간행물 등 인쇄 자료, 시청각 자료, 전자 자료 및 장애인을 위한 특수 자료 등 독서 활동에 필요한 자료를 말한다.'라고 정의하고 있습니다. 따라서 지금까지 정부가 추진해 온 독서문화진흥에 단행본 중심으로만 계획되었고 잡지 등은 빠져 있습니다. 2019년부터 추진되는 제3차 독서문화진흥기본계획(2019-2023)에 단행본뿐만 아니라 잡지, 시청각자료, 전자자료, 특수자료 등을 포함하여 독서의 다양성과 범위를 확장시킬 필요가 있습니다.

출판유통의 문제와 해결 방안

김정명 말씀 중에 천정한 대표님께서도 출판유통의 문제점에 대해서 짚어 주셨고 올해 1월 2일 송인서적 부도가 나면서 출판계가 큰 위기에 봉착했는데요. 출판유통의 문제와 해결방안에 대해서 말씀을 부탁드립니다.

이용훈 다른 산업에는 이미 사라지고 없는 어음거래가 출판유통에만 있다는 점이 놀라워요.

천정한 출판사를 창업하고 서점들과 거래를 하기 위해서 전자어음수취확인서를 은행에 가서 떼야 하는데요. 창구에 있는 은행 직원도 그걸 잘 몰라요. 어음을 사용하는 곳이 출판 말고는 없거든요. 출판유통에 대한 부분은 결국 어음과 위탁제도를 바꾸지 않고서는 답이 없어요. 서점의 모델이 변화해야 하고 구색맞추기 형태보다는 큐레이션화 된 목록을 현매로 받아서 진열, 판촉하는 형태를 생각해보고 있습니다.

김명숙 대형출판사들의 밀어내기 때문에 출판유통이 더 혼란스러워진 거 같아요. 밀어내기 관행은 없어져야 해요.

이용훈 출판사는 1년 전에 출판목록을 미리 준비하잖아요. 도서관은 책이 나와야 어떤 책이 나왔는지 아는 구조를 바꿔야 한다고 봐요. 즉 예측가능한 출판시스템이 필요한 것이죠. 클라우드 펀딩을 통해서 출판하는 사례들이 있는데요. 이는 미리 독자를 확보하는 거죠. 독자가 없으면 책을 못내는 것이고요. 옛날에는 출판사 이름만 보고 수서를 많이 했지만 지금은 출판사들이 워낙 많아져서 그런 일들이 불가능해졌어요. 출판사들이 수요를 정확하게 파악하는 노력이 필요합니다.

조진석 직거래망을 다시 복원해야 할 필요가 있어요. 적합 서점과 적합 출판사가 만나야 해요. 그런 방식의 직거래가 필요하고요. 현매를 위주로 하되 위탁도 필요하다고 생각합니다. 일본보다 한국이 나은 상황이 되어 버렸어요. 일본은 중간 도매상들이 유통을 틀어쥐고 있기 때문에 서점을 열려고 하면 도매상과의 관계가 매우 중요해요. 그러나 한국은 출판사와 서점이 직거래를 할 수 있는 여지가 생겼죠. 직거래는 단점이기보다는 예전처럼 책만 보내고 하는 방식은 문제가 크고요, 수금하러 가는 방식도 필요하지 않죠, 그렇지만 출판사가 독자들이 누군지 만나기 위해서는 빅데이터가 아니고서는 도서관을 다녀봐야 알 수 있는 거고 그리고 서점을 다녀봐야 안다고 생각해요. 그러나 이게 잘 안 되는 게, 이용훈 사무총장님께서 책이 나오기 전에 도서관이 목록을 미리 알면 좋겠다고 하셨는데, 이런 부분은 출판사 마케팅 담당자들이 서점이나 도서관을 다니면서 독자들이 어떤 책에 관심이 있는지, 어떤 기획이 되었으면 하는지를 모아 정리해서 각 출판사에 맞는 책들을 내야 하거든요. 그런데 이런 과정이 없어졌어요. 출판사들이 책을 내면 온라인 및 오프라인 등 대형서점에 가서 책 나왔다고 알리고 우리 책 잘 팔아주십시오. 몇 권 주문하시겠습니까. 이런 식으로 마케팅이 이루어지고 있거든요. 사실 마케팅이 아닌 거죠. 책 기획부터 책이 독자들에게 전달되어 마무리까지 하는 것을 출판마케팅이라고 생각하고요.

또 하나는 도서정가제법이 바뀌게 되면서 반품도서에 대한 출구가 없어졌다고 생각해요. 출구를 만들어 놓지 않고 법을 시행하다 보니까 서점들은 출판사로 반품을 하고 출판사에서는 반품문제 때문에 어떻게 해결할 방법이 없어지고, 그러다보니까 출판사들은 책을 적게 찍게 되고 서점에 책을 잘 안 주게 되고 출판사가 서점에 제한된 책 물량을 가지고 팔아야 하니까 대형서점 위주로 책을 주고, 주요 거점이 되는 서점에만 책을 주는 현실인 거죠.

서점은 책이 없어서 못 팔아요. 솔직하게 책이 없어서 못 팔고 출판사에서 책을 주지 않으니까 못 팔고 있어요. 그런데 출판사에서는 책이 왜 안 나가냐고 하죠. 그래서 제가 대안으로 생각을 했던 게 출판사 서가를 주고 있어요. 책방이음에서 출판사에 서가를 주면 출판사가 서가를 채우는 방식이죠. 한 달 정도 결과를 보고 기간을 연장할지 안 할지 결정해요. 실제로 매출이 늘어요. 다섯 배 여섯 배 늘어요. 워낙 매일매일 책이 많이 나오기 때문에 서점에서 큐레이션을 하는 것도 엄청난 일이거든요.

이제는 생산자와 유통자가 만나야 하고, 도서관도 같이 테이블에서 만나야 해요. 정가제든 정가제가 아니든 관계없이 도서정가제법을 개정하는데 그 테이블에 도서관 관계자가 안 들어갔다는 것에 대해서 저는 굉장히 큰 문제라고 봐요. 서점조합연합회에서 2명이 들어갔다는데요. 과연 2명까지 들어갈 필요가 있었는지, 서점의 의견들이 잘 반영이 된 것인지 의문이고요. 도서정가제 논의 테이블에 도서관이 빠졌다는 게 치명적인 문제라고 봐요. 그 테이블 자체가 문제가 있는 거죠.

김정명 일본에서는 일본서적출판협회에서 예정목록서가 한 달에 두 번 정도 나와요. 각 서점에 무료 배포가 돼요. 독자들이 미리 어떤 책이 나오는지 알 수 있고 필요했던 책들을 예정목록을 보면서 체크하고 구매로 연결될 수 있게 하거든요. 독자들은 책을 찾을 수 있고 출판사에서는 독자를 찾을 수 있는 출판환경을 만들어야 할 것 같아요.

김명숙 일본은 도매상도 위탁을 할 텐데요. 어음관행이 없어졌나요? 출판유통에서 어음관행은 정말 문제에요.

김정명 위탁도 있겠지만 큰 문제는 어음이겠죠. 트렌스뷰 출판사는 서점과 직거래를 해요. 공급률 70%에 거래를 하고 있어요. 도매상하고 할 때도 70%로 하죠. 일반적인 소매점 마진이 22%인데 직거래를 함으로써 서점이 30%를 가져가는 거죠. 도매상을 거치는 경우는 매절 방식으로 하고, 직거래인 경우는 반품 가능한 위탁과 매절로 하고 있다고 해요. 대신 반품을 하더라도 서점이 배송료를 책임지고요. 서점은 반품에 드는 비용을 생각해서 주문을 할 때 신중하게 하죠. 일본도 아마존이 들어가면서 직거래방식이 늘어나고 있어요. 저는 연구 차 일본의 일본인프라센터에 다녀온 적이 있어요. 일본의 인프라센터는 종이책뿐만 아니라 전자책까지 정보를 공유해요. 정보를 일원화 등록을 해서 서점과 출판사들이 함께 공유를 해요. 프로모션이나 포스터를 올리면 서점에서도 알 수 있어요. 출판정보 등록을 위해 출판사와 유통사 등이 함께 논의를 하고, 경제산업성에서 지원을 받아서 서지정보 등록을 활성화하고 있어요.

천정한 대형서점의 광고매대 운영은 최근에 일이 아니라 수년째 해오고 있거든요. 이런 광고매대 위주의 도서진열은 자본이 충분치 않은 작은 출판사들로서는 좋은 책을 만들었다고 해도 독자들에게 책을 선보일 수 있는 기회를 원천적으로 박탈당하는 것이죠. 출판사가 대형서점에 프로모션을 할 때 최소 30만원에서 100만원 이상의 돈을 지불하여 특정매대를 사야하고 게다가 공급률까지 낮춰서 매절을 하게 됩니다. 매절 특성상 반품을 할 수 없지만 서점에서 팔리지 않으면 출판사로 반품을 하지요. 또 온라인서점들이 개정 도서정가제 시행 이후 공급률 수정을 하지 않고 있거든요. 한국출판인회의에서 예스24와 공문이 왔다갔다 하다가 지금은 어떻게 된 건지 유야무야됐어요. 예스

24는 이후 신규 출판사와의 거래를 하지 않고 도매상에 위탁 거래조건을 내걸고 있고 기존 출판사와의 공급률 인상부분에서도 아직 미온적이라고 듣고 있어요. 참고로 정한책방은 예스24 공급률 60% 나머지 인터넷 서점은 65%입니다.

조진석   공급률이나 광고 매대 문제는 법률로 정해진 바도 없고 당신들의 책을 내가 팔아줄테니까 자릿세를 내라 그거잖아요. 문제로 삼을 수 있는데 갑의 힘이 워낙 크기 때문에 힘의 논리로 밀리는 거죠. 저희처럼 작은서점들이 위협받는 것은 오프라인 서점 진출이에요. 왜 교보문고가 일산까지 갔느냐. 동네 코 묻은 돈까지 필요로 하느냐. 이는 온라인서점과 대형서점간의 싸움이거든요. 이게 책문화생태계에 미치는 영향이 점점 커지고 있고요. 앞으로 신간까지 팔게 되었을 경우 기존 대형서점이 받는 충격, 이 타격을 이미 동네서점들이 받고 있어요. 책방이음만해도 300미터 안에 온라인 서점에서 운영하는 중고서점이 있다 보니까 그 파고가 점점 높아지는 것을 느끼거든요. 중고서점이 없었을 때는 책방이음에 와서 책을 샀는데, 책방이음도 들리고 중고서점도 들리다가, 이제는 그쪽 먼저 들리고 책방이음에는 가끔 들리는, 즉 소비패턴이 바뀌게 되죠. 동네서점뿐만 아니라 출판사들도 초판을 소진하지 못할 뿐만 아니라 책을 출판할 수 있는 기회를 박탈 당하게 되는 것이죠. 그런 부분에 있어서 온라인 서점의 오프라인 시장 진출, 중고서적을 유통하면서도 이익을 온라인 서점이 모두 가져가는 것은 책문화생태계에 악영향을 끼치는 정말 큰 문제입니다. 이런 문제는 공론화할 필요가 있어요.

정윤희 책문화생태계의 건강성을 파괴하는 문제점들이 있는데, 앞에서 말씀하신 출판유통에서의 어음거래, 밀어내기, 공급률 차별화, 서점 매대 판매, 대형 온라인서점들의 중고서점 진출 등입니다. 이런 다각적인 문제들을 함께 모아서 선순환 하는 생태계를 위해 논의해야 합니다. 생태계적 시각의 중요성이 여기에 있다고 봐요.

이용훈 온라인서점의 중고서적 유통에 대해서는 사회적 고민과 합의가 필요하다고 보고요. 저는 중고서적의 유통에도 출판사와 저작자에게 이익을 나누어줘야 한다고 봐요. 도서관의 공공대출권이 그런 의미잖아요. 사회적으로 이런 문제는 고민해서 풀어야 해요. 독자 입장에서 본다면 신간만 살 수도 없잖아요. 독자들의 고민도 풀어주면서 책문화생태계가 다함께 상생할 수 있는 구조를 만들어야 한다고 봅니다.

부길만 우리사회가 4차산업혁명에 대해서 이야기하는데요. 인간의 판단까지 기계에 맡겨버리는, 기계의 알고리즘이 더 정확하고 효과적이라고 하는 이런 시대에 와버린 거죠. 과연 이럴 때 책문화는 어떻게 될 것이냐가 과제인 것 같아요.

정윤희 〈출판저널〉은 1987년에 창간된 당시에도 출판유통에 대한 문제점을 익히 알고 있었고 그런 과제들이 30년 동안 풀리지 않고 더 얽혀서 총체적 난국에까지 이르렀다는 생각이 듭니다. 어디서부터 해결의 실마리를 찾아야 할까요?

부길만 실태파악을 먼저 세세하게 하고 문제를 해결할 방법을 또 머리를 맞대고 연구해야죠.

이용훈 이번 좌담에는 문제점만 먼저 드러내서 공유하고 다음 좌담부턴 해결방안을 모색해 보는 것도 좋을 듯해요. 오늘 이 자리에서 해결방안까지 이야기한다는 것도 무리가 있네요. (웃음) 그리고 책문화에서 '재미'가 빠져 있어요. 워낙 책보다 재미있는 게 많고요. 책은 젊잖게 이야기를 해야하는 것 같잖아요. 결국 독자는 저자의 생각과 저자의 이야기를 듣고 싶어 해요. 출판사들이 공동으로 협업을 해서 광화문에 작가 500명이 '나를 찾아봐라' 같은 이벤트를 해도 좋고요. 출판도 이제는 독자들이 재미있어 하는 요소를 개발해서 독자들이 스스로 책을 찾도록 만들어야 해요.

정윤희 이용훈 총장님 말씀처럼 책이라는 미디어가 지루하고 어렵다는 인식에서 벗어나서 재미있는 놀이라는 인식을 심어주려면 책을 만드는 사람들과 저자들이 독자들에게 좀 더 적극적으로 다가가야 해요. 책과 독자 사이의 거리 좁히기를 위해 노력해야 하죠.

부길만 그리고 저술가 그룹과 출판그룹의 긴밀한 연계가 필요해요. 출판사들은 이익단체들이 있지만 저자들은 그룹이 안 되어 있어요. 〈출판저널〉에서라도 저술가 그룹을 만들어서 저술과 출판을 이어주고 책문화생태계를 살리는 방향으로 가야한다고 봅니다. 그리고 저술가 연구가 없어요. 예를 들면, 이어령, 김형석, 이원복, 조정래 등등 우리사회에서 독자군을 많이 확보하고 있는 저술가들에 대한 연구를 지속적으로 할 필요가 있어요.

김정명 〈출판저널〉 좌담 기획하실 때 저술가 그룹을 초빙해서 그들이 보는 출판과 독서에 대한 의견과 제안을 들어보는 것도 좋겠습니다.

정윤희 네, 좋은 의견 감사합니다.

조진석 작가는 어떻게 탄생하고 키워지는가에 대해서 공동 연구를 하면 좋겠어요. 저희 책방이음에서는 '책방이 사랑한 박사'라는 코너를 만들어서 박사논문을 단행본으로 내신 분들을 소개하고 있고요. 종로문화재단과 함께 강연기획을 하고 있는데 강연을 여러번 하다보면 그 사람의 이야기가 책으로 낼만한 내용인가를 검증할 수 있어요.

출판과 독서의 상호작용을 위한 방안

김정명 긴 시간동안 〈출판저널〉에서 기획한 '모색과 대안' 첫 번째 좌담을 통해서 책문화생태계의 현재와 미래에 대해서 말씀을 나눠주셨는데요. 마지막으로 출판과 독서의 상호작용으로 책문화생태계의 바람직한 방향에 대해서 말씀 부탁드리고요. 다음 좌담에서 기회가 된다면 더 구체적인 말씀을 나누었으면 합니다.

부길만 지역출판의 중요성이 등장하기 시작했어요. 지역출판 실태조사 토대로 지역문화 및 지역 출판문화 발전 방안을 제시하는 게 필요하고요. 출판과 독서의 문제는 제가 볼 때 독서교육이 안되는 게 문제라고 봐요. 학교제도 교육 내에서 청소년들이 독서를 즐겁게 할 수 있도록 환경을 만들어줘야 합니다. 학교 현장에서 수업과 책 읽기가 연계가 잘 될 수 있도록 국가 차원에서 적극적으로 관심을 가질 필요가 있어요.

천정한 이번에 석사논문을 쓰다보니까 전체적으로 출판산업을 다시 보게 됐어요. 책문화생태계는 궁극적으로 콘텐츠 문화의 확산과 발전으로 나아가게 될 것이고 여기에는 책을 읽고 소비하고 공유해 나가는 독자가 중심이 되어야 한다는 생각을 해봅니다.

조진석 좌담의 주제가 국가 경쟁력과 책문화생태계의 미래인데요. 개인의 행복이 국가의 경쟁력이다, 행복한 삶을 위한 필요충분조건으로 책문화가 있기를 바랍니다.

이용훈 생태계 안에 각각 존재하는데 나 혼자 잘 사는 게 아니라 함께 잘 사는 방안을 함께 모색하는 과정이 필요하다고 봅니다. 이번 좌담으로 끝내지 말고 계속 이어져서 책문화생태계의 비전을 마련하면 좋겠습니다.

정윤희 이제는 책의 공급과잉 시대가 되었어요. 따라서 출판사들은 독자들의 니즈를 조사연구하고 콘텐츠 기획으로 연결시키는 과학적인 출판경영이 중요해지고 있어요. 출판과 독서가 선순환 될 수 있는 책문화 비즈니스 모델이 필요해요. 무엇보다 책의 가치, 책에 대한 철학이 소멸되지 않도록 해야죠.

김정명 오늘 출판, 서점, 도서관, 학계에 계신 전문가들께서 좋은 의견들을 주셨는데요. 책을 매개로 연결되어 있기 때문에 지금 당장 해결방안이 나오지 않지만 이것을 시작으로 '모색과 대안'이라는 주제로 좌담회를 계속 열어서 해결방안들이 나오고 조금씩 우리 책문화생태계가 발전해 가길 희망해 보겠습니다. 오늘 나와주셔서 감사드립니다.

2장

책문화생태계 시점에서

이홍

이종복

백원근

- **사회** 김정명 / 신구대 미디어콘텐츠과 겸임교수
- **참석** 부길만 / 문화재위원회 위원, (사)한국출판학회 고문
          이 홍 / 한빛비즈 편집이사
          이종복 / 한길서적 대표, 한국서점조합연합회 유통대책위원장
          백원근 / 책과사회연구소 대표
          정윤희 / 〈출판저널〉 대표에디터
          김명숙 / 나무발전소 대표, 〈출판저널〉 자문위원

2017년 1월 2일 국내 2위 출판도매상 송인서적의 부도 소식은 연초부터 출판산업 위기의 쇼크였습니다. 출판도매상의 부도 원인과 아울러 출판업계와 소비자 간의 갈등으로 작용하고 있는 도서정가제에 대한 찬반 입장, 문화계 블랙리스트와 세종도서 선정방식의 문제, 출판산업진흥5개년 계획의 미흡한 추진력, 그리고 새로운 출판환경을 대응하는 출판의 새로운 비즈니스 모델 등장에 대해서도 좌담을 진행했습니다. 책문화생태계가 직면한 이슈는 정부뿐만 아니라 생태계 구성원들이 적극적으로 관심을 가져야 합니다.

> **좌 담 포 인 트**
>
> – 송인서적 부도가 보여준 출판유통의 민낯
> – 치열한 논쟁 없이 3년 또 연장한 정가제 아닌 도서정가제
> – 한국출판문화산업진흥원, 출판단체의 역할
> – 플랫폼 비즈니스 모델로 새로운 돌파구 찾으려는 출판사들

2017년 출판산업 특징

김정명 〈출판저널〉에서 통권 500호부터 책문화생태계를 모색하고 대안을 제시하는 특집좌담을 진행하고 있는데요. 오늘 주제는 '2017년 책문화생태계 이슈와 2018년 전망'입니다. 뜻깊은 주제라고 생각합니다. 먼저 좌담에 참석해주신 분들께서 간략하게 소개와 함께 책문화생태계 시점에서 본 이슈에 대해서도 말씀해 주시면 고맙겠습니다. 먼저 출판현장에 계시는 이홍 한빛비즈 편집이사님께 말씀 부탁드립니다.

이홍 안녕하세요? 저는 2017년 3월부터 한빛비즈에서 편집이사로 일하고 있습니다. 실무로 돌아오기 직전 2017년 1월 2일 국내 출판도매상인 송인부도 사태가 터졌고 실무에 복귀해보니 한빛비즈도 상당한 타격을 입었어요. 큰 출판사든 작은 출판사든 전체적으로 이익구조가 팍팍한 출판계엔 큰 타격이죠. 어음이 휴지조각이 되었다는 문제를 떠나서 당연히 출판의 가장 중요한 부분이 생산과 유통의 인프라인데 이런 출판유통구조가 불완전하다보니까 1년 내내 이 문제로 시끄러운 것 같아요. 그리고 이런 부분에 대한 해결은 뚜렷한 돌파구나 대안이 없이 미봉되어 가는 그런 형태로 마무리가 되다보니까 이 숙제가 2018년으로 넘어가지 않나 생각하게 되고요. 2017년은 대한출판문화협회(이하 출협)나 한국출판인회의의 리더가 교체되는 시기였는데요. 서점이나 인프라의 어려움과 함께 리더가 교체되었다는 기대감이라든지 정책적인 반영, 신정부가 들어섰기 때문에 그런 부분에 대한 기대감이 있었던 것 같고요. 소소한 출판계 이슈들은 어느 해나 마찬가지로 계속 있어왔던 것 같아요. 잘 나갔던 출판사들은 잘 나갔고 안 되는 출판사들은 여전히 힘들고, 그래서 출판사들마다 매년 이슈들을 달리 하지 않을까 그렇게 생각합니다.

백원근 이홍 이사님은 출판계의 살아 있는 기획의 신(神)이시죠.

이홍 하하. 그것은 정말 아니고…되고는 싶었지요. (웃음)

백원근 반갑습니다. 저는 책과사회연구소 대표로 일하고 있습니다. 출판평론가로 활동하고 있고 여러 매체에 기고하고 있습니다.

김명숙 안녕하세요? 저는 출판사 나무발전소 대표입니다. 이홍 이사님은 페이스북을 통해서 소통하고 있고요. 저는 2009년에 1인출판사로 시작해서 지금까지 왔는데 2017년 송인서적 부도 이후 지금까지 참 힘든 시기를 보내고 있어요. 저는 우리 출판계에서 꼭 없어졌으면 하는 세 가지가 있는데요. 어음 거래, 매대 판매, 사재기는 반드시 없어졌으면 좋겠다는 생각을 하면서 이 자리에 왔습니다. 뉴스를 보니까 전 김영사 대표였던 분이 사재기로 20억 원을 썼다는 기사를 보면서 출판단체에서 회장님까지 하셨던 분인데 과연 그럴 수 있을까라는 실망을 했고요. 이번 특집좌담도 매우 관심 있는 주제여서 열심히 청취하겠습니다.

이종복 안녕하세요? 저는 서점으로 인생을 시작을 했으니까 마지막까지도 서점인으로 마무리하고 싶은 한길서적 대표 이종복입니다. 서점인으로 산 지 25년이 됐고, 책을 만지기 시작한 때까지 합하면 34년 됐습니다. 서점을 열기 전에 출판사와 도매쪽에서도 일을 했어요. 세광음악출판사에서는 마케팅을 담당했고요. 한국서점조합연합회(이하 서련) 유통대책위원장입니다.

부길만 저는 출판인, 서점인들과는 동지라고 생각을 해요. 최근에는 출판의 개념을 책의 제작에 중심을 두지 말고 책문화생태계라는 서클로 확장해야 한다고 생각합니다. 책의 제작에 직접 참가하는 출판인, 편집자, 디자이너, 인쇄인 등은 물론이고 저자, 서점·도서관·독서운동단체 관계자, 출판 관련 연구 또는 정책 담당자, 독자 등을 포함하는 큰 틀로 넓혀서 봐야지요.

정윤희 저는 〈출판저널〉을 발행하고 있습니다. 출판과 잡지를 발행하는 업계에 있으면서 저의 연구관심도 책문화생태계의 선순환을 위한 요건들이 무엇일까 고민을 많이 합니다. 종이책을 중심으로 한 전통 출판산업에서는 출판업은 제조업으로서 책을 제작해서 유통하고 소비자에게 판매하는 전형적인 파이프라인 구조였습니다. 그러나 IT가 등장을 하고 스마트폰이 등장하면서 출판산업 지형이 크게 달라졌습니다. 출판산업도 자연의 생태계처럼 매우 복잡해졌고 따라서 비즈니스 생태계 측면에서 출판도 생태학적인 이론으로 접근할 필요가 있다고 봅니다.

김정명 〈출판저널〉에서 이번 특집과 함께 독자들에게 2017년 책문화생태계 이슈에 대해서 의견조사를 했다고 하는데 어떤 이슈들이 나왔는지 알려주시면 좋겠어요.

정윤희 네. 〈출판저널〉 구독자들은 대체적으로 도서관, 출판사 종사자, 서점이 가장 많이 차지합니다. 가장 많이 제기된 이슈는 송인서적 부도였고요. 도서정가제, 중고서점, 특색 있는 서점들의 확대 등 유통 관련한 이슈들이 많았습니다. 서울국제도서전,

한국지역출판잡지연대 출범도 이슈로 뽑아주셨고요. 출판트렌드와 관련해서는 페미니즘 도서 성장과 정치사회 분야의 책들이 어느 해보다 부각되었다는 의견을 주셨습니다.

백원근 제가 좌담을 위해서 준비한 이슈들과 몇 가지를 빼고는 비슷하네요. 사람들의 생각이 크게 다르지 않은 것 같아요.

김정명 백원근 대표님께서 뽑은 올해의 이슈들도 말씀해주시죠.

백원근 서점조합연합회에서 주최한 서점의 날을 추진한 것도 의미가 있다고 보고요.• 창비 등 출판 플랫폼들이 론칭됐는데 출판 비즈니스의 새로운 모델을 만들어나가는 사례들로써 주목해볼 필요가 있습니다. 창비, 웅진북클럽, 민음사의 온라인소설 플랫폼인 브릿G, 위즈덤하우스가 만든 저스툰 등이 있는데요. 사람들이 책을 안 산다, 책을 안 읽는다고 하는데 새로운 비즈니스 모델은 크게 보면 산업적인 측면에서 뒤처져 있는 부분을 만회하기 위한 시도인 것 같은데요. 그런 노력들이 상대적으로 보자면 독자들의 안목, 시대의 변화에 따라가지 못했었던 것이 아닌가 싶습니다.

출판트렌드 중에서는 4차 산업혁명 관련 도서들, 실체가 없는

● 한국서점조합연합회는 2017년 11월 10일 오전 서울 세종문화회관 세종홀에서 '2017년 서점의 날' 기념식을 개최했다. 책이 책장에 진열된 모습을 연상해 2016년부터 11월 11일을 서점의 날로 제정했다.

유령 같은 4차 산업혁명에 대해서 유일하게 특수를 누렸던 데가 출판계였다고 봐요. 책 제목에 4차 산업혁명을 붙이면 기본 부수가 팔리는 현상들이 있어요. 트렌드도 우리 사회 이유와 굉장히 밀착해 나가는 느낌이 들어요. 그 전에는 이상적이고 담론 중심이었다면, 눈높이에 맞거나 현실에 제기되고 있는 이슈와 관련된 테마가 아니면 팔리지 않는 경향이 있어서 모든 책들이 점점 실용서화 되어간다는 생각이 강하게 듭니다.

부길만 출판트렌드와 관련하여 서점에서 제가 관심 있게 본 분야가 글쓰기, 독서, 쉽게 읽히는 인문학 도서들입니다. 이런 책들은 출판과 교육에 직결된 책들인데요. 이런 책들이 꾸준히 나오고 있는 것은 교육인구가 늘어나면서 사회 전반의 문화 수준이 올라간 것으로 보여요. 그러나 지금 이야기하는 내용들이 대학이나 중고등학교에서는 죽어 있어요. 중고등학교와 대학에서 독서와 글쓰기 교육이 충분히 이루어져야 하는데, 현실은 정반대이지요. 어떻게 보면 우리 교육이 못하는 것을 출판을 통해 극복하려고 하는 게 아닐까요.

또 다른 관심 분야는 지역출판입니다. 2017년 5월에 지역도서전을 첫 회 시작했는데, 이러한 지역도서전은 시대정신의 반영이라고 봐요. 지역문제를 강조하지 않으면 대한민국은 살아가기 어렵지요. 현재 우리의 국가경쟁력이 한계점에 온 것 같은데, 이를 극복하기 위해서 지역문제를 강조하고 싶군요.

이종복 서점 쪽 입장에서 보면 첫째, 서점들이 점점 사라지고 있다는 것이죠. 서점 하나 오픈하는 데 많은 비용을 투자해야 합니다. 서울에서 50평 정도 규모의 서점을 열려면 3억 원 가까이 비용이 드는데요. 이런 서점들이 사라져가고 있다는 것이죠. 서점이 사라지고 있는 이유로는 몇 가지가 있는데요. 공급률 구조도 일정부분 차지하고 있지요. 경쟁력이라는 게 서점 개별적으로 해결하지 못하는 부분들도 있으니까요. 또 하나는 신용카드 수수료 문제입니다. 부가가치가 높은 업종 같은 경우는 매출액 기준으로 봤을 때 2억 5천, 3억 원이 큰 비중을 차지할 수도 있지만 소매업에서 볼 때는 70%가 매입비용으로 들어가는 상태에서 2억 5천, 3억 원에서 신용카드 수수료를 몇 % 더 준다는 게 크게 와닿지 않습니다.

둘째, 서점인증제인데요. 서점인증제는 서점조합연합회가 담당하는 것이 맞느냐고 하면 고민을 해야 할 필요가 있다고 봅니다. 공인된 기관에서 하는 게 맞을 텐데요. 당장 급한 대로라도 서련이 인증하는 방식으로 서점인증제를 추진하는 것이 맞다고 보고요. 확대시켜서 공인된 기관에서 안정적으로 운영하는 게 어떨까 싶습니다.

셋째, 독립서점을 포함한 트렌디 서점입니다. 저는 그 부분은 조금 산업적으로 보는 관점과 출판문화 관점에서 보는 차이를 두었으면 좋겠습니다. 왜냐면 산업적으로 본다면, 문화 산업도 상관없습니다. 그쪽에서 보자면 환영할만한 일인데요, 출판유통 측면에서 본다면 트렌디 서점이 역할을 할 수 있을 것인가. 너무 빨리 답을 내리지 않았으면 합니다. 좀 지켜볼 필요가 있다고 보고요. 우리 언론들은 너무 자극적으로 받아들이고 트렌디 서점이 답인 것처럼 하지 않았으면 하고요.

마지막으로 네 번째는, 최저임금 문제가 서점 현장에서는 고민거리입니다. 이런 문제들도 서점업계에서는 이슈입니다.

부길만 최저임금제 관련해서 서점에서는 어떤 고민을 가지고 있나요?

이종복 서점업계에서 고용하고 있는 직원들은 최저임금에 준하는 급여를 받고 있어요. 최저임금이 올라가면 급여도 오르겠죠. 부수적으로 동반되는 4대보험료도 인상되는 등 간접비용도 함께 증가하기 때문에 서점 입장에서는 부담이죠.

이홍 이종복 대표님이 말씀하신 서점 이슈에 더하자면요. 출판사 입장에서는 서점의 크고 작은 변화에는 크게 관심이 없습니다. 말씀하셨지만 특화된 전문서점의 출현이나 트렌디한 변화들을 거부할 일은 아니죠. 부정적으로 말할 이유는 없지만 실질적으로 그러한 서점들이 출판산업 구조의 틀을 바꿔 낼 거라고는 생각하지 않아요. 필요한 몸부림이고 가능성을 긍정적으로 받아들일 뿐입니다. 디테일하게 들어가면 책을 공급하거나 관리하는 문제는 결코 작은 문제들이 아니거든요. 그래서 이종복 대표님이 말씀하신 것처럼 문화가치적인 측면에서 긍정적으로 보는 것과 산업적인 측면에서 그러한 서점들이 동력이 될 것이냐의 문제는 판단이 다르고요. 전문서점이 아니라도 교보문고가 지점을 많이 늘려가고 있지만 그렇다고 해서 책 공급을 많이 늘려주는 것은 아니거든요.

지역에 뿌리는 내리고 있는 지역서점들과 중견서점들 같은 경우에는 서점을 운영하는 대표의 자기 철학이나 특성에 맞게끔 책이 진열되는 사례들이 있어요. 하지만 교보문고의 매장이 10개, 20개가 된다 한들 교보 중심의 책 배치나 노출의 확장일 뿐이지 그 자체가 전체적인 확장으로 이어지지 않기 때문에 출판계 입장에서는 서점의 변화에 크게 기대하는 바가 없습니다. 그리고 이전에는 인프라가 넓어져서 일정부분 책의 노출이 확장이 되면 매출의 증대로 이어졌는데 지금은 이슈를 타지 않으면 노출을 많이 하더라도 책이 팔리지 않습니다. 그래서 지금 출판사들은 서점 영업 인력들이라든지 투입 비용을 많이 빼려고 하는 거죠. 대신 콘텐츠 마케팅이나 다른 부분에서 차별시켜서 책을 이슈화시키고 노출시키는 부분으로 가려고 해요. 이것이 출판사 내부적으로 가지고 있는 가장 큰 이슈라고 생각합니다.

어떻게 하면 서점에 기대지 않고 출판사가 서점에서 빠져 나올 것인가 하는 것이 출판마케팅에 굉장히 중요한 이슈들이었어요. 서점을 못 믿는다는 것이 아니라 실제로 서점시장이 현재 출판

생산물을 감당해 내지 못하는 것이 너무나 자명한 사실이기 때문에 출판사가 생존하기 위한 책의 노출 전략과 이슈 파이팅에 집중하고 있습니다.

김정명 출판사들이 자체 플랫폼을 개발하고 운영하는 것은 어떤 의미인가요?

이홍 출판계가 또 하나의 돌파구로써 비즈니스 모델의 다양화를 추구하는 것이라고 봅니다. 이전에는 새로운 비즈니스 모델에 대한 탐색이었다면 구체적으로 플랫폼 진출이라는 형태로 실체화되는 것 같아요. 물론 이는 거의 대부분을 차지하는 출판사들에겐 먼 이야기에 불과한 것인지도 모르겠지만 출판사들이 여기에 구체적으로 참여하면서 성과를 이끌어내기 시작하면 어떻게든 같이 참여하게 되고 그런 움직임들이 확산될 거라고 보거든요. 그런 측면에서 민음사, 위즈덤하우스, 창비 등에서 플랫폼 진출이 구체화되고 사업화되었다는 데 의미를 두고 있어요. 그동안 말뿐이었거든요. 앞으로 상당히 긍정적인 측면으로 결과가 나올 거라고 봅니다. 그렇게 되면 출판사가 콘텐츠를 가지고 비즈니스 모델을 바꾸려고 하는 의지들이 조금 더 구체화되지 않을까요. 외부에서도 보는 이슈들이 있지만 이렇게 출판 내부에서 제기된 이슈들을 본다면 영업채널을 바꾸려고 하는 부분들, 비즈니스 모델을 바꾸려고 하는 부분들에 대한 탄력성이 앞으로도 매우 커질 거라고 봅니다.

부길만 출판사가 이슈 중심으로 나가고 서점에 대한 의존도를 줄이자, 이런 말씀이신데요. 출판사가 책을 직접 팔지는 않지요. 옛날엔 서점 판매가 효과가 없으니까 방문판매를 했단 말이에요. 지금은 책은 주로 서점에서 팔고 있잖아요. 그런데 이슈로만 나가게 되면 한쪽으로 쏠리는 책만 나가고 출판의 다양화가 어려워질 수 있는데, 이 부분에 대해서는 어떻게 생각하시나요?

이홍 기본적으로 안타까운 이야기지만 개별적인 출판사들이 출판문화의 다양성을 고민하지 않는 것 같습니다. 그래서 실질적으로 그러한 책임들을 출판사들이 져야겠다는 생각을 하기보다는 우선적으로 자기 출판사의 판매를 통한 생존이 시급한 문제이기 때문에 내 책이 많이 팔리면 다양성이라고 생각을 하는 것이고, 내 책이 안 팔리면 왜 이렇게 다양성이 떨어지냐고 생각할 수 있죠.

부길만 1인 출판사처럼 작은 출판사들은 큰 출판사들처럼 마케팅 비용을 많이 쓸 수 없기 때문에 서점에서 차지하는 매장 공간이 점점 없어지지요.

이홍 출판산업의 구조적인 측면에서 다른 산업에 비해서 출판사가 가지는 규모를 떠나서 '책'이라는 요소로 경쟁력을 가질 수 있는 장점이 있어요. 개인이 조그만 자동차 회사를 차려서 현대자동차와 경쟁할 수는 없지 않습니까. 그런데 1인 출판사를 하더라도 그 출판사의 책 하나만 놓고 본다면 대형출판사들의 책과 경쟁할 수 있는 기회가 있죠. 물론 공급하는 힘이라든지 책을 노출시키는 역량은 다르겠지만요. 그래서 아직까지는 책 자체가 가지는 콘텐츠의 가치라든지 그 책의 이슈성에 집중을 하고 있고요. 좋은 저자들이 작은 출판사라고 원고를 안 주시는 것은 아니거든요. 그리고 독자들이 출판사에 대한 충성도가 강하지는 않아요. 문학 등 몇몇 장르들은 있지만 기타 다른 장르들 같은 경우에 책이 좋고 저자가 좋으면 출판사 이름을 보지 않고 구매가 이루어지기 때문에 아직까지는 그 자체로 가지는 경쟁력은 있지만 출판산업 구조가 그렇게 순수하게 돌아가지 않죠.

부길만 이슈를 중심으로 가니까 대형출판사도 이슈를 따라가고 작은 출판사들도 이슈를 따라가고… 이러다 보면 과연 한국 전체 출판문화는 어떻게 될 것인가 하는 심각한 문제가 발생합니다.

김정명 문화 측면에서 보느냐, 산업 측면에서 보느냐. 바라보는 시각에서 출판계 이슈를 달리 볼 수 있을 거 같고요. 출판사의 이런 입장에 대해서 서점 쪽에서는 어떻게 생각하세요?

이종복 저는 이홍 이사님의 말씀을 들으면서 말씀을 너무 잘하신다고 보고요 (웃음). 조심스러운 이야기일 수도 있잖아요. 저도 요즘에 갑자기 개인적인 이야기를 하는 것이 맞는 건지 서점 전체적인 입장을 말하는 게 맞는 건지 고민할 때가 많이 있는데요. 생각보다 쉽지는 않더라고요. 제 개인적으로는 서점도 경쟁력을 잃으면 도태되어야 하는 게 맞습니다. 그런데 서런 입장에서 말씀 드리면, 이 부분이 조심스러웠는데 이홍 이사님이 시원스럽게 말씀해 주시네요.

송인서적 부도의 충격

김정명 2017년 새해 벽두부터 터진 송인서적 부도[•]는 출판계의 가장 큰 이슈였는데요. 출판사와 서점의 입장과 전망은 어떠신지요?

이종복 송인서적 부도사태를 보면 이와 유사한 사건들이 수십 년 전부터 반복적으로 일어나고 있는데요. 소 잃고 외양간 고친다는 우리 속담이 있는데 지금까지 송인서적과 같은 부도 사태들이 많이 있어왔지만 외양간을 안 고친다는 데 문제가 더 큽니다. 이번에도 외양간을 안 고치고 있어요. 잃어버린 소를 찾는데 바쁘고 찾고난 후 지분이 누구에게 더 많이 가져 갈 것이냐 이런 문제만 고민합니다. 외양간 고치는 게 먼저여야 합니다. 잃어버

● 1959년 송인서림으로 출발한 송인서적은 IMF 당시 부도를 맞았지만 출판사들로부터 구제를 받아 1998년 6월 법인으로 설립한 출판 도매상이다. 송인서적 부도 관련 기사는 〈출판저널〉 2017년 2월호에 게재했다. 인터파크가 인수하여 '인터파크송인서적'으로 영업 중이다.

린 소는 잃어버린 겁니다. 송인서적 등 도매상 부도는 우리 업계에서 계속 반복적으로 일어나고 있지만 이런 문제를 해결하는 매뉴얼이 없죠.

김정명 외양간을 고치려면 어떤 식으로 해야 할까요?

이종복 이번에 나왔던 문제들 있죠. 어음문제, 책의 재고 문제 등 여러 가지가 있는데요. 유통 상의 근본적인 문제를 해결해야 하는데 그러려면 서점에서 가장 먼저 정확한 판매 데이터와 재고 데이터가 공개되어야 맞지요. 그런데 서점에서 그 데이터 공개를 꺼려하는 이유가 있을 것인데 우리는 그 이유에 대한 접근보다는 강압적으로 하려고 하고, 또 엄밀하게 보면 서점이라고 뭉뚱그려서 말하기보다는 기업형 서점들이라고 봐요. 또한 도매쪽의 문제라고 봐요. 지역의 중소서점들, 서점조합연합회 안의 서점들은 일반적으로 말하는 그런 문제는 없습니다. 우리 지역 서점들이 못하는 것은 책을 못 파는 것뿐이지 결제라든가 어음 관련된 문제는 없어요. 동네서점이 지불하는 어음은 비록 문방구 어음이라고 하더라도 선 결제 형태로 지불이 되는 어음이지 판매분에 대한 지불어음이 아닙니다. 그런데 통상적으로 출판사들이 말하고 있는 어음은 판매분에 대한 것으로 어음을 받았을 때 부도가 날 경우 문방구 어음일 때 해결방법이 없는 거예요. 이 문제는 대부분 대형서점과 대형 도매상에서 하고 있습니다. 그래서 이런 문제는 구분을 할 필요가 있어요.

김정명 출판사에 계시는 이홍 이사님은 어떤 입장이신가요?

이홍 송인서적 부도 사태는 두 가지 측면에서 볼 수 있습니다. 첫 번째는 독자가 책을 안 읽었기 때문에 서점이나 도매상이 부도가 난 것은 아니고 당연히 송인서적의 경영적인 문제가 있었기 때문이죠. 저는 어떤 회사든 간에 부도가 나는 것은 외부적인 요인도 있겠지만 경영상의 문제, 경영자들의 도덕적인 문제가 있을 거라고 생각을 하고요. 정상적으로 사업을 하지 않고 이상한 꼼수들이 끼어드니까 경영에도 영향을 미치겠죠. 저는 더 큰 문제는 대형 출판사들이 쌓아 온 좋지 않은 관행들이 도매상 부도에 영향을 미쳤다고 생각을 합니다. 기본적으로 서점과 출판사가 하고 있는 위탁거래가 가져올 수 있는 파행적인 행태들을 너무 오랫동안 송인서적과 같은 대형도매상들과 대형출판사들이 누려왔어요. 실제로 책을 팔지 않은 상태에서 회계 상으로 출판사들은 매출로 잡고, 그 매출을 현실화하기 위해서 팔리지 않는 책들을 무리하게 선결제를 요구했었고 또 그러한 선결제를 요구하는 힘으로써 출판사들이 가지고 있는 베스트셀러라든지 잘 나가는 책들을 악용했고요. 이런 문제들이 오랫동안 누적되어 온 것이죠.

김정명 이종복 대표님이 외양간을 고치지 않는다고 지적하셨는데 어떻게 생각하세요?

이홍 이종복 대표님께서 지적하셨듯이 외양간을 고치지 않은 상태에서 해결되고 있다는 것, 저는 이 부분이 핵심이라고 보거든요. 이 상태로 인터파크가 인수해 가지고 다시 회전시키겠다고 한들 이런 관행을 앞으로 끊을 것이냐. 그러나 못 끊는다는 것이죠. 그래서 근본적으로 시장에서 수요와 공급의 불일치라든지, 여러 가지 시장 상황에서 어려움도 있지만 이후에 과연 이런 식으로 하면 위탁거래 관행을 계속 해야 할 이유가 있느냐 하는 문제까지 살펴 볼 필요가 있고요. 그런데 위탁거래를 손보자고 그러면 출판사와 서점, 양쪽으로부터 다 욕먹어요. 위탁거래를 끊으면 대안은 무엇이냐? 거기에 대해서 대안을 정리해서 말씀드리면 좋은데 대안이라는 것도 또 다른 문제점을 안고 있어요. 아무튼 이 문제에 깔려 있는 상당 부분은 솔직히 말해서 송인서적으로 과도한 물량들이 들어갔고요. 그 다음에 팔리지 않은 책들에 대해서 선결제를 하고, 결국 곳간을 비워서 만들어진 상황들이기 때문에 위탁거래에 대한 발전적인 해결책, 그리고 관계들도 제대로 놓고 해결해야 한다고 봅니다.

이종복 저는 송인서적 문제를 놓고 볼 때 지진이 일어나면 초기에 징후가 나오듯이 송인서적도 수개월 전부터 징후가 충분히 나왔다고 봅니다. 가까이는 근래에 며칠, 한 달 추가 수요 주문분이라든지 이런 흐름만 놓고 봐도 충분히 감지할 수 있었는데 이런 징후들을 출판사들이 너무 모르고 있는 것 같아요. 출판사들이 4차 산업혁명과 관련한 책들을 많이 만들고 있지만, 출판업계는 솔직히 데이터 분석도 미약하고 구시대적 방식을 지금도 답습하고 있다는 것이 문제의 핵심이라고 봅니다.

이홍 이종복 대표님 말씀대로 출판사들이 데이터 분석 안합니다.

이종복 이제는 출판사도, 서점도 데이터 분석이 매우 중요하다고 보거든요.

부길만 위탁을 하지 않고 직거래를 하는 출판사들도 있더라고요.

정윤희 저는 잡지를 내면서 단행본도 출판하고 있는데요. 도매상에 위탁을 하지 않고 직거래를 하고 있어요. 도매상과의 위탁거래, 어음거래보다는 안정적이기 때문에 직거래를 하고 있죠. 대형서점, 온라인서점, 지역의 서점들과 직거래를 함으로써 책 판매대금을 바로 현금으로 받을 수 있고, 또한 오래전부터 관행으로 이어온 어음 결제, 문방구 어음에 대한 위험부담도 없앨 수 있죠. 그러나 문제는 작은 출판사들이 1,000개가 넘는 서점들과 직거래를 한다는 것도 현실적으로 매우 힘든 일입니다. 책을 생산하고 유통하고 소비자에게 이르는 과정 중에서 병목현상이 일어나 막혀 있으면 정책적으로 뚫어줘야 하는데 이런 정책들도 미비하고요. 이종복 대표님께서도 말씀하셨듯이 도매상 부도 사태가 처음 일어난 것도 아닌데 4차 산업혁명 시대에 구시대적인 유통망을 아직도 가지고 있다는 것도 우리 책문화생태계가 얼마나 허약한지를 단적으로 보여주는 사례라고 봅니다. 그리고 도매라는 시스템이 과연 정답인 것이냐에 대해서도 고민해 볼 필요가 있어요.

이홍 이번 송인서적 부도로 인해서 직거래를 하고 있는 출판사들이 있지만 다수는 아니죠.

정윤희 저는 공적인 도매유통시스템이 필요하다고 봅니다.

백원근 결국은 송인서적도 그렇고 도매상이라는 시스템 문제인데요. 우리 출판시장 구조 자체가 도매를 근간으로 하는 유통구조가 아니잖아요. 대형서점과 온라인서점과는 직거래를 많이 하고 있고요. 나머지 지방의 지역서점은 도매상을 통해서 거래하는 방식인데요. 송인서적의 문제는 경영진들의 도덕적 해이도 문제이지만, 실제 당기순이익이 발행하고 있었는데 그럼에도 불구하고 가족경영의 문제라든가 대형출판사 중심으로 밀어 넣기 등도 이루어지고 원칙 없는 경영을 하면서 책임을 출판계 전체에 전가했기 때문에 이번 문제가 더 심각했죠. 그러면서 직거래에 대해서 관심이 늘어났고요. 도매상의 대안 모델이 무엇이냐에 대해서 출판사들도 많이 관심을 가지고 또 새로 생기고 있는 서점을 중심으로 해서 직거래를 택해서 한다든지… 이젠 아무래도 도매상이 가져갔던 마진을 직거래로써 출판사와 서점이 나눌 수 있기 때문에 직거래에 대한 관심이 높아진 것 같아요. 그러나 여전히 공급률 문제도 그렇고 도매상 부도사태를 계기로 유통구조 혁신을 생각해 보면요. 데이터도 없고 시스템도 없고 유통관행이라는 것도 그때그때 다르고, 그래서 지금의 시대 상황에 맞게끔 현대화시키고 혁신을 해야 한다는 요구는 늘 있어 왔어요.

김정명 이 문제를 어떻게 풀어야 할까요?

백원근 제가 봤을 때는 이런 문제를 해결할 주체는 출판계라고 봅니다. 출판계가 서점계와 협의를 해 가면서 가장 공정하고 합리적인 유통구조를 협업해서 만들어내려는 노력들이 필요해요. 2017년 출판단체들의 리더들이 교체되었기 때문에 기대하고 있어요. 이를 계기로 지금 하지 않으면 또 미루어져요. 을의 위치에 있는 출판사나 서점들처럼 어쨌듯 규모가 크지 않은 곳들은 피해자로서 남을 수밖에 없는 거고, 지금 우리가 적폐청산이다 블랙리스트다 이런 이야기를 하는데 결국은 공정게임이 아닌 것을 없애자고 하는 거잖아요. '이게 나라냐'라고 소리치는 와중에 송인서적이 부도가 나면서 '이게 무슨 출판유통이냐' 라는 목소리들까지 나오게 됐는데요. 출판과 관련이 없는 사람들 조차도 황당한 뉴스로 받아들이고 업계 입장에서는 매우 낯 뜨거운 거고, 이홍 이사님이 말씀하셨듯이 송인서적 부도와 독서율과는 아무 관련이 없지만 마치 사람들이 책을 안 읽어서 도매상이 부도난 것으로 사회적으로 비쳐졌고요. 이 문제를 유통구조 혁신에 대한 시그널로 받아들이고 적극적으로 해석하고 개입해야 하는 거지 인터파크가 인수한 것으로 끝나버리면 안 된다고 봐요.

정윤희 정부 정책과 역할도 중요하지만 출판단체들의 리더십도 중요해요.

백원근 2016년에 시끄러웠던 공급률 문제도 적극적으로 해결하지 않고 봉합해 버렸잖아요. 이 문제를 가지고 계속 끌고 갈 수 없으니 제대로 된 대안을 내놓지 못하고 흐지부지 끝났거든요. 지금 도서정가제 문제도 대부분의 문제들은 사회적인 협약으로 처리하고 거기에 대해서는 아무 일도 못하겠다는 식으로 되고요. 좀 더 적극적으로 출판단체나 서점단체 등 이익단체들의 기능이 복원돼서 그 역할을 제대로 해야 한다고 봅니다.

이종복 저는 위탁문제에 대해서 말씀을 드리고 싶은데요. 위탁이 가능한 도서와 위탁이 필요 없는 도서는 구분이 되어 있습니다. 위탁을 통해서 팔아야 하는 책들은 경쟁이 될 책들이 많다는 것이죠. 내 책도 그 중에 깔아야 팔리는 책들이고요. 그러나 납품 중심이라든가 수요가 예상되는 책들은 굳이 위탁할 필요가 없죠. 그래서 위탁거래도 구분해서 볼 필요가 있다고 봅니다. 우리는 위탁을 안 하니까 모든 책을 위탁을 안 해도 된다는 논리는 맞지 않다는 것이죠.

이홍 위탁거래 문제에서 공급률과 출고율에서 사실 갑을이 없어요. 위탁이라는 구조를 가만히 들여다보면 대형출판사를 위한 구조가 아니에요. 신생출판사에게도 유리한 구조입니다. 신생출판사가 처음 책을 공급하려고 하는데 위탁구조가 없으면 서점에서 책을 팔지 못하거든요. 그렇기 때문에 아마 이 문제를 건드리기 시작하면 대형출판사들이 반대하는 게 아니고 소형 출판사들의 저항도 만만치 않을 겁니다. 그리고 사실 이러한 부분이 있었기 때문에 출판사를 창업하고 시장 진입장벽이 낮았던 거잖아요. 혹자는 지금의 수요와 공급의 불균형 문제, 극단적으로 공급이 수요보다 많은 것을 해결하기 위해서는 차라리 위탁을 모두 깨버려야 한다, 그래서 억지로 출판을 하지 말라고 할 수 없으니까 그런 문제에서 시장에서 선택받지 못하는 책을 만들어서 위탁이라는 구조로 깔아버리는 것을 막아야 되지 않겠느냐고 해요. 그래서 이 문제는 작은 출판사를 위해서 위탁구조를 없앤다는 것은 아니라고 보죠.

정윤희 이홍 이사님의 말씀에도 일리가 있다고 보는데요. 작은 출판사들도 목록이 쌓이면 책의 부수도 늘어날 텐데 그때는 어떻게 할 것이냐는 거죠.

이종복 제 생각엔 기본의 유통구조만 바꾼다고 해서 문제가 해결된다고 보지 않습니다. 그 이유가 서련을 통해서 책을 공급한다고 해도 어차피 위탁입니다. 판매가 예상되지 않는 책을 받아놓고 돈을 지불하지 않아요. 결국은 시스템 안에서 공급자가 선택해야 할 문제이고 대신에 실제로 문제가 되는 것이 뭔지 찾아봐야 해요. 재고가 어딘가에서 적체가 되고 있는데 확인이 안돼서 또 추가 생산을 해야 하는 문제라든가 이런 문제점을 찾아 낼 수 있는 방법이 무엇인가를 고민하는 게 맞지, 위탁이냐 아니냐, 그리고 누가 공급하는가에 대한 문제는 아니라고 봅니다.

통일된 도서 데이터베이스 시스템의 필요성

부길만 서점마다 포스(POS)● 시스템을 운영하면 재고의 흐름을 알 수 있을 텐데요.

이종복 서점마다 포스는 다 돼 있죠. 솔직히 포스를 쓰지 않는 서점은 규모가 굉장히 영세하거나 조만간 폐업까지 고민하는 서점들이지요. 포스 안에 데이터의 정확성이 문제가 됩니다. 저도 재고관리를 10년 가까이 해오고 있는데요. 저는 1년에 두세 번 재고조사를 꼭 합니다. 그런데 재고조사를 하면서 제가 느낀 게 뭐냐면, 너무 힘들어요. 재고조사 하는 방법에 문제가 있습니다. 지역서점들이 왜 못하느냐면 포스가 없어서 못하는 게 아니고 하는 방법이 너무 어려운겁니다. 재고조사를 하는데 비용도 많이 들어가고요. 제가 이 문제를 제기했더니 대형서점은 이런 문제제기를 안 한다고 해요. 대형서점은 외주업체에 맡겨서 진

● point of sales system. 판매시점정보관리 시스템.

행을 하니까 그렇죠. 제가 직접 해보면서 느낀 것은, 책의 바코드 위치를 표준화시켜야 한다는 거죠. 바코드가 책등에 위치했으면 좋겠다고 제안했던 이유가 평대가 많아도 보유하고 있는 책의 70, 80%는 서가에 꽂혀 있어요. 재고조사를 하려면 이 책들을 다 빼야 하는데 생각보다 굉장히 어렵습니다. 그래서 책등에 바코드를 표준화시켜주면 서점에서 재고조사를 하는데 매우 용이합니다. 재고조사가 쉬워지고 정확한 데이터가 조사되어야 출판사들의 생산에도 반영되고요. 그러나 이를 할 수 없는 구조라는 거죠. 그래서 재고조사를 효율적으로 할 수 있는 방법에 대해서 제안도 많이 했는데 요즘에는 이 생각도 버렸어요.

김정명 그러한 제안을 버린 이유가 있나요?

이종복 얼마나 효과를 볼 거냐라는 이유죠. RFID가 유통 상에 필요할지도 모르겠지만 재고조사하는데 필요 없겠다는 거죠. 왜냐. 이미지 파일을 바로 데이터 분석해서 재고조사를 하면 되겠더라고요. 지역의 동네서점들이 재고조사를 쉽게 할 수 있는 방법을 만들어 주고 포스가 공급이 되면 출판유통시스템이 좀 더 효율적으로 변화될 거라고 봅니다.

백원근 부길만 교수님께서 말씀하신 것은 출판사 입장에서 보았을 때 전국 단위의 포스시스템을 가지고 출판사에서 공급한 도서의 실시간 판매상황이라든가 데이터를 볼 수 있지 않느냐라는 문제에요.

이종복 그 부분을 왜 서점들이 저항하냐면, 내 데이터를 주는 것을 꺼려합니다. 물론 대형서점에서는 공개하고 있지요. 그런데 우리처럼 지역서점들은 꺼려하는 이유가 있어요. 학습지 매출이 주류를 이루는 지역서점들의 경우 공급률이 높다 보니 경쟁력 있는 서점들은 지역권이라는 게 있는데 카르텔을 넘어서 다른 지역에서 책을 사옵니다. 좀 싸게 사오죠. 싸게 사오는 책까지 노출이 되었을 경우 내가 받게 될 문제, 이 문제가 아주 강합니다. 그래서 이 문제도 제가 서점조합연합회에 이야기를 했는데요. 독자에게 책이 있는지 없는지를 노출시키는 것이 중요하지 우리 안에서 데이터로만 하고, 노출될 때 숫자로 다 보여줄 필요가 있겠는가. 지역서점들이 모두 참여하도록 유도하는 방식으로 정확한 데이터를 끌어 낼 수 있다는 건데요. 우리 도서DB를 구축하는데 있어서 대한민국에 서점이 1,500개면 도서DB가 1,500개 정보가 만들어집니다. 거기에다 서점과 총판별로 다 각자 만들죠. 이처럼 다 각자가 비용을 들여서 정보를 생산하고 있어요. 이를 한국출판문화산업진흥원이든 어디든 한 군데서 도서정보를 DB화 한다면 지역서점들도 비용을 줄일 수 있고 그렇다면 지역서점들도 판매 데이터 정보를 제공할 이유가 있지요.

김정명 도서 DB를 구축할 대안은 무엇인가요?

이종복 지역서점에서의 가장 큰 문제가 뭐냐면요. 지역서점의 포스를 관리하는 관련 업체가 대 여섯 군데가 있는데, 그 업체가 참여하지 않고는 거의 불가능합니다. 우리 개인정보보호법에 의해서 생산된 개인정보를 보관하는 방식이 있거든요. 암호화된 코드로 보관을 해야 하는데 대한민국 모든 서점은 암호화된 코드를 쓰는 곳이 없습니다. 교보문고 정도나 할까요? 동네서점은 못한다는 거지요. 그거를 정부 차원에서 서점이 각자 관리를 하더라도 개인정보를 보관하고 관리해 줄 수 있는 시스템을 만들어 준다고 하면 그 포스 업체들이 할 수 없는 거니 연동해서 끌어들일 수 있는 방법이 있다고 봅니다. 그래서 지금은 어쩔 수 없이 서점들이 불법으로 하고 있어요. 고객의 이름도 받고 연락처도 받죠. 주민번호는 안 받고 전화번호만 받아도 암호화된 코드로 보관해야 한다고 하더라고요. 근데 지역 중소서점들은 고객의 전화번호하고 이름만 받아서 암호화하지 않고 엑셀 등 프로그램에서 관리를 하고 있다는 겁니다. 이를 합법화시킬 수 있는 정책을 만들어야 합니다.

김정명 이번 제4차 〈출판문화산업진흥 5개년 계획〉*에도 출판유통 관련해서 계획이 들어가 있지 않나요?

백원근 네, 출판유통선진화를 위한 계획이 들어있죠. 근데 이

● 2017년 2월 16일 문화체육관광부는 출판산업의 지속적인 성장기반을 마련하고 상생 유통체계를 구축하는 내용을 담은 4대 전략과 16개 추진과제가 담긴 〈제4차 출판문화산업 진흥 5개년 계획(2017-2021)〉을 발표했다.

게 20년 된 이야깁니다.

이홍 출판유통을 선진화하자는 이야기가 도매상 망하고 서점 하나 망할 때마다 나오는 얘기죠.

백원근 계획엔 들어가 있는데 추진이 안 된다는 게 문제예요. 실행주체들이 할 수 있을 만한 견인력이 있어야 하는데요. 예전에 우리가 방학하면 만들어 놓는 생활계획표와 똑같은 거죠. 출판인들이 출판문화산업진흥 5개년 계획에 대해서도 불만이 많이 있지만 그럼에도 많은 고민이 담긴 계획이거든요. 추진이 잘 안 되는 이유는 감시자도 없었고요. 압력을 넣는 출판단체 등도 없었고요. 그러다보니까 계획만 세워놓고 추진이 안 되고 있는 거죠.

김정명 유통시스템 관련해서는 지속적으로 연구용역 등이 나오는 것 같은데요.

백원근 출판문화산업진흥 5개년 계획의 실행력도 그렇고 한국출판문화산업진흥원도 그렇고 전체적으로 산업과 관련된 정책과 인프라와 출판진흥원의 역할 등, 출판산업을 이끌어갈 동력이 될 정책들이 매우 중요합니다. 왜냐면 출판산업 전체를 끌어갈만한 대형 출판사들이 없어요. 있다고 해도 학습지와 교과서 출판사들이고요. 단행본 출판사들, 소형출판사들이 이끌어갈 힘이 부족해요. 그래서 정책이 그 역할을 해줘야 합니다. 그래서 다음 한국출판문화산업진흥원 원장은 개혁적이고 실행력 있는 분이 오셔서 일을 하셔야 하고요.* 그래야 우리 출판산업이 희망이 생깁니다. 지금까지 우리 출판산업 이슈를 보면 계속 반복되어 온 것들이고 몇 가지 아이템만 새로 등장하고 있어요.

정윤희 〈출판저널〉이 1987년에 창간했을 때 출판인들이 가장 해결하고 싶었던 문제가 바로 출판유통의 선진화였는데 30년이 지난 지금도 아직 출판유통의 문제를 해결하지 못하고 있어요. 한국간행물윤리위원회에서 승격된 한국출판문화산업진흥원이 여러 가지 사업을 하고 있는데 우리 출판산업의 선순환을 위한 정책과 시장구조를 만드는 데 집중하면 좋겠고요. 어떤 분이 한국출판문화산업진흥원 3대 원장이 되실지 모르겠지만 3대 원장은 어깨가 매우 매우 무거울 겁니다. 2대 이기성 원장이 전자출판에 대한 전문가이고 출판사에서도 근무를 하셨기 때문에 출판인들이 매우 큰 기대를 했었지만 도중 하차할 정도로 문제가 많았죠. 이기성 전 원장도 취임하셨을 때 〈출판저널〉과의 인터뷰**에서도 '출판인 모두 잘 살게 해드리겠다, 잘못된 출판산업의 구조를 변화시켜야 한다'는 포부를 말씀하셨지만 임기를 채우지 못하고 자리에서 내려오시게 됐는데요. 차기 원장은 출판

- 2018년 7월 11일 문화체육관광부는 김수영 전 문학과지성사 대표를 한국출판문화산업진흥원 3대 원장으로 임명했다.
- ● 〈출판저널〉 2017년 4월호

에 대한 애정은 기본이고요. 출판산업의 구조와 정책을 혁신하려는 의지가 있는 리더십을 가진 분이어야 합니다.

정가제가 아닌 도서정가제, 공론화 없이 3년 재연장

김정명 도서정가제●●●가 2017년 11월 21일 부로 다시 3년 연장되었는데요. 소비자들은 아직도 도서정가제에 대한 불만을 제기하고 있어요. 도서정가제 관계자 회의에 참석하신 이종복 대표님께 먼저 여쭈어 보고 싶은데요.

이종복 제가 도서정가제 회의에 서점조합연합회 입장으로 참석했는데요. 그 회의에서 소감을 말한 적 있었죠. 도서정가제 목적이나 취지에 맞는 실행방법을 논의해야 하는데 각 업계가 이익을 어떻게 나눌 것인가 등의 방법을 고민하고 있더라고요. 그래서 여기서 문제가 있다고 보았죠. 저는 완전도서정가제로 가든 정가제 프리로 가든 독자가 지불해야 할 절대값은 똑같다고

●●● 도서정가제는 책의 정가를 정하고 할인을 금지 또는 제한하는 제도이다. 최재천(새정치민주연합) 의원이 도서정가제 수정안을 2014년 4월에 발의하고 출판문화산업진흥법 일부 개정법률안(도서정가제 수정안 포함)이 4월 29일 국회 본회의를 통과했다. 11월 11일 국무회의에서 도서정가제 시행안이 통과되었고 2014년 11월 21일부터 시행되었다.

봅니다. 상대적인 가격이 있을 때 내가 비싸게 주고 산다는 개념을 가지는 거지, 출판사가 절대로 밑지고 안 팝니다. 유통업자들도 밑지고 안 팝니다. 결국 가격은 정해져 있는 겁니다. 도서정가제의 의미는 우리말과 우리글을 보존하고 유지시키고 발전시키는 데 필요한 정책이 아닌가라는 생각을 했어요. 그런 개념이 아니고 유통업자들과 출판업자들이 이익을 몇 대 몇으로 나눌래, 이런 개념으로 양보해라 말아라, 이렇게 논의하더군요. 제가 보기에는요. 우리가 독자들에게 도서정가제에 대한 이해를 높이는 데 설득하는 노력이 필요하겠다는 생각이 들고요. 도서정가제가 왜 필요한지, 단순히 책값 올라가는 문제가 아니고, 책값이 조금 올라가면 어떻습니까. 우리 한글이 과연 존재하고 필요한 것인가라는 근본적인 문제부터 접근해야 한다고 보거든요.

백원근 최근 일련의 흐름들을 보면 도서정가제에 대한 합리적인 논의의 형식도 없었고 논의 내용도 없었어요. 이해관계자들로 출판사, 온오프라인 서점, 소비자 단체들이 논의했는데, 저는 이해관계자의 핵심은 이 주체가 아니라고 봐요. 여기에 빠진 그룹들이 많이 있어요. 도서관도 논의 주체가 되어야 하는데 빠졌고요. 시민단체만 하더라도 독자들이 가입된 시민단체들이 있어요. 독서단체들도 있고요. 협상에 의한 계약방식으로 하는 정가제가 아니죠. 도서정가제는 법이거든요. 법을 개정하는 문제죠. 어떤 사람들은 3년 일몰제라고 하는데 그건 잘못된 표현입니다.

재검토 하도록 하는 규정이 있을 뿐이고 법 개정을 하면 완전히 없어질 수도 있고 완전정가제로 갈 수도 있어요. 문화체육관광부가 공개적인 토론을 한 번도 하지 않았죠. 어떤 식으로든지 공개토론회를 했어야 했거든요. 그리고 지난 3년간 도서정가제를 해보니까 어떤 결과인지 아무런 연구 결과도 없어요. 출판사가 늘었는지, 서점은 늘었는지 줄었는지, 책 정가 대비해서 판매는 어떻게 변했는지 등등 숫자로써 평가를 했어야 했는데 없잖아요. 한마디로 문화체육관광부가 의지가 없는 거죠. 저는 완전도서정가제를 하지 않으면 출판 미래 없다고 봅니다. 우리처럼 영세업자들 시장구조 하에서는요. 특히 지금 도서정가제는 독자들에게 덤을 씌우는 제도라고 봐요. 15%까지 인하를 하고 있다는 것은 책 가격 15% 거품을 만들어내고 있는 원천이라고 봐요.

이종복 저 개인적으로는 완전정가제로 가야 한다고 봐요. 근데 이해관계자들끼리 풀지 못하는 갈등이 있다고 하면, 소비자들은 의심하고 계속해서 할인을 원합니다. 지금 정가제 해보니 가격 거품이 남아 있지 않느냐 라고. 그렇다면 대안으로 완전도서정가제를 시행하는 날짜를 정해 놓고 그 이전에 발행된 모든 책은 15% 할인 하자. 대신 그 다음 날부터는 완전도서정가제로 하자. 그 과정에서 생기는 문제는 업계에서 풀면 되고요. 소비자들이 의심하는 책 가격의 거품. 소비자가 원한다면 표준원가를 산출하는 근거를 마련해서 소비자가 참여할 수 있는 창구를 만들어 주면 어떨까요.

김정명 출판사 입장에서는 도서정가제를 어떻게 보시나요?

이홍 도서정가제 이야기하면 제가 욕을 많이 먹어요. 출판계에선 도서정가제를 이야기하면 선이고 도서정가제를 하지 말자고 하면 악의 축이 되는 분위기가 있어요. 그런데 원론적인 지적을 하자면, 가격 정책은 마케팅에서 굉장히 중요한 부분이거든요. 어떠한 구조에서든 가격 정책을 취할 수 없다는 것은 말이 안 되는 거예요. 그러니까 교과서 측면에서 생산자가 원가를 견딜 수 있는 범위라고 한다면 그 안에서 가격적인 탄력성을 가져갈 수 있어야 합니다. 근데 여기에서 개입되는 게 뭐냐면, 책이라는 부분을 그렇게 가격으로 막아두면 불완전한 출판유통구조에 있어서 시장이 아수라장이 된다는 부분들이 있고, 무엇보다도 책이 가져야 되는 기획과 생산의 다양성 측면에서 보았을 때 가격을 경쟁의 중심에 놓게 되면 소위 말하는 공정한 경쟁이 되기 어려워진다는 겁니다. 출판쪽이나 서점쪽 다 곤란한 문제에 직면하게 되고 그것이 곧 올바른 도서문화를 해치게 되고, 독자들에게도 좋지 않은 결과를 줄 수 있어요. 이런 부분들을 동의하기 때문에 대체적으로 저처럼 가격 정책에 탄력성을 가져야 한다는 사람들도 정책적으로 도서정가제를 찬성했던 거거든요.

정윤희 도서정가제 관련해서는 출판사, 서점, 도서관뿐만 아니라 소비자들도 모두 할 말이 있을 것 같습니다. 저는 도서정가제

뿐만 아니라 우리 정책에서 아쉬운 점은 어떤 정책이나 제도가 실현되고 잘 정착되기 위해서는 매우 세심한 연구와 시뮬레이션이 필요하다고 생각해요. 또한 몇몇 사람들에 의한 밀실정책이 아니라 공론화 과정을 통해서 정책이 자연스럽게 안착되도록 해야 하는데 그러지 못하고 있고, 도서정가제는 소비자와 직결되는 문제이기 때문이 안팎으로 아직까지도 시끄러운 것 같아요. 도서정가제를 논의할 때 도서관 입장을 빠트린 점도 그렇고 15%를 할인했을 경우 어떤 현상들이 나올지 예측하는 시뮬레이션이 없었어요. 도서관의 입장이 중요한 게 도서정가제를 적용하면 수서예산을 늘려야 하는데 이런 부분들은 사회적 합의를 이끌어내야 하는 부분이거든요. 저는 특히 우리 사회가 책에 대한 가치를 인정하는 문화, 좋은 문화를 지속하기 위한 철학이 공기처럼 자연스럽게 되었을 때 지금처럼 15% 할인을 하는 도서정가제든 완전도서정가제든 제도가 정착될 거라고 봅니다. 오히려 소비자 쪽에서 책은 비싸게 주고 사야 한다는 인식이 많아질 때 책문화생태계도 건강하다는 거겠죠. 책을 만드는 생산자 입장에서 독자들에게 신뢰를 주는 게 첫 번째 과제라고 봅니다. 도서정가제를 하고 있지만 꼼수들이 있지 않나요?

이홍 저는 출판계가 과연 도서정가제를 정당하다고 말할 수 있는 행위를 하고 있느냐, 라는 생각을 해요. 도서정가제가 되면 모든 것들이 바로 잡힌다고 이야기를 했지만 하나도 바로 잡힌

게 있나요? 오늘도 출판사들은 도서정가제를 회피할 '굿즈' 라든지 다양한 할인제도를 고민하고 있는 게 현실인데 명분 상 도서정가제를 해놓고 전부 다 피해 갈 방법만 고민하고 있다는 측면에서 도서정가제는 아니라는 것이고요. 그런 부분에 대해서 현실적으로 가격에 대한 탄력성을 가지지 않으면 해결할 수 없는 상당히 많은 문제들이 있습니다. 그래서 실질적으로 소비자들 입장에서도 그래요. 도서정가제가 아닌데 도서정가제라고 하니까 더 이상한 거예요. 지금 15% 할인 가능하잖아요. 이는 도서정가제가 아니죠. 할인을 해주고 있음에도 불구하고 도서정가제라고 이름을 붙여 놓으니까 소비자 입장에서는 심리적으로 저항이 생기는 거죠. 전혀 할인을 못 받고 있는 것처럼 생각하거든요. 할인해 주고서도 할인 안 해준다고 욕먹고 있는 꼴이에요. 이러한 현상을 누가 만들었느냐. 이종복 대표님이 말씀하신 것처럼 이 자체에 대한 고민을 했던 것보다는 서점은 서점대로 출판사는 출판사대로 파이를 나눠 먹는 이익 개념으로만 접근하니깐 이런 문제들이 발생하게 된다고 봐요. 사실은 도서정가제를 깰 고민만 하고 있는 출판사들도 있다는 게 현실이라고 한다면 안 해야 하는 거예요. 그러면 이전처럼 구간에 대한 할인을 허락하든지 아니면 정말 이름 그대로 완전도서정가제를 하든지, 아니면 그냥 이것은 현실에 안 맞으니깐 풀든지. 근데 어정쩡한 타협, 정가제가 아님에도 정가제라고 이름을 붙여 놓고, 3년 후에 재논의하기로 했지만 아무도 그에 대한 책임을 지지 않으려는 것도 문제가 있습니다. 이런 것들이 시장에 부정적인 메시지만 던지는 거예요. 사실은 어떠한 제도인지 간에 출판사와 서점만이 이해 당사자는 아니거든요. 가장 큰 이해당사자는 독자들입니다. 독자들에게 품질에 있어서도 만족을 못주고 가격에도 만족을 못주는 도서정가제를 과연 누구를 위해서 하는 제도냐, 라고 묻는다면 고민이 많아지는 거죠.

백원근 결국 리더십의 문제입니다. 독일의 경우에는 출판과 서점이 한몸이잖아요. 독일은 굉장히 과학적이고 합리적인 시스템을 창출해서 출판과 유통은 세계 최고로 인정을 받고 있어요. 협업구조를 갖고 독자들을 설득하고 정치권을 설득하는 힘을 가지고 있어요. 이런 것들이 독자들에게 신뢰를 주는 거죠. 신뢰를 통한 책 생태계 전반에 긍정적인 순기능을 하는 측면이죠. 우리는 아직까지 문화체육관광부도 입장이라는 것이 있어요. 경제부처들 눈치 봐야 하고 소비자 눈치 봐야 하고 한쪽에서는 출판계와 서점계 이야기를 들어줘야 하고요. 근데 문화철학이라는 혼이 없기 때문에 형식적인 정가제인거고, 출판계도 정가제를 할 거냐 말거냐 진지한 논의가 부족한 것이죠. 그리고 단체들은 명목상으로는 완전정가제라고 하지만 진짜 의지가 없어요. 명색뿐인, 허울뿐인 도서정가제를 하면서 소비자를 기만하는 것이고요. 실제로 할인을 전제로 해서 15% 거품가격을 붙이고 있다고 보거든요. 표현이 이상하지만 현실이에요.

정윤희 이홍 이사님께서 말씀하셨던 마케팅 측면에서의 가격 정책 측면에서도 도서정가제에 대하여 출판사들이 다양한 입장에 있는 것 같습니다. 도서정가제 추진 목적은 법에도 나와 있죠. 과도한 가격 경쟁을 막고 소형 출판사와 서점들의 활성화를 유도하기 위한 것이죠. 그래서 모든 서적의 할인율을 15% 이내(현금 할인 10%, 간접 할인 5%)로 제한하고 있습니다. 그러나 도서정가제가 우리 책문화생태계를 살리는 절대적인 대안은 아니라고 봅니다. 어떤 제도를 실행하기에 앞서 다양한 시뮬레이션이 필요한데, 도서정가제 추진과정에서 이런 과정은 부족했던 것 같습니다.

출판계 블랙리스트
세종도서 문제, 도서관 도서구입 예산 확충

김정명 출판진흥원에서도 해외 여러 정책들을 많이 연구하고 했지만 연구만 되어왔지 현장에 실제 적용하기 위한 과정이 부족했던 것 같습니다. 예산으로 연구했지만 연구로 끝나버리는, 업계에서는 각자 이익만을 위해서 활동을 하고요. 그리고 2017년부터 출판계 블랙리스트가 핫이슈로 떠올랐어요.

이흥 저는 그 명단에 포함이 안 되어 있기 때문에⋯ 그래서 굉장히 소외감을 느끼죠(웃음).

백원근 블랙리스트가 아니면 제대로 살고 있지 못한 것 같은 그런 분위기죠.

이흥 얼마나 찌질하게 일을 했으면 명단에도 못 들어가고⋯

백원근 출판뿐만 아니라 블랙리스트는 정권 차원에서 이루어진 것이기 때문에 눈 밖에 난 사람, 조직, 단체가 참여하는 것에 대해서는 지원에서 배제시키는 것인데 이는 출판만의 문제가 아니었고요. 출판과 관련해서는 출판사와 연관이 되어 있거나, 저자와 연결되어 있거나, 단체와 연결되어 있거나, 이는 범죄행위고 결국은 어떻게 없앨 거냐고 하는 건데요. 더 이상 이런 일은 없겠죠. 투명하지 못했기 때문에 일어났던 일들이었다고 봐요. 상당부분 밀실에서 이루어지고 나중에 최종심에 올라갔던 곳에서 누가 빼라고 뺀다는 것은 있을 수 없는 일이잖아요. 만약 그렇다면 사유가 정확해야 하는 거고요. 심사평도 최종 결과만 나왔지 중간에서 투명하게 과정에 대한 공개가 없었거든요. 그런 것들이 자리 잡으면 앞으로는 일어날 수 없는 일이죠.

이흥 정권의 음흉한 목적에 이루어지는 이런 일들은 아무리 대안을 마련한다고 한들 대책을 논의해봤자 아무 소용이 없는 거죠.

백원근 근절되지는 못한다고 봐야겠죠. 그리고 화이트 리스트도 있고요.

부길만 국민이 감독할 수 있다는 것을 보여주는 수밖에 없어요. 선의에 의지할 수 없어요. 저도 우리나라가 민주주의가 이렇게 후퇴하리라고는 상상도 못했어요. 항상 국민들이 감시해야 해요.

이홍 어느 시점에 이상한 정권이 들어선다고 하면 그때는 더 음흉하고 더 철저하게 블랙리스트를 만들 수 있어요. 왜냐면 한번 들켰기 때문에. 이것을 반대하는 사람들이 있어서는 안 된다고 떠들어도 결국 권력이 귀 기울이지 않으면 이런 일들을 하지 않죠. 제가 걱정스러운 게 뭐냐면 민주화 시대를 거쳤는데 그런 일이 어떻게 일어날 수 있느냐 하지만 벌어졌단 말이죠. 정권이 바뀌고 하면서 마땅치 않은 정권이 들어섰을 때 아 그때 들켰지, 바보 같이…. 그러면서 또 일어날 수 있다는 거죠.

부길만 결국 투명성이라는 것은 절차의 투명성이거든요. 그래서 '정책 실명제'를 해야 한다고 강조하고 싶어요. 누가 제안을 했는지, 심사위원은 누구인지 등등. 심사위원들이 명예를 소중하게 여기기 때문에 마음대로 못한단 말이죠. 심사규정을 만든 사람이 누구인지 밝히면 책임을 져야 하니까 심사규정도 공정하고 객관적으로 만들겠죠. 이런 절차의 투명성과 정책 실명제가 이루어지지 않으면 이런 문제가 계속 발생할 수밖에 없어요.

백원근 이번에 블랙리스트 피해 출판사들이 피해보상 청구를 했어요. 근데 그렇게 함으로써 정책 실행과 관련해서 피해보상 청구를 함으로써 나중에 밝혀지면 책임을 져야 하기 때문에 상당히 실무적인 입장에서 보면 실무자 입장에서는 위에서 명령한다고 해서 함부로 할 수 없는 분위기를 만들어 주는 거죠.

이홍 블랙리스트라는 것을 통해서 공정하지 못한 문제를 제기하는 것도 있지만 또 생각해 보면 출판계가 가지고 왔던 의도적인 밀착도 잘라내야 한다고 보거든요. 내가 블랙리스트에 이름이 올라가면 부당하고 반민주적인 것이고 내가 의도를 가지고 반칙하기 위해서 그쪽과 선을 대고 밀착해 왔던 부분들도 분명히 있단 말이죠. 그것은 민주적이고 공정했냐. 그건 아니죠. 내가 이익을 받으면 공정한 것이고 불이익을 받으면 불공정하다고 생각을 하게 되면 낯 뜨거운 일이고요. 출판단체나 윗선에 계신 분들이 알게 모르게 출판에 공적인 일이나 출판계의 사업을 빌미로 해서 밀착해서 출판사 개인적인 이익을 가져간 부분들이 많이 있습니다. 그래서 출판계가 블랙리스트 명단에 올라간 것뿐만 아니라 내가 그러한 행위를 알게 모르게 은밀하게 행하는 것도 끊어야 하는 거죠.

정윤희 정권 차원에서 블랙리스트도 없어야 되지만 출판계 내부에서도 자정노력이 필요하다고 봅니다.

백원근 하나만 더 보태자면 블랙리스트는 불공정한 지원 배제잖아요. 정권이나 정부가 정직하게 민간업계를 지원해야 하고 또 그것을 위해서 정책적인 노력을 해줘야 하는 건데, 그와는 상반되게 공공기관의 상업출판 행태라든가, EBS와 수능 연계 출제라든가, 군부대 금서 목록 문제 등 여러 가지 보면 뭔가 지금 시대 상황에는 맞지 않게 정부의 행정폭력이 존재한다고 생각해요. 이런 것들이 여전히 자행되고 있어요. 지금 한 번씩 다들 대들어보긴 했지만 잘 안 풀리니까 지나가고, 이러한 것들이 누적되고 그리고 책 생태계 전체를 억누르면서 좋지 못한 이런 행태들은 차제에 좀 적폐를 도려내야 하는 과정이 있어야 합니다. 그런데 지금 너무 블랙리스트에만 함몰되어 있다는 생각이 들고요. 블랙리스트의 원천은 세종도서였잖아요. 세종도서 자체가 저는 큰 문제라고 봐요. 21세기 대한민국에만 있는 제도에요. 공공도서관 등 도서관들이 책을 살 예산이 없는데다가 도서정가제가 강화되면서 수서예산이 줄어든 상황인데 장서구입비를 늘려주면서 세종도서는 없애는 방향으로 가야 한다고 봅니다. 세종도서라고 뽑혔다고 해서 우수도서도 아니고요. 사서들이 책을 고를 수 있도록 여건을 만들어 줘야 해요.

이홍   국가가 출판사의 책을 우수도서라고 선정해서 출판사에 돈을 안겨다 주는 제도는 예산을 굉장히 저렴하게 쓰는 방식이죠. 저도 출판사에 몸담고 있기 때문에 선정되고 책을 사주면 기분은 나쁘지 않아요. 그러나 솔직히 말하면 황당한 제도입니다. 국가가 어떤 기준으로 이 책을 우수도서로 선정해서 돈을 주는 것인지 과연 이게 가능한 구조인가요? 어떻게 보면 문화체육관광부가 예산을 쓰기 좋은 방식이거든요. 국방부에서 운영하는 진중문고도 그렇고요. 그런 선정과정에서 정말로 개인적인 부분들이 개입을 안 하느냐 말이죠. 충분히 마음만 먹으면 알게 모르게 개입을 하는 구조들이 얼마든지 가능하게 되어 있어요. 어려운 출판사들에게 지원해준다는 뜻은 좋으나 백원근 대표님이 말씀하신 것처럼, 그렇다면 그 도서들을 시장에 공급할 수 있는 방법도 다른 게 있단 말이죠. 도서관을 이용한다든지. 개별 출판사들에게 푼돈으로 5백만 원, 1천만 원 안겨다주고 우수도서라고 명명하는 일은 국가 예산을 현명하게 쓰는 것은 아니라고 봅니다.

백원근 결국 그 책들이 도서관으로 가요.

정윤희 세종도서의 문제는 블랙리스트에만 있는 것이 아니라 세종도서에 선정되지 못한 출판사들의 소외감도 매우 커요. 예를 들면 어떤 출판사는 세종도서가 10종 선정됐다고 페이스북에 자랑하고 어떤 출판사는 한 종도 안됐다고 불만을 토로하고… 10종이면 한 종 당 1천만 원을 사주니까 1억 원이에요. 특히 송인서적으로 부도가 나서 문방구 어음을 받은 어느 출판사는 세종도서가 한 종도 안 됐다고 매우 힘들어하더라고요. 이것도 국민 세금인데 한쪽으로 쏠리는 문제, 선정도서로 인해 출판계 내부의 갈등이 일어나는 문제가 있죠. 결국 세종도서는 출판사에 돈을 주고 책은 도서관에 주는 것인데 출판사를 지원하는 근본적인 문제는 세종도서에 있는 게 아니라 출판시장의 구조를 혁신하는 일입니다.

이홍 어떤 분이 페이스북에 글을 올리셨어요. 내가 진중문고에 아는 사람들이 있어서 발로 뛰어서 선정됐다고요. 저자는 굉장히 기쁜 마음에 올리셨지만 이는 불공정한 일인데 저자는 그런 감각이 없는 거예요.

정윤희 국방부에서 선정하는 진중문고도 베스트셀러 중심으로 선정하고 있어서 이런 문제도 개선해야 합니다. 세종도서의 문제도 도서관에서 사서들이 수서해야 하는 역할을 정부가 빼앗고 있는 것이죠. 세종도서의 시작은 1968년부터 우수교양도서 제도부터인데요. 이때의 우리 출판정책은 출판허가제였고, 출판허가제라는 의미는 정부가 허락한 사람들만 출판을 할 수 있었던 때였습니다. 따라서 정부가 줄세우기를 위해서라도 우수교양도서 제도가 필요했었죠. 그러나 민주화 이후에는 군사정부 때 시행되었던 우수교양도서는 없애야 할 제도였는데 이를 악용하는 사태가 일어난 게 블랙리스트인 것이죠. 따라서 블랙리스트가 일어날 수밖에 없는 상황을 만든 배경을 생각해 본다면, 세종도서제도는 없어져야 하고 그 예산을 도서관 수서예산으로 전환해야 한다고 생각해요. 출판계가 세종도서를 주관해야 한다는 것 때문에 또 갈등이 계속 일어나겠죠. 정부의 과감한 정책

전환이 필요할 때입니다.

백원근 정말 뽑을 책이 없는 경우도 있어요. 예산이 있는데 안 쓰면 안 되니까 뽑아야 하는 거고요.

부길만 그럼 왜 그런 일을 하느냐. 국가가 문화분야에 돈을 안 써서 그래요. 도서관에 1억 원씩 주느니 출판사에 1천만 원 주는 방식으로 해야 예산이 덜 들어가죠. 도서관에 예산을 많이 투여해서 장서를 많이 구비할 수 있도록 하면 책도 다양해지고 그 지역마다 특성에 맞게 책을 살 수 있죠. 결국은 국가가 시늉내기를 하고 있는 것이죠. 또 세종도서에 들어가려고 출판사들은 힘을 쓰고요. 이게 출판의 다양성을 살리는 일이 아니라 죽이는 일이 될 수 있어요.

백원근 세종도서도 정부가 만들고 싶어서 만든 게 아니라 출판계가 요구해서 만든 거예요. 우수교양도서부터 시작해서 우수학술도서도 생기고 우수문학도서도 생기고 세 가지가 합쳐져서 거룩한 세종도서가 되고… 어쨌든 도서관 인프라를 확충하기 위해서 만든 대통령직속 도서관정보정책위원회가 지난 10년 동안 한 번도 대통령 보고를 못했잖아요. 2018년부터는 도서관정보정책위원회 위원장이 대통령 보고를 통해 도서관 인프라를 정비하는 기회가 마련되었으면 해요. 한편에서는 도서관이 잘 되면 서점이 잘 안 된다는 얘기들도 있지만 저는 그렇게 생각하지 않아요. 인프라를 만들어서 책을 읽는 사람들이 늘어나면 그 사람들이 자기 돈으로 서점에서 책을 사겠죠. 현재 공공도서관 사서도 18% 정도 밖에 못 채우고 있고, 도서관 예산 3년 전 대비해서 27%, 책을 사는 권수가 3분의 1 정도가 줄어들었어요. 이처럼 우리 책문화 인프라는 매우 열악한 상황입니다. 사람들이 책을 안 사보기도 하지만 제도적인 측면에서 봤을 때 무방비 상태에서 출판시장의 누수까지 생겨나고 있는 거죠.

정윤희 제가 2018년 4월부터 제6기 대통령소속 도서관정보정책위원회 위원으로 활동하고 있는데요. 지난 10년간 책문화의 가장 중요한 인프라인 도서관 정책이 제대로 실현되지 못했어요. 노무현정부 때 도서관문화의 중요성으로 대통령이 직접 챙기겠다는 차원에서 도서관정보정책위원회를 대통령소속으로 두었는데, 이명박정부가 시작되면서 도서관정보정책위원회를 폐지하려고 했죠. 도서관인들이 강력하게 주장해서 간신히 살아남았는데 위원회 조직을 축소하고 사무실도 없애고 예산을 대폭 줄였어요.

2018년 10월 23일 도서관정보정책위원회 사무실 개소식을 했어요. 국립중앙도서관 7층에 10년만에 다시 사무실을 마련하고 대통령소속 위원회로서 역할을 하고자 합니다. 문화체육관광부 상위 기관이기 때문에 도서관정보정책위원회에서 도서관정책뿐만 아니라 독서, 출판, 서점 등 책문화 정책을 수립하고 연결하고 조정하는 콘트롤타워 역할을 해야 한다고 봅니다.

출판계 종사자도 모르는
출판문화산업 진흥 5개년 계획

김정명   3차 출판산업 5개년 계획 시행률이 41% 정도였어요.[●] 우수도서 선정 보급지원, 우수전자책 콘텐츠 확보, 번역지원, 출판 전문인력 양성, 이 정도만 제대로 실행이 된 것으로 나타났어요.

백원근   제가 4차까지 관여를 하고 있는데요. 4차 5개년 계획 발표하고 나서 아무 것도 안하고 1년 지났어요. 블랙리스트 때문이라고 하는데 핑계죠. 내년엔 무슨 일 없겠어요? 출판진흥원에 R&D 기능을 강화하겠다고 했는데 아무 것도 진행되고 있지 않아요. 결국은 업계에서 강력하게 5개년 계획이 잘 진행되도록 견인하는 게 필요해요.

정윤희   출판진흥원이 진행하는 북콘서트 등 이벤트성 행사는 민간이나 도서관으로 이관하고 시장 구축, 인프라 조성 등 정말 해야 할 것만 하는 게 맞다고 봐요. 출판진흥원의 역할이 어느때보다 중요한 시기입니다.

● 〈출판저널〉 490호 '출판이슈' 참고. 2016년 9월 27일부터 10월 14일에 걸쳐 국회 교육문화체육관광위원회에서 국정감사가 실시되었다. 10월 10일 국정감사에서, 김민기 더불어민주당 국회의원(용인을)은 제3차 출판문화산업진흥 5개년 계획 시행률이 절반에도 못미치는 41%라고 지적했다. 김민기 의원실에서 분석한 자료에 따르면, 23개의 세부과제 중 제대로 시행되고 있는 과제는 4개에 불과했다.

부길만 출판진흥원이 간행물윤리위원회에서 승격한 조직이라서 조직 구성원들이 해야 할 일이 있어야 하기 때문에 사업을 다양하게 하는 거예요.

백원근 출판진흥원 조직도 원래 취지와는 다르게 변질이 되어 있어요.

부길만 우리가 출판정책을 문화체육관광부로만 쏠리면 안 된다고 봐요. 저자그룹, 유통그룹, 출판그룹 등이 정부의 예산 핵심에 가서 파이를 키워놔야 비전이 있어요. 파이는 굉장히 작은데 조직이 살아야 하고 일을 만들어야 하니까 콘서트도 하고 출판아카데미도 하고 여러 사업을 벌이게 되지요. 그러다 보니까 수단과 목적이 어긋나고 있는 거예요. 출판진흥원이 문화체육관광부 산하로 되어 있지만, 출판 진흥 문제는 국가의 문화정책이라는 큰 클로 봐야 해요. 단순한 출판 제작이라는 좁은 틀로만 보니까 큰 그림을 못 그리고 있어요. 현재 한국에 젊은 인재들이 얼마나 많습니까. 출판진흥원이나 정부가 해야 할 일은 사람을 키우는 것과 연구기능을 하는 것이죠. 그 다음에 출판사가 돈 들여서 할 수 없는 일, 유통시스템을 만든다든가 해외에 홍보를 나간다든가 하는 일을 해야지요.

정윤희 2017년부터 추진하는 제4차 출판문화산업진흥 5개년 계획 주요 골자는 이렇습니다. 첫째가 출판유통 선진화 시스템을 구축하겠다는 것인데요. 지금의 출판유통시스템에서는 도서판매량 분석을 할 수 없는데 시스템을 마련해서 통합적이고 체계적인 시스템 도입을 하겠다는 것이고 한국출판유통정보센터를 설립하겠다는 겁니다. 둘째는 출판재단 기금을 확충하고 투자를 활성화하겠다는 내용입니다. 세 번째는 출판 친화적 법제를 개선하고 출판연구센터를 설립하겠다는 내용이고요. 네 번째로는 출판 콘텐츠 다중 활용 활성화와 중견(강소) 출판사를 육성하겠다는 내용이고, 다섯 번째는 출판한류 지원입니다. 이번 4차 계획도 계획으로만 끝나지 않도록 정부의 의지와 예산 확보가 필요하고 출판단체들도 관심을 가지고 5개년 계획이 충실하게 이행될 수 있도록 많은 관심이 필요하다고 생각합니다.

이홍 출판진흥 5개년 계획에 지금까지 참여하신 백원근 대표님께는 죄송한 말씀이지만 이런 계획은 추진이 잘 안 될 거라고 생각하는데요. 왜냐면 출판현장에 있는 사람들이 이 내용이 뭔지 아는 사람들이 없어요. 장담컨대 출판사 다니는 사람 10명 모아 놓고 4차 출판진흥 5개년 계획이 뭐냐고 물어보면 전부 모른다고 할 거예요. 기본적으로 산업구조에 속해 있는 사람들이 뭔지도 모르는 계획과 정책이 제대로 실행될 수 없고요. 고생해서 만든 사람들의 문제가 아니라 정말 리더십의 문제라고 봐요. 저는 출판단체와 출판진흥원은 없어져야 한다고 봐요. 제가 조금 과격하게 말씀 드리기는 했지만, 소위 말해서 사장 중심의 이익단체가 되어 버렸어요. 백년대개를 위한 출판문화보다는 내

파이와 관계가 있느냐 없느냐의 문제지 그래서 출판단체가 사장들의 이익을 중심으로 끌어가는 것은 정말로 안 될 거라고 생각하고요.

김정명 이홍 이사님은 출판진흥원과 출판단체는 없어져야 한다고 하시는데 이유가 궁금합니다.

이홍 출판진흥원은 왜 그렇게 쓸데없이 예산을 쓰냐면 우선 예산 퍼포먼스를 보여야 그 다음에 예산 배정에서 소외를 받지 않으니까요. 아이디어는 없는데 예산을 써야 하니까 쓰고 보는 거예요. 그러니까 출판사들에게 푼돈 나눠주는 행태가 벌어지고 있죠. 그래서 4차 출판진흥 5개년 계획이 무슨 내용인지도 모르는 이것이 실행될 것인지 안 될 것이지 그런 부분보다는 이것을 실행하는 주체를 다시 세우지 않으면 안 되고요. 출판진흥원 개혁은 정말 당연한 거고요. 출판단체들도 혁신을 해서 정말 출판계 발전을 위해 도모하는 조직이 되어야 합니다.

부길만 대한출판문화협회가 개혁을 하겠다고 새 집행부가 생겼고 정책기능을 강화하기 위해서 조직을 보강했죠.

이홍 정책이나 연구를 위해서 그때그때 쓰는 형태가 아니라 그들의 지속적인 삶을 보장해야 되겠죠. 새로운 집행부를 부정하는 것은 아니고요. 그런 것들을 실질적으로 보여줘야 믿음이 가는 거죠. 아직까지는 잘 모르겠어요.

백원근 역대 출판단체장 수준보다는 강도 높게 개혁적인 성향을 바탕으로 지지기반을 마련하고 있는 것 같아요. 기대를 해 봐야죠.

김정명 출판단체 전체의 의견을 수렴해서 발표하는건지, 집행부 의견인건지 좀 궁금해지는 부분도 있어요.

이홍 제가 회의를 몇 번 가보니까 좋은 아이디어를 내기 힘든 게 아이디어를 내면 아이디어를 낸 사람이 그걸 해야 하거든요. 실무를 할 사람이 없으니까요.

이종복 저도 이홍 이사님 말씀에 공감하는데요. 2016년에 공급률 인상 이슈가 있었는데요. 제 생각엔 출판사와 서점 간의 소통의 부족이었다고 봤어요. 그래서 2월에 창비가 공급률 인상 시도를 할 때 제가 서련에 찾아 갔죠. 그때만 해도 분위기가 공감되지 않았는데 5월에 문학동네 공급률 인상 이슈가 있어서 또 찾아갔죠. 그랬더니 저보고 추진하라고 해서 (웃음) 제가 유통대책위원장을 맡았어요.

부길만 그것이 혁신을 저해하는 가장 큰 이유죠. 사람들이 혁신적인 생각을 이야기를 안 한 대요. 내가 해야 하니까.

김정명 참 어렵네요.

이홍 출판계가 실무 담당자를 키워줘야 합니다. 그래서 사장들이 오랜 경험이 있으니까 아이디어를 과감히 꺼내시고요. 실무진을 잘 꾸려가지고 아이디어가 실현될 수 있도록 해야죠.

부길만 저는 출판이 교육에 개입을 해야 한다는 생각을 하고 있어요. 지금 개입할 수 있는 제도적인 장치가 있어요. 당장 자유학기제를 시행하는 중학교에서는 고민이 많거든요. 자유학기제를 6개월에서 1년으로 연장하겠다고 하는데요. 출판사들이 책에 대한 인식을 높일 수 있는 기회예요. 저는 우리 지역(경기도 광주)에서 하고 있어요. 중학교가 대학에 요청을 해서 교수들이 학교 현장에 가서 특강을 하고 있어요. 출판계에서 자유학기제를 활용해서 독서교육을 많이 했으면 해요.

백원근 동숭동에 있는 이음책방은 인턴제도를 운영하고 있고, 자원활동가가 200명이 넘어요. 책 생태계 확장 측면에서 생각해 본다면 결국 책이라는 것은 시간 남고 돈이 있을 때 볼 수 있는 매체가 아니에요. 감정이입을 시켜줘야 하는데요. 사람들이 드나들 수 있고 많이 엮어지는 생태계가 만들어져야 하고요. 독서양극화를 해결하는 모색이 필요하다고 봅니다.

정윤희 지금까지 중앙정부 차원에서 정책을 이끌어왔다면, 이제는 지방정부들이 지역의 책문화에 관심을 가지고 예산을 투여하고 조례도 만들어서 책문화생태계를 건강하게 조성할 필요가 있습니다.

책문화생태계 변화 특징과 전망

김정명 책문화생태계 변화 특징과 앞으로의 전망에 대해서는 어떻게 생각하시는지요?

백원근 우리는 부정적인 뉴스들에 민감하죠. 지향해야 할 것은 희망적인 쪽으로 노력을 하는 것이 바람직하다고 생각해요. 지자체들이 책 생태계에 관심이 많아진 것은 매우 좋은 사례에요. 대표적인 것이 경기도에서 지역서점출판지원센터를 만들어서 문화체육관광부보다 예산을 더 많이 지원하고 있고요. 2018년엔 더 확대시킨다고 합니다. 제주도에서 국내 처음으로 지역출판 조례를 만들기로 했고요. 순천시에서는 20대 지역 청년들에게 순천시 예산으로 도서구입비 50%를 지원해주는 제도를 마련했어요. 이처럼 지자체의 역할이 책과 관련해서 주목받았던 해였고요. 이제는 정책범위도 중앙정부뿐만 아니라 지방 정부로 확대되고 있고, 오히려 시민들과 더 밀착된 정책을 펼 수 있다는 점에서 희망적입니다. 트렌디 서점의 흐름들은 오래 전부터 있어 왔어요. 1인 출판을 보면 구조적으로 만들어지는 것을 볼 수 있는데요. 출판사에서 일하다가 40대가 되면 퇴직하고 1인 출판사를 창업하는 과정들이 자연스럽게 일어나고 있지요. 지금 서점을 창업하시는 분들도 이런 사례와 비슷하다고 봐요. 어느 정도 상당히 인생의 큰 부분을 포기하는 사람들이 다른 희망을 찾아서 서점을 하는 거예요. 서점을 통해서 큰돈을 벌겠다는 것 보다는 보람을 느끼고 책을 너무 좋아하고 그 방편으로 서점을 하는 건데 이게 지역과 연결되고 독서를 위한 공간으로 서점이나 도서관이 아니라 책을 가지고 즐기는 매개체로서의 책문화 이런 것들이 만들어지는 것 같고요. 마포도서관에 가보니까 도서관에 연주실도 있어요. 도서관의 개념을 바꾸는 것이죠. 올해 총급여 7천만 원 이하 근로자의 도서구입비·공연비 지출금액 최대 100만원에 대한 공제율이 15%에서 30%로 상향조정됐는데요. 어쨌든 그런 부분도 긍정적인 신호가 되었고요.

부길만 백원근 대표님 말씀에 보완을 한다면, 우리 사람들이 대개 출판이나 서점에 대해서 잘 몰라요. 주로 언론 보도를 통해서 아는 정도이거든요. 근데 보면 잘 안 되는 사례만 부각이 돼요. 그러니까 출판계에 어떤 현상이 보이냐면 젊은 인재들이 출판계에 가기를 꺼려하게 되는 거예요. 언론은 출판계에서 잘하고 있는 구체적인 사례들을 보여줘야 해요. 그리고 교육이 문제라고 봐요. 책, 문화, 인문이 황폐화되는 쪽으로 가고 있거든요. 이제는 출판에서 교육에 관심을 가질 필요가 있어요. 또한 EBS의 참고서 교재 발행문제도 왜 출판단체들이 가만히 있는지 모르겠어요. 2017년에 제주에서 지역도서전이 1회 열렸고 올해는 수원에서 내년에는 고창에서 열리기로 했는데요. 독자들이 스마트폰만 보고 책을 읽지 않는다고 할게 아니라 적극적으로 독서운동을 전개해 나감으로써 책문화생태계를 발전시켜야 합니다. 이럴 경우 책문화생태계의 발전 가능성은 크다고 봐요.

이종복 서점계에서 보면 책의 정보재로서의 가치는 많이 퇴색했고 이제는 감성적인 접근이 필요하지 않겠는가라는 생각을 하게 됩니다. 그런 부분에서 앞에서 트렌디서점을 말씀 드렸는데 그런 부분이 있다고 하면 서점조합연합회에서도 고민을 많이 해야 된다고 봅니다. 아직까지는 정서적으로 받아들이기가 쉽지 않은데 앞으로는 그런 부분도 고민을 해야 할 거 같고요. 서점은 보통 매출 사이클이 정해져 있어요. 2017년은 힘든 주기였고, 교육과정 개편 등에 의해서 2018년에는 희망을 가지고 해볼 수 있다는 것이고요. 그리고 공공도서관이나 공공기관에 갔을 때 그동안에는 지역서점에 대해서 고민의 흔적이 전혀 없었어요. 자의든 타의든. 요즘엔 일정부분 관심을 가지고 있다는 것, 그래서 우리가 함께 할 수 있는 사람들이 늘어나고 있다는 점에서 희망을 가지고 있습니다.

이홍 종이책이라는 물성이 가진 절대성은 느슨해질 것 같아요. 어쩔 수 없는 변화인 거 같고요. 결국 지식과 정보는 제공자의 측면보다는 그것을 받아들이고 활용하는 중심으로 흘러갈 수밖에 없기 때문에 그런 측면에서는 책이라는 생산자의 일방적인 구조였거든요. 저자가 쓰고 출판사가 종이라는 물성에 담아서 유통하는 생산자 중심의 구조였는데, 이제는 지식과 정보의 중심은 사용자 중심으로 흘러가고 있어요. 그래서 책이 경쟁력이 약해지는 건 지루하거나 재미없어서가 아니라 지나치게 생산자 중심에 갇혀 있었다는 거죠. 이 부분은 다시 종이책의 물성이 활성화되느냐 안 되느냐를 넘어서서 책이 극복해야 할 과제라고 생각해요. 그래서 책문화생태계의 변화 요인이라고 한다면 지금까지는 공급자, 생산자 중심의 생태계라는 것이었다면 지금은 사용자 중심의 생태계로 넘어가고 있는 것을 인정해야 하고요. 여기에서 사용자는 독자들이잖아요. 그래서 독자가 중심이 되는 책문화생태계가 활성화 되는 고민들이 많이 되어야 한다고 봅니다. 그래서 도서관도 말씀해주셨고 최근엔 자발적인 유료독서모임이 활성화되고 있는데요. 이해의 당사자인 출판사와 서점에 맡기는 생태계의 변화보다는 소비자 스스로가 생태계의 중심이라는 의식들이 일어난다고 하면 훨씬 더 빨리 급변하게 생태계가 건전하게 변화될 거라고 봅니다. 전반적으로 물성의 변화, 주체의 변화에 있어서 점차적으로 변화되어 왔고 가속화될 거라고 봅니다. 그런 측면에서 출판사들은 물성에 갇힌 비즈니스에서 벗어나려고 하는 노력들을 하게 될 것이고요. 서점이라는 인프라는 좀 더 투명하게 바뀌어가는 계기를 마련하기 위해서 노력하게 될 것이고, 정부의 정책적인 측면이나 출판단체들이 개혁과 변화를 위해 선포를 했기 때문에 투명성이 좀 더 살아날 것이고요. 그래서 전반적으로 몸살은 치겠지만 이전처럼 왜 다 엉망이야, 라며 부정적으로만 보지 않을 것이라고 봅니다.

백원근 희망이 있는 쪽으로 신성장동력을 많이 만들었으면 좋겠어요. 출판사들이 대체적으로 영세하기 때문에 협업을 해서 지혜를 잘 짜내야 한다고 보고요. 많이 주목받았던 북큐레이션, 연결성, 발견성에 대한 문제 제기가 있었는데 이것은 만들어 놓은 책을 독자들에게 어떻게 보여주고 연결시킬 것이냐 문제지만 원천적으로 출판 측면에서 보자면 '정말 좋은 책들이 많이 만들어지고 있는가?'라는 문제 제기가 필요합니다. 체감적으로 봤을 때 국내 저서 보다는 번역서들이 더 늘어난 것 같아요. 국내 좋은 저자를 발견하고 좋은 콘텐츠를 만들어야 하고요. 이홍 이사님이 물성을 해체하라는 이야기를 했는데 독자들이 바라는 것은 깊이가 있으면서 말랑말랑한 콘텐츠거든요. 디지털 콘텐츠로도 활용할 수 있고요. 속도감 있는 기획력이 뛰어난 콘텐츠로 출판사가 돈도 벌지만 출판사의 사회적인 역할이라고 하는 것들이 드러날 수 있거든요. 여전히 유통문제 등 문제들이 있지만 출판계의 핵심화두는 기획력이라고 봅니다.

정윤희 최근에 읽은 책 중에서 토머스 프리드먼이 쓴 《늦어서 미안해》*라는 책이 있는데요. 저자는 서문을 통해서 "앞으로는 사람의 정신을 채워주는 일은 엄청나게 큰 비즈니스가 될"거라고 말합니다. 저는 이 문장을 읽으면서 이젠 출판의 시대, 책의 시대가 도래했다고 생각했습니다. 책은 그 자체로도 정신의 산물이고 정신에 영향을 미치는 강력한 매체입니다. 미적인 감각이 들어간다는 점에서 책은 종합예술이라고 봐요. 이러한 종합예술인 책으로서 사람의 정신을 채워주는 콘텐츠 기획이 매우 중요하고요. 우리가 살고 있는 세계는 플랫폼이라는 큰 울타리가 존재하고 그 울타리 안에서 우리는 다양하게 서로 연결되고 경쟁하고 협력을 하고 있습니다. 우리 책문화생태계가 글로벌하게 연결되어 있는 플랫폼에 얼마나 적응하고 있는가도 모색해 볼 필요가 있고요.

이 책에 보면 재밌는 키워드가 나오는데, 바로 '검은 코끼리(black elephant)'입니다. 검은 코끼리라는 단어는 2014년에 호주 시드니에서 열린 세계공원총회에 참가한 환경운동가인 애덤 스웨이든이 말했는데요. 검은 코끼리는 '검은 백조'와 '방 안의 코끼리'를 합성한 말이라고 해요. '검은 백조'는 엄청난 결과를 초래하는 매우 드물고 가능성이 낮고 예상하지 못한 사건을 의미하고, '방 안의 코끼리'는 모든 사람에게 뚜렷이 보이지만 아무도 해결하려고 하지 않는 문제를 의미합니다. 그리고 '검은 코끼리'는 언젠가 검은 백조와 같이 엄청난 파장을 낳을 것이라는 걸 분명히 알면서 해결하지 않는 문제를 의미한다고 해요. 송인서적의 부도사태도 그렇고 출판유통 선진화가 매우 중요하다는 것을 알고 있지만 문제를 해결하지 못했다는 점에서 이것들은 검은 코끼리였다고 봅니다. 이제부터라도 책문화생태계가 '검은 코끼리'가 되지 않기 위해서 혁신했으면 합니다.

부길만 2017년은 정치사회적으로 매우 중요한 시기였어요. 민주주의가 회복된 해였고 그래서 앞으로는 민주주의가 생활 속으로 들어가야 하는데, 이럴 때 디테일과 방법, 성과를 출판이 주도적으로 이끌어야 합니다. 4차 산업혁명이 이슈인데 인간이란 무엇인가에 대한 질문을 하게 만들어요. 이런 질문에 대답할 수 있는 핵심 매체로서 출판이 역할을 해야 한다고 봅니다.

김정명 저 개인적인 의견은 출판업계의 협업을 강조하고 싶고요. 지금까지 고견을 말씀해주셔서 감사드립니다. 〈출판저널〉에 연재되는 책문화생태계의 모색과 전망 시리즈에 더 큰 관심 부탁드리고요. 애독해주셔서 감사드립니다.

3장

서점의
현재와 미래

은종복   안유정

신경미

- **사회**   김정명 / 신구대 미디어콘텐츠과 겸임교수
- **참석**   은종복 / 풀무질 대표, 저서 《책방 풀무질》
  안유정 / 왓어북 출판사 대표, 저서 《다녀왔습니다_뉴욕 독립서점》
  신경미 / 밀알학교 교사, 저서 《시간을 파는 서점》
  부길만 / 문화재위원회 위원, 한국출판학회 고문
  정윤희 / 〈출판저널〉 대표에디터

최근 서점과 관련한 책을 내신 저자님들을 모시고 서점 관련 책을 출간한 동기, 저자들이 각자의 입장에서 보는 서점의 현재와 미래를 짚어봅니다.

성균관대학교 앞에서 25년간 인문사회과학서점을 운영하고 계시고 최근 《책방 풀무질》이라는 책을 내신 책방 풀무질의 은종복 대표님, 1인출판사를 운영하시면서 뉴욕의 독립서점 등을 취재한 기록을 담은 책 《다녀왔습니다_뉴욕의 독립서점》을 내신 출판사 왓어북의 안유정 대표님, 네 명의 아이를 키우면서 네덜란드에서 사는 동안 네덜란드와 유럽의 서점을 기록한 책 《시간을 파는 서점》을 내신 신경미 밀알학교 선생님을 모셨습니다. 온라인서점 및 대형서점들은 성장하고 동네 작은 책방들은 점점 사라지는 실태를 점검하고, 미국과 유럽의 서점들의 서점문화, 서점·출판사·독자가 상생하는 방안을 모색해 보았습니다. 특히 이번 좌담은 책방 풀무질에서 진행했습니다.

좌 담 포 인 트

- 서점과 관련한 책을 낸 계기
- 우리에게 서점은 어떤 곳인가
- 달라진 서점문화에 대한 단상들
- 한국의 서점 특징과 중소서점들의 위기의 원인
  (대형 온오프라인 서점, 중고서점, 공급률 문제 등)
- 출판사 입장에서 보는 서점
- 서점 입장에서 보는 서점
- 독자 입장에서 보는 서점
- 서점·출판사·독자의 상생을 위한 방안들
- 서점의 미래에 대하여

서점을 둘러싼 다양한 생각

김정명   최근 서점에 대한 이슈가 지속적으로 제기되고 많은 관심을 끌고 있습니다. 국내 서점 수를 보면 해마다 감소하고 있는 추세지만 이색서점에 대한 관심은 높아지고 있습니다. 그러나 대형 온오프라인 서점을 제외하고 지역서점 등 중소서점들은 매우 힘든 시기를 지나고 있습니다.
오늘 특집좌담은 성균관대학교 정문 근처에 있는 인문사회과학 서점 풀무질에서 열고 있는데요. 최근《책방 풀무질》이라는 책을 내신 은종복 풀무질 대표님, 1인 출판사를 하시면서 《다녀왔습니다_뉴욕 독립서점》이라는 책을 쓰신 안유정 왓어북 대표님, 책을 좋아하는 독자로서 유럽의 서점문화에 대한 책 《시간을 파는 서점》을 쓰신 신경미 저자(밀알학교 교사)님께서 나와 주셨고요. 좌담회에 계속 함께 해주고 계시는 부길만 한국출판학회 고문님과 정윤희 〈출판저널〉 대표님도 함께 해주셨습니다.

오늘 서점인 입장, 출판인 입장, 독자 입장에서 서점의 현재와 미래에 대한 이야기들을 해주시면 좋겠습니다. 먼저 오늘 좌담에 참석해주신 분들께서 각자 소개를 부탁드립니다. 서점을 운영하고 계시는 은종복 대표님이 먼저 해주세요.

은종복 저는 은종복이고요. 풀무질서점 대표이고 25년째 서점에서 일하고 있습니다. 이번에 《책방 풀무질》이라는 책을 냈어요.

안유정 저는 1인 출판사 왓어북을 창업했어요. 대학을 졸업하고 해운회사에서 일을 하다가 대학원에 진학해 석사학위를 받고 편집자로 4년 정도 일을 했고 1인 출판사를 창업했습니다.

신경미 저는 네덜란드에 살면서 네딸들과 함께 서점과 도서관을 다녔던 네딸래미 엄마 신경미입니다. 또 강남구 일원동에 있는 정서장애아 특수학교인 밀알학교에서 장애아이들을 가르치고 있는 선생님입니다. 그리고 만사 제치고 하루종일 도서관이나 마음에 드는 서점 한구석에서 뒹굴 거리며 책 보는 한량 같은 인생을 꿈꾸는 사람이기도 합니다.

부길만 서점은 제 인생과 인연이 깊습니다. 대학을 졸업하고 잘 다니던 무역회사를 그만 두고 1980년부터 2년 동안 서울양서협동조합에서 실무책임자로 일했어요. 당시 양서조합에서는 광화문에서 일했는데 '양서의 집'을 운영한 바 있고, 이후 조합원들을 중심으로 회원제 책방을 하면서 독서 관련 프로그램을 시행하기도 했지요. 이때 양서협동조합에서 일하면서 어린이 도서연구회 창립에 참여했고, 동원대학교에 출판과가 생겨서 20년 간 학교에 있다가 은퇴를 했고요. 문화재위원회에서 출판역사 분야의 전문가 위원으로 위촉되어 바쁘게 살고 있습니다.

정윤희 저는 〈출판저널〉 대표에디터이자 발행인이고요. 책문화생태계에 대한 관심을 가지고 연구하고 있습니다. 서점은 출판사에서 생산한 책과 소비자인 독자가 만나는 공간으로서 책문화생태계에서 매우 중요한 역할을 하고 있는데요. 책문화생태계의 모세혈관과 같은 지역서점 등 중소서점들의 위기를 보면서 서점과의 상생 방안을 고민하던 중에 최근 서점과 관련한 책을 내신 저자들을 모시고 소중한 이야기를 잘 들어볼 기회를 마련하게 되었습니다. 서점인, 출판인, 독자가 이야기하는 3인 3색 서점이야기를 기대하면서 잘 경청하겠습니다.

김정명 저는 신구대학교 미디어콘텐츠과 겸임교수로 학생들을 가르치고 있고요. 한국출판학회 총무이사로 활동하고 있고 지역출판과 지역서점에 대한 관심을 가지고 연구하고 있습니다. 오늘 서점문화에 대한 현재와 미래를 이야기 해주실 귀한 분들을 모시게 되어 기쁘고요. 오늘 좌담은 풀무질 책방 안에 있는 공간에서 하고 있어요. 은종복 대표님께서 공간을 제공해 주셔서 감사드립니다. 책방 풀무질을 운영하고 계시는 은종복 대표님 먼저《책방 풀무질》을 출간하게 된 계기가 뭔지 말씀 부탁드립니다.

은종복 《책방 풀무질》을 출간한 동기는 세 가지예요. 첫 번째는 풀무질이 예전보다 장사가 덜 돼요. 그래서 이 책을 독자들이 읽으면 평소 풀무질에 오지 않은 분들도 풀무질에 오셨으면 좋겠다, 그리고 풀무질뿐만 아니라 동네 작은 서점을 많이 이용했으면 좋겠다는 희망이 담겨 있고요. 두 번째는 풀무질이 협동조합을 꾸리고 있는데요. 협동조합 회원들이 한자리에 모일 수 있는 기회를 마련하자는 의미가 있었어요. 성균관대학교 학생들뿐만 아니라 풀무질에 자주 와주시는 분들이 계세요. 제가 이사장인 협동조합을 운영하면서 전체 모임을 많이 갖지 못했고 조합원들에게 대접을 잘 못해서 미안한 마음이 있었는데요. 이 책을 내면서 협동조합에 함께 해주신 분들을 초대해서 뒤풀이를 해서 한을 풀었고요. 세 번째는 서점인으로서 기록의 측면에서 책을 내고 싶었어요. 서점을 운영하는 사람들은 많지만 서점인들이 이야기하는 책은 많지 않아요. 저는 25년간 풀무질을 운영하면서 책과 함께 살았기 때문에 서점을 운영하는 동안에 잊을 수 없는 이야기들을 1년 동안 써왔어요. 칼럼을 〈월간 작은책〉이라는 지면을 통해서 발표했고요.

저는 글을 쓰면 풀무질에 오는 사람들에게 프린트를 해서 나눠줘요. 어떤 학생들에겐 '공포의 A4'라는 별명도 붙었어요. (웃음) 꼭 읽어야 한다는 부담감 같은 걸 느끼나 봐요. 서점에 오는 사람들에게 나누어준 저의 글들이 사라지는 게 안타깝기도 해서 책을 내면 더 오래 기록으로 남아서 서점을 운영하시는 분들, 출판사 관계자들, 서점이 어떤 곳인가 궁금한 사람들이 책을 읽게 되면 우리 도서정책에도 반영되지 않을까 라는 희망으로 책을 출판하게 됐어요.

김정명 은종복 대표님은 어떻게 풀무질에서 일을 하시게 되었나요?

은종복 풀무질이 처음 문을 연 때는 1985년이에요. 저는 1993년 4월 1일 만우절 날부터 거짓말처럼 풀무질에서 일을 시작했고 거짓말처럼 25년째 서점을 운영하고 있어요. 제가 네 번째 풀무질 운영자에요. 제 앞에 풀무질을 운영하셨던 분들은 2, 3년 정도씩 했어요. 저도 10년 정도만 일하려고 했는데 벌써 25년째 하고 있네요.

당시 저는 풀무질에서 책을 사는 독자였어요. 풀무질에서 책을 사는 소비자였다가 풀무질을 운영하게 되었죠. 84학번으로 당시에는 학생이었어요. 술 마시고 글 쓰고 학생운동하는 아주 평범한 청춘이었죠. 대학 다닐 때 문학동아리에 있으면서 소설도 쓰고 시도 쓰고요. 시를 쓰지 않으면 밥을 안 먹어서 일주일동안 굶기도 하고 좀 괴짜로 살았어요. (웃음) 친구들이 대학을 졸업하고 대기업에 입사 원서를 낼 때 저는 한 번도 취직하려고 원서를 내 본 적이 없어요. 제가 대학에 다닐 때만 하더라도 대부분 대기업에 취업을 했어요. 동기들이 저한테 취직 좀 하라고 지원서도 가져다주기도 했지만 저는 관심이 없더라고요. 풀무질이 저의 첫 직장이에요.

김정명 네, 은종복 대표님 바람대로 《책방 풀무질》을 독자들이 많이 읽고 우리나라 도서정책이 잘 바뀌면 좋겠어요. 다음은 독자 입장에서 《시간을 파는 서점》을 쓰신 신경미 저자님 책을 내신 계기 부탁드립니다.

신경미 《시간을 파는 서점》을 낸 계기는 출판사 사장님의 권유가 있었기 때문이고요. 꼭 책으로 출간이 아니었더라도 저와 아이들의 추억과 인생이 담긴 궤적을 남기고 싶었어요. 그게 동기가 되어 출간까지 이루어졌어요. 저처럼 생각하는 사람들이 은근히 많이 있지 않을까요? 단순하고 사소한 동기인데 일이 진행되면서 커지고 구체적이 되어 가고 의미가 있어지는 일들이 살다보면 많이 생기는 것 같아요. 이 땅의 서점문화와 책문화가 어떻게 되기를 바란다는 거대하고 의도적인 목표를 가지고 시작하기엔 저는 그저 평범한 엄마이자 독자일 뿐입니다. 기본적으로 책에 대한 애정이 있고 책보는 시간이 좋고 아이들이 살아가는 세상이 좀 더 의미 있고 좋은 세상이기를 바라는 것을 물론 전제하구요.

김정명 필명이 '네딸랜드'인데 어떤 의미가 있는 건가요?

신경미 2010년에 남편의 유학으로 아이들을 데리고 함께 네덜란드로 가게 되었어요. 네덜란드로 갈 당시에는 딸만 셋이었는데요. 네덜란드에 가서 딸을 또 낳았어요. 엄마로서 네 딸들에게 뭔가 유산처럼 해주고 싶은 마음이 있었는데, 마침 넷째를 낳고선 아이들을 데리고 네덜란드부터 시작해서 인근 국가의 책이 있는 서점, 도서관, 박물관 등을 다녔고 블로그와 브런치에 글로 남기기 시작했어요. 네덜란드에 살고 있기에 같은 어감을 가진 단어를 만들었어요. 네 딸들과 함께 아름다운 세상이란 의미를 가지고 있어요.

저는 글을 쓰면서 엄마로서의 뿐만 아니라 한 인간으로서의 존재감을 얻는 계기가 되었고 위로도 받았어요. 제가 책을 좋아해서 그런지 자연스럽게 책이 있는 공간을 다니게 되었고, 제가 살았던 네덜란드뿐만 아니라 벨기에, 프랑스, 독일, 영국, 포르투갈 등의 서점과 도서관 등을 순례를 했어요. 이번 책은 서점에만 포커스를 두었고 다음엔 도서관에 대한 책이 나올 거예요. 저는 딸들과 서점을 순례하면서 아이들에게 책 속에 길이 있다는 말을 하지 않았어요. 서점으로, 책이 있는 곳으로 데리고 간다는 것만

으로도 아이들에겐 매우 큰 경험일테니까요.

제가 네덜란드에 살면서 그곳의 서점을 다니면서 느낀 점은 책에 대한 역사와 문화가 고스란히 담긴 서점들은 책만 파는 게 아니었다는 거예요. 문화를 팔고 시간을 팔았어요. 아주 오랜 세월, 오랜 역사의 시간을 가진 서점들도 요즘 힘든 시기를 보내고 있는데도 불구하고 그들만의 생존 방식이 있었고 공생하는 방식이 있었어요. 마음 한구석을 시리게 하는 서점들의 이야기를 보고 느끼면서 책이 우리에게 주는 본질적인 질문을 찾게 되었고 나름대로 제가 다닌 서점들을 많은 사람들에게 알리고 싶었어요. 한국에서도 서점에 대한 관심이 높다고 들었어요. 이색서점이나 독립서점들도 늘어나는 추세고요. 우리나라 서점을 운영하시는 분들과 독자들에게 도움이 되길 바라고 있습니다.

김정명 《시간을 파는 서점》은 제3회 브런치북 프로젝트에서 은상을 수상을 했을 정도로 인기가 높았던 콘텐츠였는데 이번에 책으로 나왔네요. 유럽의 서점문화를 알 수 있는 책인 것 같습니다. 이번에는 출판사 왓어북을 운영하시고 최근에《다녀왔습니다_뉴욕 독립서점》을 내신 안유정 대표님 말씀을 들어보겠습니다.

안유정 저는 처음부터 책을 쓰려고 미국에 간 건 아니었고요. 2017년 여름에 출판전문지 〈퍼블리셔스 위클리(Publishers Weekly)〉 뉴욕 본사에서 한 달간 일할 수 있는 좋은 기회를 얻었어요. 제가 04학번인데요. 저와 비슷한 세대들은 회사 없는 삶을 살고 싶다는 생각을 할 수도 있는데요. 그래서 저의 개인적인 키워드는 '독립'이었죠. 뉴욕의 거리를 돌아다니다가 정말 작은 서점을 우연히 봤는데 좋더라고요. 뉴욕은 우리나라보다 임대료가 훨씬 비싼 곳일 텐데 작은 서점이지만 손님들이 계속 들어오고 책도 많이 사더라고요. 작은 서점에서 30분 정도 머물렀는데 10명 정도의 사람들이 책을 사는 걸 봤어요. 여기는 어떻게 하기에 서점 운영이 될까, 이 정도면 살아남을 수 있겠구나… 저는 그때 척박한 환경에서도 독립서점들이 살아남은 비결을 알고 싶었어요. 그래서 뉴욕에서 19군데의 독립서점을 다니고 4군데의 대형서점을 둘러보았죠. 뉴욕의 서점을 다니면서 저도 용기를 얻었어요. 내가 잘하는 강점을 내세워서 한다면 혼자서 해도 승산이 있겠구나. 그래서 제가 다닌 뉴욕의 독립서점에 대하여 글로 남겨야 되겠다고 싶어서 책을 썼고요.

그리고 약간 사회적인 이유일 수도 있는데요. 동네서점들이 많이 사라지고 있지만 풀무질처럼 계속 생존하고 있는 서점들도 있고, 근래에는 유행인지는 모르겠지만 3, 4년 전부터 특색이 있는 서점들이 많이 생기고 있는데 저는 출판사를 다닌 입장에서 독립서점들이 분명히 힘들 거라는 걸 알고 있거든요. 근데 독립서점을 하겠다고 나서신 분들에게 조금이라도 도움을 드리고 싶다는 생각을 하게 되었고요. 뉴욕이라는 도시 환경 속에서 살아남은 독립서점들의 생존 방식, 대단하지 않지만 그들만의 비결, 이런 것들을 제공해 드리면서 조금이라도 우리나라에서 서점을 운영하시는 분들에게 힘이 되었으면 좋겠다는 응원하는 마음이 있었어요.

김정명 안유정 대표님은 1인 출판사를 어떻게 창업하게 되셨나요?

안유정 저는 대학에서 경영학을 공부했고 해운회사에 2년 반 정도 다니다가 사표를 냈어요. 대기업에 다니는 것도 좋겠지만 혼자서도 살아남을 수 있다는 것을 보여주고 싶은 마음이 정말 컸어요. 내 방식대로 먹고 살 수 있다는 것을 사람들에게 보여주면서 저와 저의 세대를 응원하고자 하는 목적이 있었습니다.

부길만 안유정 대표님이 이야기한 '내 방식대로 먹고 살 수 있다'라는 생각을 하신 게 언제인가요?

(모두 웃음)

안유정 언제부터인지 모르겠는데요. 출판사에서 일하면서부터 1, 2년 후에 그런 생각이 들었던 것 같아요. 제가 해운회사에서 나오고 도피성으로 다녔던 대학원 석사과정을 27살에 들어갔는데요. 28, 29살 때까지 적을 두지만 나만이 할 수 있는 것, 내가 조금이라도 잘 하는 것, 이런 것을 계속 찾았어요. 조금 부끄러운 이야기지만 그 전까지는 내 적성이나 내가 하고 싶은 것을 한 번도 생각해 본 적이 없었어요. 대학교도 점수 맞춰 들어가고 졸업하고서도 대기업에 합격한 곳에 취업하고요. 근데 취업을 하면 끝인 줄 알았는데 시작점이었던 거죠. 이렇게 대기업에 다닌다고 해서 내가 평생 먹고 살 수 있을까. 너무 두려운 거예요. 대기업을 그만 둘 때는 친구들이 그만 두는 용기가 부럽고 멋지다고 했는데, 저는 대기업에 다니는 것 자체가 더 많은 용기가 필요했어요. 왜냐면 10년, 20년 후엔 어떻게 될지도 모르겠고 그저 그런 40대, 50대처럼 변하고 싶지 않은 거예요. 거대한 조직에 있으면 그렇게 될 수밖에 없어요. 대기업이라는 안정적인 조직에 들어가면 좋지만 결국엔 어쩔 수 없어서, 그것 밖에 할 게 없으니까 다녀야 하는, 그런 미래가 너무 무서워서 사직서를 내고 석사과정을 다니면서 내가 혼자서도 먹고 살 수 있는 전문적인 뭔가를 찾아야겠다는 생각을 했고요.

29살 때 출판사에 취업을 했어요. 편집자가 천직이라는 생각이 들 정도로 너무 잘 맞았고요. 부길만 교수님이 질문하셨던, '내

방식대로 먹고 살 수 있는' 생각을 하게 된 게 27살 때부터였어요. 결국엔 출판사를 4년 다닌 끝에 1인 출판사를 창업하게 되었고 지금까지는 만족하면서 살고 있어요.

김정명 뉴욕의 독립서점을 다니면서 많은 것을 보고 느끼셨을 텐데요. 한국에 오셔서 독립서점을 하고 싶은 생각은 안 하셨나요? 서점을 하면서 출판을 하는 분들도 있잖아요.

안유정 서점을 하면 계속 그 공간에 있어야 하잖아요. 그 공간을 꾸려 놓는 것은 좋지만 항상 그곳을 지켜야 한다는 것이 자유롭지 않은 거예요.

은종복 맞아요. 감옥 아닌 감옥이에요. 아침 9시부터 밤 12시까지 일해요. 이제는 무덤이 됐어요. (웃음)

안유정 서점을 하는 것도 생각해 보았지만 서점이 잘 돼서 누군가 일할 사람을 두고 다른 일을 한다고 하더라도 그러면 서점의 정체성이 흐려지고 결국엔 손님들이 귀신같이 알거든요. 그러면 분명히 어려워지고 힘들 것 같다는 생각이 들었어요. 또 다른 것은 저는 텍스트에 대한 욕망, 잘 정돈된 텍스트를 보면 힘이 생기거든요. 그래서 출판이 너무 좋은 거예요. 텍스트를 만져서 사람들에게 필요한 책, 좋은 책을 만드는 것을 평균보다는 잘하겠다는 마음이 있어서 편집자가 천직이라고 생각을 했기 때문에 서점을 같이 할 고민은 빨리 접었어요. 출판은 제가 즐기고 잘 하고 싶은 마음이 있는 분야이기 때문이에요.

우리에게 서점은 어떤 곳인가

김정명 우리가 나눌 다음 주제는 '서점은 우리에게 어떤 곳인가' 입니다. 서점을 운영하는 입장에서, 출판사 입장에서, 독자 입장에서 서점을 느끼고 경험하고 바라보는 관점이 같을 수도 있고 다를 수도 있을 것 같습니다. 앞으로 서점이 지향해야 할 점도 함께 말씀해 주세요. 이번에는 독자이신 신경미 저자님 이야기 먼저 들어볼게요.

신경미 현실적인 답변은 서점은 책 파는 곳이겠죠. 요즘 추세에 맞추면 책도 팔고 이것저것 문화 프로그램을 실시하는 깜찍한 복합문화공간이기도 하고요. 제가 초등학교 시절부터 고등학교 때까지 다니던 단골서점이 있어요. 몇 년 전까지 그 서점과 주인아저씨 그대로 계셔서 반가웠는데, 네덜란드에서 한국으로 다시 돌아오니 그 서점이 사라져서 뭔가 굉장히 허전한 느낌을 받았어요. 또 다시 가보지 못했지만 고등학생 시절에 주로 참고서를 샀던 서점 아주머니 아저씨와도 친하게 지냈는데 과연 아직도 그 서점이 남아있을지도 궁금하기도 하고 또 허전한 감정을 가질까봐 가보지 못하겠더라고요. 제가 머물렀던 네덜란드를 비롯한 유럽의 서점들은 한 번 둥지를 틀면 참 오랫동안 그 자리를 지키고 있어요. 그래서 할아버지가 손자들을 데리고 그 서점에 가고 할머니가 손녀를 데리고 가더라고요. 그렇게 몇 세대가 함께 공유할 수 있는 추억의 장소가 서점이었으면 좋겠어요. 예를 들면 네덜란드의 스헬트마 서점은 네덜란드에서 가장 큰 서점 중 하나인데, 1853년 존 헨리 스헬트마가 세운 서점이에요. 1970년까지 이 서점은 네덜란드의 가장 큰 독립서점이었는데 중간에 주인이 바뀌기도 하고 다른 회사와 합병하기도 하고 서점이 이름이 바뀌는 혼란의 시기를 겪었지만 2014년에 노바 미디어가 인수한 후 독립서점의 위상을 다져 놓았어요. 부침이 있었지만 암스테르담에서 역사가 깊은 서점으로 남게 되었죠. 그리고 영국의 〈가디언〉지가 세상에서 가장 아름다운 서점 1위를 매긴 '셀렉시즈 도미니카넌'은 2013년에 재정난을 겪으면서 문을 닫았다가 '부칸들 도미니카넌'으로 이름이 바뀌면서 아름다운 서점의 명성을 이어오고 있습니다. 부칸들 도미니카넌은 13세기에 지어진 도미니카교회를 서점으로 만든 사례이죠. 공간 자체가 역사적인 의미를 담고 있어요.

《시간을 파는 서점》 책에도 썼는데요. 즈볼러에 있는 '반더스 서점'은 15세기부터 마을 사람들의 신앙생활의 터전이었던 교회를 서점으로 만든 공간이에요. 기존의 성당이 가지고 있는 건축미와 중세부터 지켜 온 역사적 가치를 보존하고 있는 서점인데, 서점 이상의 공간으로서의 역할을 하고 있어요. 반더스 서점은 제가 네덜란드에서 살 때 시장을 보러가는 길에 항상 지나던 서점인데요. 반더스 서점에 제가 반한 이유는 서점으로 개조하는 공사기간 중에 발견된 청년의 모습을 재현하여 서점에 전시하고 있었는데, 이름 없는 들꽃으로 사라져 간 어느 청년을 서점에서 추모하고 있다는 점이었어요. 우리가 서점에 와서 책을 읽는 이유가 무엇인가를 생각해 보게 만들었어요.

김정명 네덜란드가 서점 문화 등 책문화가 발전할 수 있었던 계기는 무엇인가요?

신경미 네덜란드는 우리나라 경상도 면적에 해당하는 작은 나라에요. 가장 가까이는 3km 반경마다 도서관이 있고 통산 15km마다 도서관이 있어요. 도시와 마을에는 10여개부터 30여개에 이르는 서점이 있고요. 네덜란드 아이들은 태어나면서 도서관에서 제공하는 북스타트 프로그램의 일환으로 제공되는 북스타트 패키지 선물을 받으면서 책과 친해지고요. 자라면서 서점과 도서관을 숨 쉬듯이 접하게 돼요.

17세기초 스페인의 지배에서 벗어나 독립국가로 태어나면서 여기저기에서 망명해 온 데카르트, 스피노자 등 위대한 사상가, 철학자, 정치인, 경제인들이 심어놓은 인문학, 철학, 문화의 씨앗들이 오랜 시간을 거쳐서 숙성된 열매를 맺기 참 좋은 문화적 토양을 가진 나라에요. 독서인구가 감소하고 종이책을 찾는 사람들이 줄어드는 추세는 네덜란드나 유럽도 그 흐름을 타고 있어요. 그러나 변화의 기울기가 완만하고 국가와 정부 차원의 노력도 있고요. 토론과 논쟁이 생활화되어 있는 문화적인 특징도 있어요.

김정명 우리나라도 책문화생태계를 건강하게 만드는 문화적 토양과 환경을 만들어야 한다는 것을 신경미 저자님 말씀을 들으면서 생각해 봅니다. 풀무질 은종복 대표님은 서점인 입장에서 서점은 어떤 곳인지 말씀해 주세요.

은종복 제가 1993년 4월 1일부터 25년째 풀무질을 운영하면서 경험하고 생각해 온 것들을 말씀드리고 싶어요.
먼저 지난 날 좋았던 것 세 가지는, 첫째 책 외의 사람들의 따뜻한 정(情)을 나눌 수 있던 곳이었어요. 책방에서 책만 사는 게 아니라 돈도 빌려가고, 외상도 하고, 학생들의 소통 이정표 역할을 했다는 것이에요. 성균관대는 정문에서 학생회관까지 한참 멀어요. 그래서 풀무질엔 학생들을 위한 메모판이 있어서 학생들이 소통하는 역할을 했어요.
둘째는 책방에서 일하는 저와 책방에 오는 사람들이 책을 사고파는 관계뿐만 아니라 따뜻한 선배, 멘토 역할을 했어요. 새내기들이 들어오면 학과 선배들이 30명 정도 신입생들을 데리고 와요. "풀무질 이 곳은 책만 사는 곳이 아니라 밥도 먹고 돈도 알아서 빌리고 살아가는 이야기도 나누는 곳이다, 성균관대에 들어왔으면 풀무질 서점을 너희 안방처럼 생각해야 한다"고 알려줄 정도였으니까요. 어떤 친구는 양 팔을 서가에 벌리고선 이만큼 책을 모두 달라고 해요. 그땐 카드도 없었을 때니까 현금으로 거래했는데, 그 돈은 모두 부모님들이 어렵게 마련한 용돈이거나 등록금이거나 그랬어요. 그 돈으로 선배들이 후배들 술 사 주고 밥 사 주고 책도 사 주고 그런 거죠.

셋째는 풀무질은 인문사회과학전문 서점이기 때문에 시대의 흐름과 함께 해 왔어요. 집회가 시작되면 학생들이 풀무질에 책가방을 던져 놓고 가요. 집회가 끝나고 3일 정도 되어야 학생들이 가방을 제대로 찾아갈 정도였죠. 집회가 열리면 저도 서점 문을 닫고 집회에 참여하기도 했고요. 저는 서점을 운영하면서 감옥에도 다녀왔어요. 1997년에 남영동에 있는 대공분실에 한 달 동안 끌려가서 서울 구치소에 한 달 정도 있어요. 유명한 박종철 군이 죽은 옆방이었어요. 502호실. 이유는 금서를 팔았다는 이유에요. 책 목록을 보니깐 시내 대형서점에 다 있는 책들이었어요. 〈월간 말〉, 《전태일평전》 등 이런 잡지와 책들은 대형서점에서도 파는데 나를 왜 끌고 왔느냐고 물었죠. 그랬더니 대형서점은 책을 팔기 위한 곳이고, 당신은 북한을 이롭게 한다는 거예요. 학생들에게 적색 사상을 심어주기 위해서 서점을 한다는 거죠. 책방이 안 되는데 왜 책방을 하냐면서요. 나중에 감옥에서 나가면 성균관대 학생들 중에서 진보 활동을 하는 학생들 명단을 알려주면 한 달에 몇 십 만원 씩 준다고 하더라고요. 그리고 책방을 하지 말고 술집을 하면 술을 많이 먹어주겠대요. 그 정도의 수사관을 저에게 붙여 주었어요. 서울대 근처에 있는 인문사회과학서점인 '그날이 오면', 성균관대 앞에 있는 '풀무질', 고려대 앞에 있는 '장백서원' 대표들이 1997년 4월 15일 낮 12시에 동시에 잡혀 갔어요. 저도 몰랐는데 그 날이 김일성이 태어난 태양절이래요. 책방을 하면서 이런 고통도 겪었답니다.

최근에 와서 좋은 점은, 학생들 외상이 없어졌다는 것이고요. 서점에서 연애하는 친구들이 늘어났어요. 예를 들면 만난 지 백일 이벤트를 하더라고요. 안타까운 점은 책을 읽고 토론하는 동아리들이 많이 사라졌어요. 지금은 성균관대도 십여 개 안팎일 거예요. 서점에서 오가는 인간적인 정(情)이 사라졌어요. 처음에 책방을 할 때만 해도 형으로 불렸는데 이젠 아저씨, 어떤 학생은 할아버지라고 부르기도 해요. (웃음)

김정명 은종복 대표님의 말씀을 들어보니까 우리 사회의 변화에 따라서 풀무질도 함께 변화하고 있다는 것을 느낍니다. 서점의 변화가 곧 우리 사회의 변화겠지요.

부길만 제가 풀무질에 와서 대안학교 관련한 책이 있느냐고 물어보니깐 은종복 대표님이 대안학교 관련한 책들을 골라주시더라고요. 책을 골라주셨는데 무조건 사야죠. 앞으로 서점은 이렇게 가야 해요. 고객의 관심사에 따라서 서점 주인이 큐레이션을 해 줄 수 있는 곳으로요.

은종복 교수님 말씀처럼 그렇게 되려면 서점이 특화되어야 해요. 풀무질도 처음엔 인문사회과학전문서점으로 출발했지만 이젠 교재도 팔고 영어책도 팔고 수험서도 팔아요. 이걸 팔지 않으면 이젠 먹고 살 수 없어요. 일본만 하더라도 인문서점, 만화서점, 문학서점 등으로 구분되어 있더라고요.

부길만 저는 서점에서 수험서를 팔아도 된다고 봐요. 그러면서 서점 주인마다 관심사에 따라서 책을 큐레이션을 하고, 저자와 그 책을 찾는 독자를 연결해 주는 거예요. 이런 측면에서 본다면 동네서점은 지역운동, 사회운동, 시민운동, 문화운동하는 사람들의 메카 같은 공간으로 존재할 수 있어요.

은종복 4, 5년 전에 다큐를 봤는데요. 어떤 교수가 40년 전에 유학할 때 다녔던 하버드를 다시 찾아 갔어요. 하버드 다닐 때 이용했던 학교 앞에 있는 서점도 그대로 있고 서점 주인도 그 당시 20대였는데 이젠 60대가 된 거예요. 서점 주인이 교수들 보다 책을 더 잘 알아요. 서점을 오래 했기 때문에 출간 동향 등을 지속적으로 파악하고 있는 것이죠. 아, 이게 서점의 힘이구나. 그렇게 서점도 특화가 되어야 하는데 우리 서점들은 종합서점이 되어 가고 있어서 안타까워요.

신경미 서점의 변화는 반갑기도 하고 염려가 되기도 해요. 딱딱하고 계산적인 상업적 이미지를 가진 서점이 아니라 정겹고 포근한 이미지의 서점들이 많이 늘어나고 개성이 묻어나서 볼거리와 즐길거리가 풍성해져서 다양성을 맛보게 되어 좋아요. 한편으로는 서점이 유행처럼 번지는 것은 아닌가 싶기도 해요.

어차피 시간이 흐르면 그중에서 정말 뜻있는 책방주인, 어려움을 꿋꿋하게 헤쳐나간 승자만 남겠지만요. 아무리 뜻이 있어도 기본적으로 생계가 보장되지 않으면 또 감당하기 힘든 것이 서점주인일 수밖에 없지 않겠어요. 시대에 편승해서 동시대인들의 필요를 채워주는 역할도 중요하지만 때로는 문화적 선구자와 수호자가 되어야 하지 않을까 싶어요. 단순히 책만 파는 것이 아니라 책과 관련된 문화와 전통을 세워가는 사람들이 책방주인이면 책을 사러 갔다가 주인장과 인연을 맺고 그 관계를 유지해 가는 이웃이고 싶어요. 인맥을 쌓는 그런 관계가 아닌 그야말로 인연이요. 내 인생의 일부가 되는 인연. 하지만 어려움이 많을 것 같아요. 낭만적으로 꿈꾸는 분량만큼 그 만큼의 크고 작은 문제들이 깔려있으니까요.

은종복 제가 28살때부터 풀무질에서 일하기 시작했고 지금 50대니까 20대부터 오롯이 청춘을 책방에서 보냈어요. 성균관대 정문 건너편에 있던 책방이 2007년 5월 27일에 정문에서 50미터 정도 못 미치는 지하 1층으로 이사를 왔어요. 40평 규모이고 이곳에서 11년째에요. 더 넓은 곳으로 이사를 했지만 책방 살림은 더 나아지지 않았어요. 1995년부터 인터넷 서점이 생기고 도서정가제가 없어지면서 도서유통구조가 망가졌고요. 2014년부터 부분도서정가제가 생기면서 10% 할인이 가능해졌지만 갈수록 책방 빚이 늘어나서 책방 문을 닫고 싶지만 빚을 갚을 수가 없어서 닫지도 못하는 상황이에요.

그럼에도 저는 책방 풀무질에서 꿈을 꾸는 사람들과 그 꿈을 나누고 싶어요. 풀무질에서 '풀무질 책놀이터 협동조합'을 운영하면서 책 읽기 모임도 하고 독립영화도 보고 살아가는 이야기도 나눠요. 저는 살아오면서 가장 기쁜 일이 두 개가 있는데, 하나는 어렵고 힘든 인문사회과학 서점을 꿋꿋하게 지켜 온 것이에요.

부길만 도서관 납품으로 서점 재정에 도움이 되지 않나요?

은종복 풀무질도 종로구에 있는 서점에 납품을 해요. 아휴. 그런데 도서관에도 15% 할인해서 납품을 해야 해요. 현재 도서정가제도가 10% 현금 할인에 5% 마일리지 적용이잖아요. 동네서점에서는 도서관에서 요청하는 책들을 일일이 출판사에 전화를 해서 납품 요청하고 그러는데 일이 너무 많아요. 납기일도 일주일 밖에 안 줘요. 그러면 저는 교보문고에서 책을 정가로 사서 15% 할인해서 도서관에 납품하기도 해요.

우리처럼 지역서점은 공급률도 차별받고 있어요. 1만 원짜리 책이라고 하면 우리 같은 지역서점에는 최대 3천 원의 마진을 주고 온오프라인 대형서점에는 5천원의 마진을 주는 거예요. 그러니까 10% 할인을 해도 온오프 대형서점에서는 4천원이 남으니까 남는 장사죠.

모 대학교도 도서구입비 예산이 14억 원인데요. 12월 말에 한군데에 입찰을 하는데 항상 대형 서점이 납품을 해요. 그러니까 지금의 도서정가제도는 대형서점과 온라인서점들에게만 좋은 제도에요. 서울시가 천만 원 이하 되는 납품은 지역서점을 이용하라고 하는데 지역서점을 잘 이용하지도 않을 뿐더러 지역서점을 이용하더라도 대형서점과 똑같이 적용해요. 라벨 작업도 500원으로 책정하고 나머지 라벨 작업 금액은 서점에서 부담해야 하고요. 그리고 책도 모두 꽂아 줘야 해요. 그러니까 도서관에 책을 납품하려면 일이 무지하게 많아서 새벽까지 일을 해야 하는데 남는 건 없어요. 지역서점에도 10% 할인에 5% 도서상품권을 적용하는데요. 상품권도 미리 서점이 도서관에 선납해야 해요. 돈은 나중에 들어오고요. 이런 문제를 정책담당자들도 다 알고 있지만 인터넷 서점이 워낙 공룡이기 때문에 못 막고 있나 싶어요.

OECD 국가 중에서 완전도서정가제를 하지 않는 나라는 미국, 영국, 호주, 한국이에요. 일본도 완전도서정가제도를 해요. 프랑스나 독일 같은 경우에는 도서할인율을 역차별 해요. 서점에 모든 책을 40% 마진을 보장해 주고 인터넷 서점엔 20% 마진을 해줘요. 인터넷 서점에서 책을 사면 택배비를 소비자가 부담하고요. 프랑스 같은 경우에는 서점을 창업하면 우리나라 돈으로 환산해서 10억 원을 빌려주고 10년 지나서 10년 동안 갚고 이자가 없어요.

부길만 저는 앞으로 문화정책에 대해서 중앙정부만 바라볼 게 아니라 지방정부가 총예산의 3%를 문화예산으로 반드시 책정해야 한다고 봅니다. 시민들이 지역의 시의회나 구의회 의원들을 제대로 교육시키고 감독해야 해요. 풀뿌리 민주주의, 생활민주주의를 실현해야 우리 사회가 바뀐다고 생각하고요. 결국 시민들이 깨어 있어야 해요.

김정명 문화는 당장 눈에 보이지 않으니까 눈에 보이는 건설이나 토목 등 하드웨어적인 것에만 집중하는 것도 문제입니다.

부길만 그래서 도의원, 시의원, 구의원들이 지역의 문화에 관심을 가질 수 있도록 지역의 시민들이 지속적이고 적극적으로 요청해야 합니다.

김정명 은종복 대표님께서 지역서점을 운영하시면서 공급률 문제, 도서관 납품 문제 등 애로사항을 말씀해 주셨는데요. 얼마 전에 페이스북에 대형 단행본 출판사가 도매상에 올린 공급률 관련하여 이슈가 있었습니다. 그래서 서점들이 그 출판사의 책들을 매대에서 모두 빼고 반품하는 사진도 올라왔고요. 지역서점 등 중소형 서점들이 대형 온라인 서점, 대형 오프라인 서점들과 비교했을 때 어떤 문제가 있는 건가요?

은종복 두 가지로 말씀드릴 수 있어요. 저는 공급률 사태가 있었을 때 아무런 대응을 할 수 없었어요. 왜냐면 그 출판사와 직거래가 있지도 않을 뿐더러 우리는 도매상을 통해서 받을 수밖에 없거든요. 책 납품이 들어오는데 그 운동에 함께 한다고 도서관 납품을 안 할 수는 없잖아요. 도서관 납품을 안 하면 출판사로부터 절판증명서를 받아서 도서관에 제출해야 해요. 공급률 문제가 되었던 그 출판사도 그동안 70% 공급률로 책이 들어왔는데 이젠 75%, 80%로 들어오더라고요. 그래서 어쩔 수 없이 울며겨자먹기 식으로 저항 없이 받아들이는 거죠. 근데 더 심한 출판사들도 많아요. 출판단체 임원이 운영하는 출판사는 한국출판협동조합 통해서 공급률 90%로 들어오는 책들이 있어요. 1만원짜리 책을 풀무질에 9천원에 주는 거예요. 책을 팔고 싶어도 서점은 손해에요. 소비자들은 카드로 결제하고 서점은 또 수수료를 내야 하잖아요. 그런데 90%에 납품하는 그 출판사가 지금처럼 도서정가제를 안 했을 땐 같은 책을 대형서점엔 20% 할인해서 팔더라고요. 풀무질엔 10% 마진으로 책을 주고요. 이런 지속된 차별이 동네서점들을 많이 힘들게 해요.

정윤희 2014년도 개정도서정가제를 도입하기 전에 현대경제연구원 연구결과에 따르면 우리나라는 완전도서정가제로 바로 가기 전에 '도서유통정가제'가 필요하다는 연구결과를 발표한 적이 있어요. 그러나 도서유통정가제는 채택되지 않았고 현재의 정가제가 아닌 도서정가제가 도입이 된 겁니다.

은종복 인터넷서점 홈페이지의 유료도서 광고도 광고도서라는 표시를 해야 합니다. 대형서점들이 매대 값을 받고 진열하는 책들도 광고도서라는 표시를 소비자들이 인식하도록 크게 해야 하고요. 지역서점들은 출판사에 매대 값 받나요? 특히 카드제휴가 되면 20%까지 할인된대요. 결국 40%까지 할인이 되는 거예요. 소비자로 하여금 카드로 사게 만들고 교묘하게 도서정가제를 비켜가는 거죠. 굿즈 등 끼워팔기도 개선되어야 합니다.

김정명 미국 서점과 한국 서점의 유통구조의 차이점은 뭔가요?

안유정 뉴욕은 아시다시피 도서유통 구조가 우리나라와 비슷해요. 도매상에게 위탁받아서 판매가 됐을 때 정산하는 방식도 우리와 비슷한 거 같아요. 근데 우리가 조금 더 어려울 수가 있는 게 제가 책에도 썼지만, 미국에서는 '리매인더(remainder)'라고 해서 창고에 남아 있는 책들을 재고처리를 할 수가 있어요. 작은 서점에서 30-40% 할인해서 팔기도 해요. '창고 대방출'인 셈이죠. 리매인더를 취급하는 유통업자가 평균 2달러에 리매인더를 구입하고 소매서점에 5달러 정도로 납품해요. 리매인더로 유통되는 책은 출판사에 반품하지 않는 조건으로 합니다. 리매인더는 관리가 잘 안 될 수도 있기 때문에 조직적으로 할 수 있는 서점이 아니고서는 어렵긴 한데요. 미국도 작은 서점이 어렵지 않나 싶기도 해요. 그러나 우리보다 월등히 뛰어난 것은 '문화적인 인식'이랄까요. 뉴욕은 동네서점에서 책을 사서 같이 상생해야 한다, 우리의 가치를 꼭 지켜야 한다고 생각하는 사람이 조금 더 많은 것 같아요. 그런 문화의식 같은 게 있기 때문에 어렵지만 계속 버텨 나갈 수 있지 않나 생각해요.

그리고 독립서점도 술을 팔고 커피를 팔고 이벤트를 하고 굿즈도 하는데, 제가 느꼈던 것은 그럼에도 책이 데코레이션화 되지 않는다는 거죠. 책이 장식품이 아니라 다양한 이벤트를 함으로써 책을 살 수 있는 사람들을 유입해서 많은 걸 하고 있었어요.
책이 주인공인 건 확실해요. 우리나라 독립서점에 다녀보면 좋은 곳도 분명 있어요. 그런데 미세하게 책만 갖다 놨다고 생각이 드는 곳도 있어요. 그래서 주인이 주관이 있고 카리스마가 있고 확실한 콘셉트가 있으면 책이나 공간 활동, 이벤트를 할 때 독특한 것이 보이는데, 그렇지 않은 서점들도 있거든요. 인스타그램에 잘 나오는 공간으로 꾸며 놓거나 정작 가보면 실망하기도 하고요.

김정명 트렌드나 기존 서점들의 베스트셀러를 진열하지 않고 서점마다 주인의 독특한 취향이 콘셉트가 드러나는 서점들이 필요하죠.

안유정 이젠 시대가 변하고 있잖아요. 지금의 젊은 세대들은 인문사회과학서적을 크게 관심을 갖지 않는데 그 시절에는 정말 중요한 가치였고 투쟁하고 공감이 있었죠. 솔직히 저나 저보다 어린 세대들은 별로 공감을 못하는 거죠. 왜냐면 겪어보지 않았으니까요. 사회구조도 구조지만, 개인의 삶 자체가 굉장히 힘든 거예요. 그러다보니까 베스트셀러를 보면 그런 측면으로 많이 맞추어 있고요. 그래서 출판인 입장에서도 화가 나는 베스트셀러도 많아요. 여러 가지 고질적인 문제들이 있지만 지금이 매우 중요한 시점이라고 생각을 해요. 서점이 변화하고 있고 시대도 변하고 있고 풀무질처럼 오래된 작은 서점도 있지만 진입한 지 얼마 안 된 서점들도 있는데, 독자들이 작은 서점에 대해서 실망해 버리면 결국에 또 다시 대형서점, 온라인 서점으로 가서 책을 살 것 같다는 생각이 들거든요.

언젠가 우리 사회에 카페 붐이 일었던 것처럼 작은 서점 붐 같이 일어났다가 꺼지는 것이 아니라 정말 감각이 있고 책을 잘 고를 줄 아는 사람들이 열심히 해서 생태계를 다져 놓으면 계속 서점 수는 늘어나기 않을까 해요.

부길만 서점을 복합문화공간으로 만드는 것에 대해서는 어떻게 생각해요?

안유정 일단 미국은 복합문화공간처럼 만들기는 하지만 변하지 않는 것은 책이 중심이 된다는 겁니다. 우리나라에서도 책을 가지고 하는 많은 활동들이 있잖아요. 가장 대중적인 것이 독서모임 같은 건데요. 독서모임은 비싼 돈을 주고 한다거나, 서점에서 높은 참여비를 받고 문화 이벤트를 하는 경우를 간혹 봤어요. 독서는 가장 저렴한 가격으로 귀한 지식이나 삶의 통찰을 얻을 수 있는 건데, 책과 독서가 계속 액세서리화가 되어 가는 것이 안타까워요. 책이 중심이 되지 않지만 책이 있어야만 뭔가가 되는 현실이죠. 서점에서 복합문화공간으로서 다양한 이벤트를 하고 좋지만 정말로 서점의 생존만을 위한 그런 이벤트가 됐을 경우에는 장기적으로는 오히려 단점이 되지 않을까요? 본질적인 책에 대한 집중이 필요하고, 책을 중심에 놓았으면 좋겠다는 생각을 합니다.

김정명 뉴욕의 독립서점을 둘러보시면서 우리나라에도 이런 점은 적용하면 좋겠다고 생각한 것은 무엇인가요? 독서를 늘리는 데 있어서 서점의 활동이라든가, 세일즈 방법 등이 있다면 말씀해 주세요.

안유정 사실은 한국에서도 외국 서점의 사례를 많이 차용하고 있어요. 어떻게 보면 정말 진정성이 있는가 없는가의 문제입니다. 거기에서 출발을 하는 것 같고요. 제가 보았던 서점 중 '블루스타킹스'라는 진보 쪽 사람들이 많이 모이는 센터 역할을 하는 서점이 있어요. 풀무질의 현대적인 모습이 될 수 있는 서점인데요. 그 사람들이 여기를 본인들이 생각하는 가치에 대하여 활동을 하는 거점으로 활용하고 있어요. 책도 그런 분야의 책을 진열해 두기도 하고요. 블루스타킹스처럼 본질적인 목적을 가지고 북 큐레이션도 하고 활동을 하는 사례가 있고요.

또 '북스 오브 원더'라는 서점이 있는데요. 서점에 가보면 공간도 어린이들이 좋아할 수 있도록 카펫이 깔려 있고 아이들이 너무 신나해 하는 공간이에요. 같이 오는 부모를 위해서 서점에 갤러리를 꾸며서 오즈의 마법사 등 부모들이 어렸을 때 읽었던 동화들의 다양한 일러스트를 크게 붙여 놓았어요. 부모들도 갤러리에서 향수를 느끼는 공간이 되는 거죠. 어렸을 때부터 어린이들에게 독서는 정말 재미있는 활동이라는 것을 알려주는 서점이에요. 실제로 책 낭독회도 하고 다양한 이벤트를 많이 해요. 그들이 가지고 있는 책과 공간과 활동 자체가 하나의 콘셉트를 가지고 맥이 통하는 거죠. 이런 사례들은 우리나라 서점들도 관심을 가져야 할 것 같아요.

김정명 네덜란드 등 유럽의 서점사례도 궁금해요.

신경미 유럽의 서점들 특징은 아이들을 위한 공간을 잘 만들어 놓았어요. 킨더북빈클처럼 어린이 전문서점도 있지만 보통 모든 서점엔 아이들을 배려하는 공간이 있는데 부모 입장에서는 아이들이 서점에서 마련한 놀이공간을 이용하는 시간에 책을 볼 수 있기도 하고 그러면서 책을 사기도 하죠. 서점에서 최대한 시간을 많이 활용하고 가도록 하는 매력이 있어요.

그리고 저는 책마을을 말씀드리고 싶은데요. 영국의 책마을인 헤이온와이는 너무 유명하죠. 제가 책에도 썼지만 네덜란드와 벨기에에도 헤이온와이 같은 책마을이 있어요. 네덜란드의 브레이더포르트라는 마을인데 네덜란드 동쪽의 독일 접경 지대에 있는 곳이에요. 1993년에 만들어진 책마을인데요. 마을사람들이 주체가 되어 서점을 운영하고 마을사람들뿐만 아니라 독일에서도 이 책마을을 이용해요. 이곳은 책도 팔지만 책마을의 정

뉴욕에 있는 독립서점 블루스타킹스

서를 팔고 역사를 팔고 문화를 파는 곳이에요. 그리고 벨기에의 해발 450m 고지에 있는 흐뒤라는 책마을이 있는데요. 그야말로 드라마 〈초원의 집〉에서 나오는 풍경에 책마을이 있어요. 흐뒤 책마을은 1984년 기자였던 노엘 앙슬로가 창고를 도서관으로 개조하면서 시작되었어요. 부활절을 책의 축제날로 하고 매년 4월 23일 세계 책의 날에도 축제를 하기도 하고요. 우리나라 책축제와 비교되는 점은 우리나라는 책 축제를 하면 주최자와 참여자가 구분되어 있잖아요. 흐뒤 책마을엔 마을에 사는 사람들이 축제를 열고 동네에 사는 사람들, 독일이나 네덜란드 등 이웃 마을 사람들까지 찾아 와요. 그야말로 마을잔치가 열려요. 책을 통해서 문화를 만들어가고 이어가려는 그들의 의식 같은 게 있어요. 아주 자연스러운 문화죠.

서점의 위기는 어디에서 오는가

김정명 동네서점이라는 앱이 있어요. 여기서 발표를 한 게 있는데요. 우리나라 사례인데요. 2015년 9월부터 2017년 7월까지 독립서점이 277곳이 늘어났는데요. 서울이 128곳, 경기도 30곳, 부산이 15곳 등이에요. 그리고 한국서점조합연합회에서 2년마다 한 번씩 조사를 하는데요. 2018년도가 조사할 시기라고 해요. 2016년에 발표한 자료(2015년 기준)인데요. 이 자료에 따르면 순수서점이 총 1천559개, 문구와 함께 책을 파는 곳이 2천116개로 총 3천675개라고 해요. 2014년도와 비교했을 때 8.1% 감소했고, 10년동안 38% 감소했다고 합니다. 독립서점들은 생겨나지만 또다른 서점들이 계속 폐업을 하고 있다는 거죠.

정윤희 독립서점, 순수서점, 동네서점, 지역서점, 복합서점의 개념이랄까요. 정의를 어떻게 내리고 있나요? 개념이 혼재되어 있는 것도 정리가 필요하다고 봅니다. 그리고 한국서점조합연합회에서 서점조사를 할 때 독립서점에 대한 조사도 같이 해서 비교하면 좋겠어요.

김정명 독립서점은 독립출판물을 파는 서점을 독립서점이라고 했는데 반드시 그렇지 않더라고요.

안유정 미국은 거대자본에 의한 대형서점인 반스앤노블 빼고 모두 인디펜던트 북스토어(독립서점)라고 해요. 우리나라가 생각하는 동네서점이 독립서점이에요. 우리나라는 독립출판물만 취급하는 서점을 더 독립서점이라고 하고 풀무질을 동네서점이라고 하는 등 분류가 돼서 불리는 거 같아요.

은종복 동네서점이 복합문화공간의 역할을 해야 하고 책이 중심이 되어야 하죠. 책이 액세서리화 되면 매출은 반짝 오를 수 있지만 길게 보면 문을 닫게 되는 길이 아닐까요. 저도 그렇게 보고 있거든요. 독립서점들이 서울에 100여 개 생겼지만 2, 3년

안에 1년도 못 버티고 수 십 개가 문을 닫았어요. 대학교 앞에 인문사회과학서점도 몇 개 남지 않았어요. 굳이 따지자면 서울대 앞의 '그날이 오면'도 서울대 정문에서 30, 40분 걸어가야 하니까, 사실상 성균관대 앞의 풀무질뿐이에요. 10년 사이에 서울의 인문학서점들은 이음책방, 레드북스, 길담서원 등 손가락에 꼽을 정도죠.

나머지 책방들은 독립서점들이라고 할 수 있는데 특징을 보니까 세 가지가 있더라고요. 첫째는 책방일꾼들이 다른 일을 하시는 분들이 많아요. 글을 쓰거나 방송인이거나 연예인이거나 등 서점이 생계형이 아닌 거죠. 둘째는 큐레이션 방식이에요. 풀무질엔 책이 5만권이 넘어요. 존 로크의 《통치론》은 항상 있어요. 제가 좋아하는 책이고 읽어야 할 고전들이 5만권 정도 있거든요. 독립서점들은 잘 팔리는 책이거나 베스트셀러 중심이거나 트렌디한 책들이 중심이고요. 책 권수도 많아야 1천 권이고 적게는 몇 백 권이고요. 저 같은 사람이 독립서점에 가면 고를 책이 없을 것 같아요. 셋째는 풀무질처럼 길가에 있기보다는 골목 안 쪽, 물론 후미진 곳에 있어도 사람들이 찾아가긴 하지만요. 임대료가 비싸니깐 골목 안쪽에 서점들이 위치해 있다는 것도 특징이에요. 그럼에도 저는 독립서점들이 많아져야 한다고 생각해요. 다만 콘셉트를 가진 서점들이어야 한다고 봅니다. 안그러면 금세 지치고 문을 닫게 돼요.

서점들이 문을 닫는 이유는 서점의 잘못도 있지만 우리나라 사회구조의 문제도 있어요. 완전도서정가제가 되지 않고 서점도 똑같이 다른 공산품처럼 문화상품으로 취급하기 때문에 서점들이 계속 폐업하는 숫자가 늘어나고 있죠. 프랑스의 사례처럼 도서는 역차별을 해야 한다는 거죠. 문화의식이 바뀌지 않는 이상 동네서점들이 살아남기가 힘들어요.

신경미 중소서점들의 위기의 원인에 대해서는 소비자들이 책을 많이 안 읽고 안 사기 때문이라고 제일 먼저 강조하죠. 편리하고 값싸고 빠른 것을 선호하는 풍토 속에서 불편하고 비싸고 느리게 진행되는 서점이 그만큼의 경쟁력을 갖추려면 강력한 그 무엇인가가 필요할 것 같습니다. 요즘에는 각자의 생각이 존중받고 개성을 중시하지만 우리나라 전반적인 문화는 유행에 민감하고 집단주의 지성이 영향력을 미치는 경우가 많은 것 같아요. 스테디셀러보다 베스트셀러가 더 매력적이라 거기서 승부수를 걸고 책을 만들고 파는 것이 크나 큰 싸움일 듯싶어요. 한 사람의 고객만족을 위한 사업을 하는 것이 쉽지 않은 우리나라 풍토에서 출판과 유통에 얽힌 세세한 문제를 다루기에는 치러야 할 대가가 클 것이라고 짐작이 됩니다.

김정명 최근 청와대 청원에 어떤 대학생이 도서정가제 폐지하자는 글을 올렸어요. 은종복 대표님은 완전도서정가제를 해야 한다고 하고, 소비자 입장에서는 도서정가제를 반대하고요.

벨기에의 해발 450미터 고지에 있는 책마을 흐뒤

은종복 완전도서정가제를 했을 때 장점은 일단 책값이 내려갈 수밖에 없어요. 요즘 사람들이 동네책방에서 책을 보고 인터넷에서 책을 사요. 책값에는 제작비와 홍보광고비 등이 들어갑니다. 우리나라 책값이 많이 올라갔어요. 소비자들은 현재의 도서정가제 하에서 10% 싸게 산다고 생각하지만 사실 20% 비싼 가격에 책을 사는 것과 같습니다. 완전도서정가제가 정착하게 되면 출판사에서는 책값을 내릴 수밖에 없어요.

그리고 도서정책도 바뀌어야 해요. 유럽이나 미국 같은 나라들은 일반 소비자들에게는 책값을 낮추는 대신 소프트커버 등 제작을 가볍게 하고, 도서관에 들어가는 책은 하드커버로 책을 만들어서 소비자 가격보다 비싸요. 우리나라 도서관에 가보면 오래된 책들, 많이 빌려본 책들은 표지가 벗겨지고 많이 훼손 됐어요. 그런 책은 하드커버로 제작해서 책이 망가지지 않도록 해줘야 해요. 같은 책을 두 가지 형태로 내면 저자에게도 좋겠지요. 출판사에서는 제작비가 두 가지 형태로 들어가니까 부담이 되니깐 국가에서 이런 부분은 지원을 해줘야 해요. 대형 온라인 서점은 도서정가제에 대하여 소비자들에게 조사를 할 때, 질문을 이렇게 던져요. "완전도서정가제를 하면 소비자에게 피해가 크겠습니까 안 크겠습니까" 이런 식으로 질문을 하면 당연히 크다고 답을 하죠. 여기까지 이야기 할게요. 더 많은 것을 이야기 하려면 1박 2일 해도 모자라요.

요즘 사람들은 책을 구매할 수 있는 정보를 인터넷서점에서 보게 되잖아요. 인터넷에서 사게 되면 반품하기 곤란해요. 동네책방은 책을 구매했다가 반품할 수 있잖아요. 풀무질을 이용하는 학생들 중에서는 홍보로 들었던 책과는 다르다며 교환해 달라고 해요. 책이 깨끗하면 교환해 줘요. 동네서점의 장점이죠. 이런 동네서점의 장점이 계속 사라지게 되면 문화의 불모지가 되어 버리면서 서점의 상황은 점점 안 좋아지겠죠.

김정명 일본 돗토리현의 현립도서관을 탐방한 적이 있는데요. 돗토리현은 일본에서 가장 작은 현이에요. 그런데도 1년 도서구입비가 1억 엔이에요. 작은 현인데 일본전체 도서구입비 5위 안에 드는 지역이에요. 도서구입을 할 때 최대한 입찰을 하지 않는 금액으로 나누어서 동네서점에서 구매하고 있어요. 현립도서관은 연초에 동네서점 대표들을 초청해서 도서관에 납품을 하고 싶은 서점들에게 신청을 받아요. 현립도서관에 납품하고 싶은 서점은 누구나 가능한 거예요. 납품 할 수 있는 상황이 안 되면 신청을 안 해요.

2017년 같은 경우 돗토리현의 7개의 서점이 도서관에 납품을 하기로 정해졌는데 매달 지역서점들이 도서관에 납품하고자 하는 책꽂이 '선정 전 서가'에 도서관에 납품하고 싶은 책을 꽂아놔요. 그러면 사서가 지역서점들이 추천한 책들을 보고 선정해서 '선정 후 서가'로 꽂아요.

큰 서점과 작은 서점이 동시에 같은 책을 추천하면 어떻게 하느냐, 작은 서점이 추천한 책을 구매한대요. 그런 원칙이 있는 거예요. 또 하나는 왜 도서관이 지역서점에서 책을 구매하느냐면, 지역서점에서 책을 큐레이션 하는 역할을 하죠. 그러니까 지역서점들은 양질의 좋은 책을 큐레이션할 수밖에 없어요.

정윤희　서점과 도서관이 변화하면 출판사들이 긴장하죠. 서점과 도서관이 좋은책을 선정하니깐 출판사에서는 좋은 책을 내려고 노력할 테고 결국 책문화생태계가 선순환 하는 결과를 가져오겠네요.

출판인이 보는 서점
서점인이 보는 서점
독자가 보는 서점

김정명　이야기가 아주 흥미진진하게 진행되고 있습니다. 은종복 대표님 말씀대로 서점인들과 출판인들, 그리고 독자들이 함께 진지하고 깊은 논의를 할 수 있었던 기회가 없었던 것 같은데요. 앞으로 그런 기회가 생기리라 봅니다. 이제는 출판인이 보는 서점, 서점인이 보는 서점, 독자가 보는 서점에 대해서 이야기를 나눠 보려고 합니다. 먼저 독자 입장을 들어볼게요.

신경미 출판사 입장에서 보는 서점은 판매처겠죠. 유통문화를 책임지는 곳이죠. 서점 입장에서 보는 서점은 집이자 일터이자 사람들을 만나는 곳일 듯합니다. 독자 입장에서 보는 서점은 기본적으로 책을 파는 곳이죠. 내가 원하고 필요한 책을 가서 만나고 살 수 있는 곳. 만일 없다면 언제든지 구해주는 곳. 거기에 인간적인 무엇인가가 들어가면 더 좋죠. 가령 그 서점에서만 느낄 수 있는 분위기, 거기서만 들을 수 있는 책방주인의 생각들, 친구 같고 할머니 같고 동네 사람들이 옹기종기 모여 담소를 나누면서 책을 주고받는 그런 곳이었으면 좋겠어요.

안유정 서점은 출판사들에게 유일한 유통망이죠. 서점이 정말 잘 됐으면 하고요. 2000년대 초까지만 해도 동네서점의 대체재가 없었잖아요. 그때도 풀무질은 공간적인 매력도 있었고요. 예를 들면 학생들에게 형처럼 멘토 역할도 해주고, 학생들의 소통도구인 보드 역할도 했었고요. 인문사회과학서적을 큐레이션함으로써 책을 제시하는 힘도 있고요. 그런데 인터넷서점과 대형서점이 엄청 커지면서, 공간의 매력과 주인의 매력, 그리고 제시하는 힘은 아직도 똑같이 중요한데 다른 방식으로 중요해진 것 같아요.

제가 친구들에게 농담처럼 이야기하는데요. 서점을 해서 잘 먹고 살 수 있으려면 셀럽처럼 대중적인 인지도가 있는 사람이 서점을 하거나 서점을 운영하면서 본인이 셀럽이 되어야 한다고요. 안 그러면 서점 운영이 힘들죠. 셀럽의 의미는 단순히 연예인이라기보다는 서점 주인의 카리스마와 확실한 콘셉트이고요. 거기에 파생되는 게 홍보거든요. 특히 SNS 홍보인데요. 저는 일단 목적을 이루기 위해서는 부수적인 것들을 어쩔 수 없이 가져가야 한다고 생각해요. 인스타그램 등 SNS가 젊은 세대들에게 퍼져 있고 거기서 핫 하다고 생각하는 것을 젊은 세대들은 소비하거든요. 저도 아날로그적인 사람이지만 환경에 맞는 노력도 해야 하지 않나 생각이 들어요.

서점도 사람들에게 알려지는 공간으로 노력해야 한다고 생각해요. 사람들이 머물 수 있는 공간으로서의 역할을 함으로써 사람들이 더 들어오고 책을 살 생각이 없던 사람들도 책을 사게 하는 매력이 있어야 하죠. 특히 대형서점과 진열방식의 차이점을 느끼게 하는 게 중요해요. 열 명 중 한 명이라도 단골이 되면 긍정적이라고 보거든요. 이렇게 서점을 대하는 방식이나 시선을 유연하게 하면서 서점의 변신이 변절이 아닌 거죠. 서점을 하면서 좋은 책을 제시하고 사람들에게 구매를 하도록 만드는 것, 그리고 서점이 생존할 수 있게 하려면 시대에 맞게 유연한 변화를 해야 합니다.

김정명 은종복 대표님은 서점인으로서 서점에 대해서 어떻게 생각하시는지요.

은종복 저는 세 가지를 말씀드리고 싶어요. 삶의 모습, 국가의 문화정책, 서점인으로서 바람이에요. 첫 번째는 사람의 삶의 모습이에요. 제가 쓴 글 중에서 '왜 대학에서는 평화교육을 하지 않을까'인데요. 저는 일등주의, 학력중심주의, 경제성장중심주의 이런 정신이 바뀌지 않으면 그 어떤 것도 바뀔 수 없다고 봅니다. 두 번째는 문화정책이 바뀌어야 합니다. 김구 선생이 "문화가 독립되지 않으면 안 된다"고 말씀하셨듯이 우리의 삶과 정신을 지배하는 문화정책이 매우 중요해요. 도서정책은 다른 문화정책보다는 특별하게 대우해야 해요.

그리고 도서관이 훨씬 많아져야 해요. 《시간을 파는 서점》을 읽으면서 놀라웠던 게 네덜란드에는 반경 3km 안에 도서관과 서점이 있다고 해요. 정말 감동했어요. 도서관이 많으면 서점이 안될 거 같죠? 아니에요. 도서관이 많으면 서점도 더 잘 돼요. 도서관이 많아져서 책을 읽는 문화가 정착되면 책을 사고 싶고 책을 선물하고 싶어 해요. 지금은 책 선물 하면 싫어하지만요. 지금 출판사들은 이 책을 1000부 찍어야 하나 1500부 찍어야 하나 고민하죠. 최소 1만 부 팔려야 출판사도 살고 저자도 살고 서점도 살죠. 근데 우리의 현실은 그렇지 않다는 거예요.

마지막으로 서점인으로서 상생하는 방향은 서점하는 사람들이 서점을 문화공간으로서 역할을 해야 해요. 지난날에는 서점에 책만 내놓으면 팔렸지만 지금은 아니에요. 제가 좋아하는 철학이 '부동의 원동자'인데요. 자신은 움직이지 않으면서 만물을 움직이게 하는 힘이죠. 책방도 공간이 움직이지 않지만 한 곳에 있으면서 책이 중심이되 사람이 모일 수 있는 무엇인가를 만들어서 움직이는 공간으로 만들어야 한다고 봅니다.

부길만 제가 서른 살 때 양서협동조합을 하면서 내세웠던 이론이 서점이 문화의 접합지가 되어야 한다는 것이었어요. 서점에 책이라는 것이 있으니까 모든 게 모여들 거라고 보았어요. 교집합처럼요. 지금 정부가 서점의 문화행사를 지원하는 정책을 하고 있는데 이 제도를 보니까 상대평가를 하는 거예요. 서점을 줄 세워놓고 평가하는 거죠. 그렇게 하는 게 아니라 자격이 되는 서점은 모두 지원을 해줘야 해요. 중앙정부에서 하니까 이런 문제가 나타나는 거예요. 앞으로는 지방정부가 그 지역의 서점을 책임져야 해요. 지방정부도 총 예산의 문화예산을 3%를 써야 하는데 문화 예산에 서점을 지원하는 예산도 포함해야 합니다. 그리고 문화운동은 명망가가 중요한 게 아니라 시민들의 숫자가 중요해요. 그리고 큰돈을 내는 사람보다는 적은 금액이더라도 많은 사람들이 동참하도록 해야 해요. 즉 개미들이 뭉쳐야 해요. 동네에서 서점하는 사람, 출판하는 사람, 동네에서 신문 만드는 사람들이 뭉쳐서 동네에서 문화운동을 해야 하고 지역서점이 중요한 역할을 한다는 것을 보여줘야 합니다.

그리고 시민단체들이 대형서점의 문화를 바꿔야 해요. 대형서점들이 우리나라를 문화선진국으로 만들기 위하여 우리 사회에 어떤 기여를 했는지, 업계의 발전을 위해 어떤 기여를 했는지 등 등 새로운 가치 기준을 가지고 평가하고 조사하고 시민단체들과 언론들이 계속 묻고 점검해야 해요. 대형서점이 제시하는 베스트셀러도 바꿔야 합니다. 전국의 지역서점들도 많은데 통합해서 판매동향을 분석해야 합니다.

김정명 일본에서는 '서점대상'을 시행하고 있어요. 전국의 모든 서점원들이 팔고 싶어 하는 도서를 선정하여 발표하는 제도입니다. 모든 서점원들이 선택을 했기 때문에 모든 서점들이 현수막도 걸고 매대에 진열을 하고 책 띠지에도 홍보해요.

은종복 우리나라는 일본처럼 서점대상 제도를 해도 잘 안 되는 이유는 동네책방이 많이 사라지고 있기 때문이에요. 순수책방조차도 매출이 수험서 매출이 커요. 그리고 책방을 하는 사람이 책을 여유롭게 읽을 시간이 없어요. 책을 읽고 책을 권해야 하는데 밤 12시까지 책방에서 일해야 하는데 어떻게 책을 읽어요. 완전도서정가제가 되고 책방에 드나드는 사람들이 많으면 가능해요. 우리 지역서점들은 현수막 걸 돈도 없어요. 서점인들이 선정한 책이라고 해도 손님이 와야지 권하죠. 이게 복합적인 문제들이 있어서 흥이 안 나가는 거예요. 그럼에도 뭔가 바꾸려는 시도는 해야죠. 가장 중요한 점은 우리 문화의식이 바뀌어야 해요.

정윤희 출판유통시스템의 투명성과 공공성을 위한 정책이 필요하다고 봅니다. 우리의 서점유통구조를 보면 도매상-소매로 이어지는 가치사슬에서 뭔가 불투명하고 공정하지 않는 포인트들이 있어요. 거기엔 도서정가제 문제나 어음 거래, 공급률 문제, 베스트셀러 집계방식 등도 들어가죠. 출판유통에서 서점은 특히 중요한 역할을 담당하는 곳이라서 다양한 책들이 다양한 서점에 공급되고 독자들에게 알려지고 책이 팔리는 시스템이 현재는 부재하다고 봅니다. 지금의 출판유통은 대형출판사 중심으로 가치사슬이 형성되어 있기 때문에 1인출판사나 신생출판사들, 그리고 중소출판사들, 지역에 있는 출판사들이 책을 공급하는 데 애로사항이 크거든요. 문화체육관광부에서 출판유통선진화방안을 위해 20억원의 세금을 쓰는 것으로 알고 있는데요. 이번엔 제대로 된 유통시스템을 만들 거라고 믿고 있어요. 이에 대해서 출판사들과 동네서점들, 도서관들도 모두 관심을 가져야 합니다.

신경미 저도 책을 좋아하는 독자로서 출판사, 서점, 독자가 상생하면 좋겠다는 생각을 하죠. 제가 몇 가지를 생각해 보았는데요. 독자들의 1인 책방지기 체험도 좋을 것 같아요. 그 달 혹은 그 주의 1일 책방지기체험자가 직접 책을 큐레이션을 하거나 책 소개를 하거나 책방 운영철학이나 운영 노하우를 알려주는 시간을 프로그램화 하여 함께 생각을 공유하고 경험을 나누는 시간을 가지면 사람들이 서점에 대해 관심을 가지고 달리 볼 거 같아요. 동네서점에 가면 포인트 카드나 마일리지를 적립해 주는데요. 그 개념을 다른 것으로 바꾸면 좋겠어요. 돈으로만 환산하지 말고 추억통장, 가족카드 같은 것을 만들어서 방문했을 때마다 구입한 책, 그 날 찍은 사진 등을 모아서 그 서점에서 있었던 일을 추억할 수 있는 자그마한 책 같은 것을 만들어주어서 연말에 그 고객에서 선물해주면 좋겠어요. 물론 이런 일들이 시간과 정성과 물질을 투자해야겠지요.

너무 독자, 고객 입장에서 생각했나요? 그러나 저는 독자이기 때문에 사실 이렇게 밖에 생각을 못하겠어요. 서점 주인이 되어 보지도 못했고, 출판사를 경험하지도 못해서요. 그리고 출판사에서 아이들이나 학생들, 책에 관심 많은 이들을 위한 방문 견학 체험 프로그램을 가지고 진행했으면 하는 바람이 있어요. 어떻게 책이 만들어지는가라는 단순한 것부터 출판사 사장과 직원들과 프로그램 참여자가 함께 생각하는 캠프 프로그램이 있다면 참여해 보고 싶어요.

함께 만들어가는 서점의 미래

김정명 독자 입장에서 신경미 저자님이 다양한 의견도 말씀해주셨는데요. 여건이 좋지 않다고 해서 가만히 있을 수는 없으니까 서점을 살릴 수 있는 다양한 방법들을 모색해 보고 실행하면 좋겠어요.

안유정 출판사 입장에서 말씀드리면 출판사들도 독서 인구 저하에 적지 않은 영향력을 끼쳤다고 생각해요. 출판사들이 항상 트렌드에 맞는 책을 계속 내는 경향이 있어요. 그 책이 그 책이고. 빨리 내야 하니깐 콘텐츠가 부실해지고요. 하다못해 잘 나가는 책이 있으면 시리즈마냥 표지도 비슷해요. 출판사들도 한탕주의에 너무 물들어 있어요. 어떤 출판사 대표님 페이스북에 '우리나라 사람들이 커피도 많이 마시는데 책을 얼마나 읽을까'라면서 독자들을 힐난하듯이 쓰신 걸 봤어요. 저는 독자 입장에서 본다면, 출판사들이 이젠 독자인 소비자 입장을 생각했으면 좋겠어요. 출판사들이 양질의 좋은 책을 내고 권하면 사서 읽겠는데 대형서점에 가보면 매대에 엄청나게 많이 깔려 있는 책이 있고 뭔지 모르겠는데 이 책들이 잘 나가는가 보다 생각하고 그 책을 사서 읽으면 독자들이 실망하고요.

일기장이나 다이어리에 쓸 것 같은 책들이 베스트셀러가 되니깐 독자들이 실망을 많이 하는 것 같아요. 차라리 인터넷에 올라오는 글이나 읽고 영화를 보는 마음이 들도록 독자를 잃어가고 있는 게 아닐까요. 그래서 출판사들도 한탕주의에서 벗어났으면 해요.

부길만 베스트셀러를 노리는 출판사들은 수명이 짧을 수밖에 없어요. 베스트셀러를 내고도 결국 망해요. 베스트셀러를 바라지 않고 꾸준히 출판을 하는 출판사들은 오래 가요. 특히 전문분야의 서적만 내는 출판사들이 그래요. 전문 분야의 저자 500명이 생기니까 저자이면서 독자인 거죠. 그렇게 20년 이상 지속하면 내실 있게 경영을 하는 거예요. 베스트셀러가 아니어도 어느 한 분야를 꾸준히 내면 그걸 알아주는 독자들이 생겨요. 출판이라는 게 묘한 직업이에요. 지금 등록한 출판사가 5만 개 가까이 되거든요. 1년에 한 권이라도 내는 출판사는 7천여 개 정도고요. 그런데도 불구하고 왜 계속 출판사를 하려고 하느냐. 그만큼 우리나라가 문화를 선호하는 사상이 있다는 거예요.

안유정   요즘에는 불쌍하게 보던데요. (웃음) "출판사 해서 먹고 살 수 있어?"라고요.

부길만   그렇기도 하겠어요. (웃음) 한국인들에게는 출판사 명함을 가지고 있으면 폼이 나잖아요. 그러나 이것도 나쁘다고 보면 안 된다고 봐요. 이것 때문에 한국이 문화 주도국이 될 거예요. 저는 이 수를 늘려가자는 거예요. 문화를 선호하는 사람들을 어떻게 활용하느냐를 연구해야 해요.

김정명   5만 여개의 출판등록을 한 사람들만이라도 책을 산다면 활성화 되겠네요. 요즘 이야기 나오는데 멤버십 마케팅의 중요성에 대해서 이야기하잖아요. 출판사에서는 북클럽을 만든다던가요. 서점도 북클럽을 만들어서 회원 수를 늘리고 멤버십 마케팅으로 이어질 수 있는 방안도 필요하지 않을까요?

부길만 '지역의 출판사-지역의 도서관-지역의 서점'을 연계할 수 있는 시스템을 만들어서 하나 회원이 되면 모두 회원이 되는 네트워크를 만들어야 한다고 봅니다.

은종복 저도 서점을 25년째 운영하는 사람으로서 말씀을 드리면요. 한마디로 서점의 미래는 밝지 않아요. 진흙 속에 핀 연꽃이 더 아름답듯이 이렇게 척박한 환경에서도 살아남아야 할 입장이고 책방 풀무질을 하는 입장으로서 문을 닫지 않도록 해야 하는데요. 서점을 돈이라는 눈으로 본다면 어둡고요, 사람의 눈으로 보면 밝다고 생각해요. 사람들이 살아가는 방식들이 변하지 않으면 공무원 수험서 등만 팔리게 되겠죠. 스스로 삶의 바꾸고 변화하려는 사람들이 적을수록 책은 덜 팔릴 수밖에 없어요. 그리고 과거 군사정권에서 했던 우민화 정책에서 벗어나야 합니다. 깊이 있는 독서를 하지 않는 문화, 허영심을 키우게 하는 출판도 바꿔야 합니다. 공공도서관 납품에서도 보면 인문 학술서보다는 실용서나 자기계발서가 더 많이 들어가요. 제가 그 흐름을 보니깐 10종 중 인문 학술서 책은 한두 권뿐이에요. 그래서 제가 도서관에 가서 물어봤더니 사람들이 도서신청을 한 책이라고 해요. 그렇게 신청한 책들 중 반년이 지나도 안 빌려가는 책들은 보관할 장소가 부족하니까 폐기한대요.

희망적인 것은 책방을 이끌어가는 힘은 정(情)이라고 생각해요. 책방이 어려우니까 정이 생기는게 아니라 책이라는 매개를 통해서 같이 밥도 먹고 책에 대한 이야기를 나누는, 이런 것을 할 수 있는 공간이 동네책방이고 아직도 유효하다고 봅니다.

개인적으로는 강연보다는 책모임을 좋아해요. 요새는 강연만 듣고 책을 안 사요. 그럼에도 강연도 필요하겠죠. 유명한 저자들의 강연보다는 스스로 책을 읽는 모임을 동네책방에서 해야 한다고 봅니다.

마지막으로는 점점 전자책이 많아지고 있고 환경 운동에도 도움이 될 수 있을지 모르지만 아날로그 방식, 종이책의 특질이나 팝업북은 전자책이 따라갈 수 없잖아요. 그래서 4차 산업혁명 시대를 이야기 하지만 아날로그 방식이 회귀하고 있으며 종이책이 그 역할을 담당하리라고 봅니다. 동네서점뿐만 아니라 동네에서 자급자족이 이루어질 때 동네서점도 함께 살아나가는 길이라고 보고 희망을 가지게 됩니다.

안유정 출판사에겐 서점은 정말 중요한 존재죠. 그래서 출판인으로서 서점의 미래가 잘 되길 바라고 있어요. 서점의 미래는 밝아야 한다고 생각을 하고요. 제가 책을 쓰면서도 계속 들었던 생각인데요. 우리 사회가 좋은 일을 하면서도 잘 살 수 있었으면 해요. 서점들도 문을 닫는 사례가 생기는데 분명히 사회의 구조적인 문제도 있겠지만 그게 아무리 노력을 해도 안 되기 때문에 폐업을 하시는 게 맞을 거예요. 그런 노력이 정말로 하던 대로 계속 했던 노력인지 방향을 좀 바꿔서 이렇게도 해보고 저렇게

도 해보는 과정이 있었는지 생각해 볼 필요가 있어요.

은종복 네, 새겨듣겠습니다.

안유정 (웃음) 감사합니다. 앞으로 책을 읽어갈 세대는 젊은 세대잖아요. 젊은 세대들이 하는 생각을 존중해 주는 것도 중요하다고 봅니다. 예전에는 체제, 정부를 푸시해서 바꾸려고 생각을 했다면 요새 젊은 사람들은 싫으면 안 해버리는 특징이 있어요. 대기업이라는 조직에서도 그냥 나와 버려요. 개인적으로 할 수 있는 길을 찾는 젊은 층들이 많거든요. 서점도 그렇고 문화도 중요하고 법도 중요하지만, 독자들이 서점 문화를 향유하고 정말 좋다는 것을 알고 많은 사람들이 문화에 대한 인식이 바뀌게 되면 동네서점도 잘 될 수 있다고 생각을 합니다.

부길만 서점이 시대의 트렌드와도 같이 가야 하지만 지역의 삶, 지역의 문화와 맞춰서 지역문화를 활성화시키는 문화의 접합지로서 역할을 했으면 합니다.

정윤희 저도 출판계에 오랫동안 일을 하면서 느끼는 점들이 있는데요. 출판사, 도서관, 서점들이 나름대로 열심히 하고 있지만 각자 어렵고 힘들다고 해요. 이러한 문제를 해결하기 위해서는 각자 열심히 하는 것도 중요하겠지만 출판과 도서관과 서점을 연결할 정책이 필요하다고 봅니다. 지금까지는 중앙정부에서 모든 정책을 세우고 하달하는 방식으로 진행되었다면, 이제는 중앙정부는 큰 틀과 예산을 확보해 주고 지방정부와의 네트워크를 통해서 지역에 있는 출판사와 도서관과 시민단체들이 연결이 되어 있어서 상생할 수 있는 생태계를 만들어야 한다고 봅니다.

신경미 독자 입장에서는 서점이 편안한 곳이었으면 좋겠어요. 아무 때나 드나들 수 있고 수다를 떨 수 있고 머리를 식히러 갈 수 있는 곳이요. 그러면서도 대단한 것이 아닌 소소한 것을 얻어 갈 수 있는 곳. 그래서 특별한 곳이요. 날마다 밥 먹고 차 마시듯 날마다 신문 보듯이 동네 마실 나가서 책을 뒤적거리고 뒤척이다 책도 사고 책방 주인과 일상과 인생을 공유할 수 있는 이웃으로서의 서점이요. 웅장하고 획기적인 것이 아니라 예전부터 지금까지 쭉 이어지는 그러한 곳이요. 그게 사실 대단하고 획기적인 것이 아닐까요? 먹고 마시고 이런 기본적인 욕구처럼 알고 싶고 깨닫고자 하는 기본적인 지적 욕구가 채워지는 장소로 서점을 이용하도록 만들었으면 해요.

김정명 3시간 가까이 서점의 현재와 미래에 대해서 좋은 말씀을 감사드립니다. 서점 입장에서 출판사 입장에서 독자 입장에서 서점에 대한 생각들, 앞으로 지향해야 할 점 등 많은 이야기들이 나왔어요. 정부의 정책도 현장의 다양한 목소리를 반영하여 수립하고 실행되었으면 합니다. 지금까지 긴 시간 동안 감사드립니다.

4장

도서관은 어떻게 바뀔 것인가?

이정수

송승섭

김민주

- **사회**   김정명 / 신구대 미디어콘텐츠과 겸임교수
- **참석**   이정수 / 서울도서관 관장
           부길만 / 한국출판학회 고문, 문화재위원회 위원
           송승섭 / 명지대 문헌정보학과 교수
           김민주 / 리드앤리더 대표
           김명숙 / 나무발전소 대표
           정윤희 / 〈출판저널〉 대표에디터

책문화생태계를 위해서는 출판과 도서관의 상생이 필요합니다. 국민들에게 풍요로운 책문화 공공서비스를 제공하기 위해서는 공공도서관은 어떻게 변화를 해야 할까요? 무엇보다 사서배치 강화와 장서구입 예산 확충이 가장 먼저 보완되어야 합니다. 국민들이 읽고 싶은 책을 마음껏 읽을 수 있는 도서관, 사서들이 즐겁게 일할 수 있는 근무환경을 조성해주는 것도 중요합니다. 오늘 좌담에는 제5기 대통령소속 도서관정보정책위원회 위원으로 활동하셨고 현재 서울도서관 관장으로 일하고 계시는 이정수 관장님, 송승섭 명지대 문헌정보학과 교수님, 도서관을 자주 이용하시는 분으로서 저술과 번역을 활발하게 하고 계시는 김민주 리드앤리더 대표님, 출판사를 운영하는 입장으로서 도서관과 출판의 상생을 고민하고 계시는 김명숙 나무발전소 대표님을 중심으로 도서관의 현재와 미래에 대해서 좌담을 나누었습니다.

> **좌 담 포 인 트**
>
> – 국내 도서관의 역사, 도서관 수, 사서 인력 현황
> – 공공도서관의 사서배치의 쟁점
> – 사서의 역할과 중요성
> – 도서관은 우리에게 어떤 공간이어야 하는가?
> – 도서관은 어떻게 변화되어야 하는가?

국내 도서관 역사, 도서관 수, 사서인력 현황

김정명 오늘은 '책문화생태계를 위한 도서관의 미래'라는 주제로 좌담을 시작하겠습니다. 이번 좌담에서도 많은 이야기들이 오고 갈 거라고 보는데요. 많은 주제들이 결론이 날 수 있는 것이 아니기 때문에 조금이라도 발전될 수 있는 방안을 모색할 수 있는 시간이 되었으면 합니다. 본격적인 좌담을 시작하기 전에 좌담에 참석하신 분들이 각자 소개와 관심 분야 등에 대해서 말씀 부탁드립니다.

송승섭 저는 직장생활을 성남시에서 행정공무원으로 시작을 했고요. 중간에 그만 두고 대학 조교를 2년 동안 한 다음에 통일부에 입사해서 북한자료센터에서 사서로 15년 일했고, 관장격의 센터장 역할을 10년 했습니다. 그리고 여러 대학 겸임교수를 5년 정도 하다가 명지대학교 문헌정보학과 교수로서 학생들을 가르치고 있습니다. 책으로는 《북한 도서관의 이해》《병영도서관의 이해》 등 주로 비인기 분야의 책들을 선구적으로 썼지요. 최근에는 '한국도서관사' 일부를 연재하기도 했고요.

이런 저런 논문과 글들이 100여 편이 넘습니다만 늘 인기는 없습니다.(웃음)

이정수 저는 대학에서 문헌정보학을 공부하고 직장생활을 신문사 자료실에서 12년 정도 했어요. 신문기사 데이터베이스, 사진자료 데이터베이스 등 정보학 업무를 하다가 IMF 때 퇴사를 하고 학교에서 강의를 7년 정도 하다가 서대문구립 이진아도서관에서 관장을 뽑는다고 해서 지원했는데 운 좋게 관장으로 채용돼서 12년 정도 일했어요. 2017년 1월부터 서울도서관 관장으로 일하고 있어요.

부길만 제가 은평구립도서관에서 강의를 진행한 적이 있었는데요. 그때 서대문구립 이진아도서관이 일을 너무 잘 한다는 이야기를 여러 번 들었어요.

송승섭 너무 잘 해서 공공의 적이었죠. (웃음)

부길만   도서관들이 공모사업을 따내서 프로그램을 운영하니까 공모사업 따내느라고 고생들이 많으시더라고요.

송승섭   공적 시스템을 통해서 어떤 기준을 갖고 지원해 주어야 하는데 공모사업이 너무 많은 게 문제죠. 그러니까 도서관에서도 이런 사업에 적합한 유능한 관장들이 필요하죠. 공모사업도 독식하게 되는 폐해가 생기게 되고요.

이정수   제가 서울도서관 관장으로 와서 공모사업을 없애기로 했어요. 국가에서는 공모를 하지만 서울시에서는 경쟁체제로 가지 말고 자율권을 주자는 것으로요.

송승섭   공모를 하게 되면 평가항목에 나오는 것만 열심히 하게 되거든요.

부길만   장단점이 있더라고요.

이정수   그동안 관장을 하면서 불합리하거나 고쳐야 되거나 보완되어야 할 사항들을 뼈저리게 느껴왔기 때문에 보조금을 도서관으로 지원하는 방법 등을 개선했어요.

김정명   이번에는 저자와 독자입장에서 도서관 문화를 이야기해주실 김민주 리드앤리더 대표님 이야기를 들어볼게요.

김민주   저는 서울대학교와 시카고대학교에서 경제학을 공부하고 한국은행과 SK에서 일했어요. 리드앤리더는 마케팅 전략 컨설팅 회사로 16년 정도 됐습니다. 저는 컨설팅을 하면서 책도 내고 번역도 하고 강의도 하고 있어요. 책은 지금까지 25권 썼어요. 번역도 영문번역 분야로 20여 권 했고요. 도서관은 저자와 독자로서 많이 관여되어 있기 때문에 이번 좌담에 참석하게 되어 반갑습니다.

부길만 저는 〈출판저널〉 500호 좌담에 참석했을 때 제 소개를 드렸는데요. 어린 이도서연구회의 전신이었던 서울양서협동조합에서 독서운동 실무책임자를 맡았었고 그 후 출판사 편집장도 하면서 17년 정도를 독서와 출판 업무를 경험했습니다. 1997년에 동원대학에 출판과가 생기면서 교수로 20년 동안 학생들을 가르쳤고, 2017년 2월에 정년을 했어요. 제가 독서, 출판과 관련된 일을 하다 보니 지금도 바쁜 일상을 보내고 있어요. 도서관, 문헌정보학은 제가 공부한 출판학과 인접분야입니다. 오늘은 인접학문 연구자로서 그리고 도서관 이용자의 입장에서 이야기를 나눠보고 싶습니다. 그리고 출판계와 도서관계의 상생 발전에 대해서 관심을 갖고 있습니다.

김명숙 안녕하세요? 저는 출판사 나무발전소에서 책을 만들고 있고요. 오늘 참석할 수 있어서 기쁘게 생각하고 출판사 입장에서 도서관 문화에 대해서 더 관심을 가질 수 있는 좌담이라고 생각합니다.

정윤희 저는 〈출판저널〉을 발행하고 있고, 제6기 대통령소속 도서관정보정책위원회 위원으로 위촉받았고요. 위원으로서 도서관정책과 출판정책의 연결자 역할을 해서 서로 협력해서 책문화를 건강하게 만드는 데 역할을 하고자 합니다.

김정명 그럼 좌담을 본격적으로 시작할 텐데요. 먼저 우리나라 도서관 역사, 도서관 수가 어느 정도인지를 먼저 파악하는 것이 중요할 것 같습니다. 송승섭 명지대 문헌정보학과 교수님께 말씀 부탁드립니다.

송승섭 제가 자료를 하나 가지고 왔는데요. 다른 학문도 그렇겠지만 문헌정보학에서는 인용을 매우 중요시합니다. 그래서 먼저 밝히고 시작합니다. 최근에 '우리나라 공공도서관 수준과 전문가협회의 역할'이라는 주제로 명지대학교 문헌정보학과 권나현 교수님께서 발표를 하셨어요. 제가 그 자료의 내용을 중심으로 설명을 드리겠습니다. 우리나라 공공도서관 현황을 개괄적으로 살펴보면서, 지난 20년 동안을 잠깐 비교해 볼게요. 1997년에 공공도서관이 330개였는데요. 2016년에 1,010개로 늘어나요. 20년 동안 3배가 늘어난 거죠. 공공도서관 이용자 수도 1997년에 53만 명이었는데, 2016년 기준으로 282만 명 정도이니 5.3배가 늘어난 거죠. 또 1인당 인쇄 장서수(디지털자료는 제외)를 보면 1997년에 0.25권이었는데 2016년에는 1.74권이 됐어요. 약 7배 정도 향상된 거죠. 도서관 1관 당 봉사인구수도 13만 5천589명 정도였는데, 5만 1,232명으로 줄어요. 2.6배 향상된 거죠. 이렇게 공공도서관은 수치로 보면 인프라 면에서 굉장히 발전해 왔어요.

그러나 지금부터 이야기가 중요합니다. 부정적인 통계들이죠. 도서관 사서 1인당 봉사대상 인구수가 1만 2,153명이에요. 국제도서관연맹(IFLA) 기준으로 보면 사서 1인당 봉사대상 인구수가 4,200명이에요. 우리나라가 약 3배 높은 거죠. 또 우리나라 공공도서관 사서인력 현황이 약 4,300명 정도 돼요. 기관 통계에 따라서 조금씩 차이는 있는데 이게 법적 충원율의 18.2% 수준이에요. 법적 충원율에 비하면 매우 낮은 거죠. 그래서 문제가 심각한 거고요.

그 다음에 해외 도서관과 비교해 보았을 때 더 엄청난 차이가 나요. OECD 국가 중에서 우리나라와 국민소득, 도서관 수가 비슷한 나라가 핀란드인데요. 핀란드는 사서들이 주당 35시간 근무를 해요. 우리는 주당 77시간 근무합니다. 2.2배 더 일하고 있죠. 핀란드 직원 1인당 봉사대상 수도 1,124명으로 우리나라보다 6.1배가 적어요. 운영비 같은 경우, 우리나라가 핀란드의 15% 수준이에요. 세부적인 기준으로 보면 적나라하고 많은데요. 다 이야기할 수는 없고요. 결국은 우리 공공도서관이 이만큼 성장한 데는 사서 직원들이 시간외 근무를 비롯하여 너무도 다양한 일을 쉼 없이 하면서 희생한 대가죠.

그런데 도서관의 사서직의 유형을 보면 좀 더 심각해요. 우리나라 전체 공공도서관에서 근무하는 직원들이 43만 5천 명 정도 되는데요. 그중 정규직 사서는 4,380명이에요. 그리고 더 문제가 되는 것은 도서관에 근무하는 공익요원이 6,987명이나 된다는 거죠. 즉 공익근무요원들이 사서 역할을 하는 거예요. 자꾸 심각하다는 말을 하게 되어서 저도 난감합니다만 정말 또 심각한 문제는 도서관 인력의 대부분을 차지하는 41만 3천 명 정도가 자원봉사자라는 거예요.

그러니까 우리는 도서관에 일하는 사람들이 모두가 사서이고 정규직 직원이라고 생각하는데요. 실제로 사서 얼굴 보기가 힘든 겁니다. 물론 사서자격증이 있는 비정규직 사서도 있지만 대개는 이런 자원봉사 인력, 공익, 기타 비정규 인력들이 대부분이라는 거죠. 말하자면 우리가 도서관에 가서 만나는 사람들은 사서가 아닌 경우가 많다는 것이고, 이러다보니까 사서 이미지가 나빠질 수 있다는 겁니다.

부길만 사서자격증이 있어도 비정규직이 많죠?

송승섭 네. 그렇죠. 우리 공공도서관을 보면 웬만한 규모만 되면 직원 총수가 기능직, 기술직 포함해서 30, 40명은 돼요. 건물을 유지하려면 그만한 인력이 있어야 하니까요. 그런데 그 인력 중에 가장 중요한 사서들이 거의 없다는 거죠. 사서인력이 3명 이하인 공공도서관이 40.5%를 차지합니다.

부길만 비정규 사서라도 월급을 줘야 하고 국가 예산이 들어가잖아요.

송승섭 월급을 주는데 적게 주죠. 그리고 신분 보장이 안 되고 있죠.

부길만 정규직 사서는 시험을 보나요? 어떻게 사서 인력 수급을 하나요?

송승섭 정규직은 시험을 보고 들어갑니다. 국가직은 국가에서 뽑고 지방직은 서울시 등 지자체에서 뽑고요. 그리고 또 교육청에서도 뽑아요. 교육청 사서가 대개 규모가 큰 도서관이고 정규직 공무원 중심이어서 지자체 사서보다는 처우가 더 좋은 편이죠.

김정명 교육청 사서는 어디로 가서 근무 하나요?

송승섭 교육청 산하 도서관에서 일해요. 서울시에 147개 도서관이 있는데 그 중 22개 도서관은 교육청 도서관이고 나머지 125개 도서관은 지자체 도서관이죠. 사실상 구분이 확실하게 되어 있어요.

김정명 학교도서관의 사서도 교육청에서 보내주나요?

송승섭 학교도서관도 학교가 교육청 산하에 있으니 교육청에서 관리하지만 크게 보면 교육부가 감독부서이고 사서교사임용시험을 통해서 뽑는 거죠. 지금의 도서관 문제의 큰 그림을 역사적 시각으로 간략하게 살펴보죠. 우리나라 도서관 역사를 보면 근대도서관의 시작이 일제 하에서 이루어집니다. 1945년이 되어서 비로소 주권 국가가 되고 조선도서관협회가 만들어져 여러 선각자들에 의해 체계를 잡아 가다가 1963년에 도서관법이 제정되면서 도서관이 제도권 내에 들어가게 된 겁니다. 그런데 도서관이 제도권에서 활동하게 되었다는 것은 정부의 지원을 받는다는 의미도 있지만 통제를 받는다는 의미도 있기 때문에 양면성이 있어요. 지금의 한국도서관협회가 성장하는데도 각종 국고 지원사업, 용역사업이 큰 힘이 되었지만 또 한편으로는 정부 지원을 많이 받는다는 것은 그만큼 발언권이 약해지는 문제도 발생하죠. 한국도서관협회는 전문직 단체로서의 윤리강령을 우선해서 기본적으로 사서들의 권익 신장이나 보호에 앞장서야 하는데 이게 소홀했다는 것이죠.

이런 점들이 2017년 논란이 된 사서직 배치기준과 관련해서 문제가 된 것입니다. 여기에 대한 사서들의 불만이 사서 릴레이 토론회, 국민 청원운동으로 표출되기도 했습니다.

부길만 시험을 본다면 정규직을 뽑는다는 거고, 그렇다면 국가 예산을 쓴다는 이야기인데 예산연구를 할 필요가 있을 것 같아요. 형평성이라든가 중요도에 비해서 과연 사서 예산이 제대로 책정이 되고 있는지 그리고 다른 분야의 인건비와 어떻게 되는지, 앞으로 사서 인력 확충을 위해서 이런 예산 연구를 통해서 숙제를 풀어가야 할 것 같아요.

송승섭 법적 최소 기준으로 보면 1990년도 초에 20% 수준이었던 것이 오히려 더 악화됐어요.

부길만 법적 기준이라고 하면 국회, 입법부에서 만드는 거 아니에요?

송승섭 그렇죠. 법적 최소기준이 3명인데요. 이번에 문제가 된 것은 법적 최소기준을 3명으로 하는 것을 도서관 등록 시에 의무화하자는 거예요. 그 취지 자체는 상당히 좋았어요. 왜냐하면 문화체육관광부 도종환 장관님이 국회의원 시절에 도서관법 전면 개정을 발의했어요. 도 장관님이 잘 보셨어요. 전국에 사서가 없는 도서관이 너무 많다, 학예사 없는 박물관이 수두룩하다, 이거 문제가 있다. 그 다음에 사서도 보면 729개 도서관에서 법적 기준에 미달한다. 이런 문제가 입법 취지에 들어가 있던 거예요. 그래서 문화시설의 양적 확대도 중요하지만 국민들의 문화향유 기회를 늘려주기 위해서는 기존 인프라의 질적 향상이 더 중요하다. 그러니 질적 향상을 위해서 노력해달라고 한 거예요. 그런데 오히려 반대가 된 거죠.

김민주 법안이 통과 되었나요?

송승섭 시행령으로 준비 중이니 아직 통과가 된 건 아닙니다. 그런데 통과가 되면 중요한 건 뭐냐면, 목표도달률! 즉 법적 최소기준의 목표도달률은 100%가 되고 잉여인력이 남게 되요. 어이없는 일이죠. 물론 시행령이 완성된 것은 아니지만 법적 최소기준은 3명이고 나머지는 가이드라인, 즉 한국도서관협회 등에서 가이드라인을 만들어서 추가 증원 인원은 어떻게 하겠다, 추후에 하자. 이 얘기인데, 가이드라인은 법적 기준이 아니고 권고사항이고 또 우리가 이제 2012년에 이미 대학도서관진흥법 시행령이 만들어졌는데요. 그때 최소기준이 3명이 됐어요. 문제는 대학도서관도 취지는 그게 아니었는데 해석을 최소기준에 맞춘 거예요.

이정수 그러니까 문제는 최소기준이 최대기준이 되는 거죠.

부길만 그럼 인구 비례 기준은 전혀 안 따지는 건가요?

송승섭 공간 기준으로 330평방미터가 늘어날 때마다 한 명이 늘어나거나, 장서 6천 권이 늘어날 때 사서 정원이 1명이 늘어난다든지, 이런 법적 기준이 있죠. 이것이 기존의 시행령이죠. 늘어나는 기준에 대한 명시는 없고 가이드라인으로 해결을 하려고 했던 것이 문제가 돼서 거의 파동 수준의 반발이 일어난 거죠. 그래서 이러한 사서 배치 기준은 결코 받아들일 수 없다고 서울도서관이 포함된 서울공공도서관협의회, 또 경기도사서협의회 등에서 성명서도 발표하고 토론회도 하게 된 겁니다.

김민주 도종환 장관님이 의원 시절에 도서관의 문제점을 잘 보셨는데 개정 발의와 다르게 법을 수정하려는 건 어떻게 된 거죠?

송승섭 법적 충원율에 너무 신경 쓴 정책실무자들의 잘못된 판단으로 보입니다.

공공도서관 사서배치의 쟁점과
사서의 중요성

이정수 도서관 등록을 하려면 법적으로 충족해야 하는데 지금 도서관법 시행령에서 사서배치 기준은 현실적으로 실현되기에는 너무 높은 기준이에요. 이 기준으로는 공공도서관 중에서 사서배치 법적기준을 충족하고 있는 도서관은 한 개관도 없어요. 충족되는 도서관이 0.3%인데 거의 없다고 보면 되죠.

기존 도서관은 예외이고, 새롭게 건립되는 도서관이 등록을 반드시 해야 하는데, 등록을 하려면 법적으로 충족이 되어야 하잖아요. 사서를 많이 뽑아서 배치를 해야 되는데 그게 현실성이 없으니까 법에선 최소기준만 명시하고 나머지는 가이드라인으로 하겠다, 라는 게 1안이었고, 2안은 봉사대상 인구 9천 명에 사서 1명씩 하자는 것인데요. 문화체육관광부가 이 두 가지 안을 일선 도서관에 의견수렴 공문을 보낸 거예요. 근데 그 공문을 보고 저희 입장에서는 그 맥락을 보면 1안에 문화체육관광부의 의지가 담겨 있다고 보였어요. 법을 고치기 위해서는 여러 가지 정의가 필요하잖아요. 분관에 대한 기준도 없고 특화 도서관이라고 하는 것에 대한 기준도 없고, 봉사대상을 어느 영역으로 할 것인지, 기초와 광역에 대한 기준도 없어요. 사서들은 지금도 매일 쥐어짜면서 일을 하고 있는데 일자리 창출이 문재인정부의 정책 키워드이지만 오히려 도서관의 인력구조를 더 악화시키고 있다는 것이 도서관 현장의 입장이죠. 그래서 서울, 경기 중심으로 토론회도 하고 청와대에 청원도하고 대국민 시민 서명운동도 했어요. 사서들이 요구한 것은 문화체육관광부의 안을 철회하는 것인데, 문화체육관광부에서는 철회라는 말을 쓰지 않고 원점 재검토라고 해서 공문을 받았어요.

김정명 자연스럽게 두 번째 주제인, 도서관법 시행령 개정안 중 공공도서관 사서배치 개선안의 주요 내용과 문제점에 대해서 논의를 해주셨는데요. 국민들은 도서관이 처한 문제점들을 국민들은 모르고 있잖아요.

송승섭 대학도서관진흥법 시행령 사례로 보면, 사서배치 최소 기준이 3명이죠. 대학 같은 경우에는 재정난이 심각하잖아요. 인구절벽 때문에 구조조정이 일어나고 학생 수가 줄어드니까 등록금 수입도 줄어들고, 거기에다 등록금은 동결되고, 또 계속되는 대학 평가에 대비해서 교수를 많이 뽑아야 하고, 장학금도 늘려야 하고, 그러니까 직원 뽑을 여력이 없어요. 대학이 최근 몇 년 동안 신규직원을 뽑은 사례가 거의 없어요. 특히 대학도서관 사서직은 더 심하죠. 예를 들면 대학도서관진흥법이 어떻게 악용될 수 있냐면, 도서관에 직원이 10명이나 있네, 3명만 있으면 되는데, 그러면서 다른 부서로 보내면 도서관 인력은 줄어들게 되는 거죠. 대학도서관진흥법이 대학도서관을 진흥하기 위해서 만들어 놓은 것인데 정작 증원기준이 실종되니까, 최소기준이 최대기준이 되어버린 거죠. 그 다음에 특화도서관을 만들어서 주제별로 전문 인력을 사서로 뽑자고 하는데, 사서들이 주제별로 특화 교육을 받을 수 있는 환경이 안 되어 있어요. 그러면 사서가 아닌 다른 사람을 뽑아도 된다는 거 아닌가요. 그러니까 이 법안은 사서들에게는 아주 악법이 되는 거죠.

김정명 법안에 증원기준을 강화해서 넣으면 문제가 없는 건가요? 도서관 설립 인가기준 3명이라는게 작은도서관을 만들 경우에도 3명이 있어야 한다는 거잖아요.

송승섭 기존의 기준을 완화해도 문제는 없어요. 기존의 법적 기준이나 협회 기준이 좀 높게 되어 있거든요. 권장하는 성격이 있다 보니까요. 작은도서관의 경우는 사서 1명만 있어도 되는 경우도 많죠. 그런데 이번 개정안은 분관 개념이 불명확해요. 외국도서관의 분관은 말이 분관이지 독립적인 개념입니다. 우리는 중앙도서관이 있고 분관이 있으면 중앙도서관에서 모든 것을 해야 하는 걸로 알고 있어요. 그렇게 보면 분관에는 1명만 있으면 된다는 생각을 하게 되죠. 뉴욕 같은 경우는 공공도서관이 아마 85개관이 될 거예요. 중앙관은 3개이고 4개의 연구도서관이 있고 나머지가 분관이에요. 그러나 분관이라는 말을 사용하지 않아요. 조직 체계로 봤을 때 분관이죠. 지역사회의 독립된 도서관으로 사서 수도 적지 않죠. 우리는 그런 개념이 약해서 분관에는 한 명만 있으면 된다, 이런 식의 생각을 하는데 도서관의 전체적인 운영 사항을 잘 모르는 행정직의 발상이죠. 공공도서관 현황이라든지 도서관의 문제를 아는 전문직이 기획을 했다면 이런 식의 시행령을 기안하지 않았겠죠.

김정명 저는 일본의 도서관에 대해서 현황을 잠깐 살펴보았는데요. 일본의 공공도서관은 3,331개(2017년 4월 기준)더라고요. 여기서 전임관장이나 분관장이 1,143명인데 이중 사서자격증을 가지고 있는 사람이 381명, 전임사서가 5,410명, 사서보가 71명, 겸임의 관장 분관장은 1,198명인데 이중 사서 자격증을 가지고 있는 사람이 170명, 겸임사서 222명, 겸임사서보 10명. 그리고 비상근이라고 해서 비정규직으로 관장 분관장이 334명, 이중 사서자격증을 가지고 있는 사람이 56명, 비정규 사서가 9,553명이고, 정규 사서보가 272명이 있고요. 또한 지정관리자로 관장 분관장이 435명인데 이중 259명이 사서자격증이 있는 사람이며, 지정관리자 사서가 3,790명, 지정관리자 사서보가 97명. 이렇게 도서관 사서 인력 구성이 되어 있어요. 본관과 분관으로 나누어져 있어서 본관의 전임사서가 4,504명, 분관은 전임사서가 906명으로 구성되어 있어요.

일본도 사서인력이 전체적으로 늘어나고 있는데 일본도 문제점이 있다고 하더라고요. 이전에 제가 돗토리현립도서관에 간 적이 있었는데 거기는 다른 행정직을 겸하고 있는 사람들 포함해서 사서가 47명 정도 된다고 했었어요.

김민주 우리나라 도서관은 사서와 사서가 아닌 분의 실제 일하는 것이 많이 다른가요?

송승섭 많이 다르죠. 그런 이야기하자면 길어지는데요.(웃음)

김민주 사서가 비사서에 비해서 꼭 하는 일이 뭔가요?

송승섭 도서관, 문헌정보학의 가장 핵심은 분류편목이에요. 분류편목이라는 것은 일종의 지식 분류와 자료 조직입니다. 지식을 분류하려면 깊이 있는 지식과 다양한 도서관 경험이 필요해요. 예전에는 10년 이상 된 사서들만이 책 분류를 할 수 있었어요. 하루에 몇 권 할 수도 없어요. 책의 내용을 파악하고 어떻게 분류해야 하는지 고민하는 데만 해도 많은 시간이 걸리니까요. 자료 조직은 일종의 서지통정˙을 통해 체계화된 데이터베이스를 생각하면 이해가 쉽겠습니다만 이 일 역시 쉽지 않습니다.

김민주 그런 분류작업이야말로 어디 한군데서 정해서 할 수 있는 것은 아닌가요?

송승섭 그렇다고 할 수도 있죠. 그러나 깊게 들어가면 분류는 그 도서관만의 철학 체계가 되죠. 분류에 따라서 그 도서관만의

● 서지통정(書誌統整)이란 이용자의 정보 요구에 부합되는 정보를 검색하기 쉽도록 정보서비스 기관이 선택 수집한 자료를 접근하기 쉽도록 질서와 체계를 세워 기록하고 축적하는 서지작업 전반을 지칭한다. 《정보학》(노진영/조은글터/2014)

지식 체계, 일종의 가치 체계가 완성되는 거니까, 이 일이 중요하죠. 그러나 사서들이 못해요. 요즘 사서들이 그 일을 할 시간이 없어요.

김명숙 출판사에서 책을 만들면 ISBN과 CIP를 등록하잖아요.

송승섭 네. 그렇습니다만 그 정보를 쓰느냐 안 쓰느냐는 도서관이 선택하는 거예요. 중요한 것은 이것이 외주로 들어온다는 거예요.

김민주 외주요? 그게 뭐죠?

송승섭 아웃소싱을 해서 책을 납품하는 업체에서 분류를 해줘요. 그러니까 정확할 수가 없죠.

이정수 외주업체에서 분류를 해오다보니까 같은 책도 다른 분류번호를 주어서 서가에서 떨어져 있어요. 도서관에서는 과업지시서를 굉장히 상세하게 주거든요. 그래도 업체에 따라서 다르고요. 시리즈 같은 경우에 1, 2로 구분되는 책도 있고 상, 하로 분권된 책이 있는데 어떤 책은 1권 다음에 하권으로 입력하는 사례도 있어요. 업체가 공급해야 할 도서관이 많다보니까 도서관마다 업체에 주는 과업지시를 다 따르지 못해요. 외주를 준 책이 도서관에 들어오면 사서가 꼼꼼하게 검수를 해야 하는데 검수할 인력과 시간조차 부족하죠.

송승섭 그렇다보니까 도서관의 가장 본질적인 일을 소홀하게 하고 있죠. 도서관 기능의 첫 번째가 분류편목이고, 두 번째 역할이 예전에는 레퍼런스 서비스라고 했는데 지금은 인포메이션 서비스라고 통칭하는데요. 제일 중요한 게 정보 제공이고, 그 다음에 예전에는 더 중요하게 여겼던 교육 기능이에요. 사서들이 정보 리터러시에 대한 교육, 도서관 이용에 관한 교육, 서비스 현장 교육 등 다양한 교육을 하는 거죠. 그 다음에 상담·지도가 있는데 참고 면담, 독자상담 서비스, 논문작성 상담, 또 요즘에 많이 등장하는 독서치료 같은 활동을 하는데요. 이런 일들이 정보 봉사의 핵심으로 사서들이 해야 할 역할이죠. 내부적으로도 참고정보원의 구성과 자원 파일 구축 등 정말 할 일이 많아요. 공공도서관들이 지금 이런 일들을 할 엄두를 못해요. 대부분의 사서들이 행사 기획하고 행사를 위해 쫓아 다니고, 그 다음에 서무도 중요하잖아요. 행정 업무가 문제가 되면 안 되니까요. 그래서 도서관들이 지금의 인력 가지고는 본질적인 업무를 제대로 수행할 수 없어요.

김정명 우리나라 도서관 사서는 거의 겸임을 하고 있다고 보면 되겠네요.

송승섭 그렇죠.

부길만 도서관 사서는 교사와 같죠. 교사도 행정업무가 예전에는 지금과 비교하면 엄청 많았지요. 최근 행정업무를 많이 줄여가고 있거든요. 그런데 사서직은 줄이는 단계가 없는 것 같습니다.

김정명 사서도 부족하지만 도서관 행정 업무를 담당할 행정직원도 부족하다는 의미죠.

이정수   이번에 사서배치 제도 개선이 불씨가 돼서 저희도 토론회도 하고 사서들 간의 커뮤니티에서 나오는 얘기가 뭐냐면, 이 기회에 우리가 잘못된 기형적인 인적구조의 본질적인 문제에 접근할 필요가 있다는 겁니다. 도서관법에 특히 공공도서관에 사서 배치에 대한 기준이 현실성이 없는 문제도 있지만, 도서관 규모에 따라서 행정직은 몇 명이 있어야 하고 시설직도 있어야 하고 전산직도 있어야 하고 필요한 인력들이 많이 있는데 거기에 대한 그 어떤 기준도 없어요.

앞에서 송승섭 교수님이 말씀하셨듯이, 우리나라 해방 이후 도서관이 일제시대에 만들어졌던 경성구립도서관이라든가 조선총독부도서관이 공공도서관, 국가도서관으로 만들어지면서 주민들의 자발적인 필요에 의해서 도서관이 만들어진 게 아니고 관에 의해서 도서관이 만들어졌거든요. 그러니까 제도적으로는 잘 갖추어서 1963년에 도서관법이 만들어지기는 했지만 도서관다운 도서관을 이용하게끔 할 수 없었어요. 왜냐면 예산이 없고 행정 의지도 없었기 때문에 도서관이 독서실처럼 공간화된 거예요. 오늘 아침(2017년 9월 19일) 신문기사에도 시험기간에 주민자치센터를 열어서 공부하게 만든다고 하면서 도서관이라는 표현을 썼더라고요. 도서관과 독서실의 구분도 없이 정책도 그렇게 가고 있어요. 도서관의 역할과 기능이 무엇인가라는 근본적인 고민부터 필요하다는 것과, 공공도서관이 기초자치단체에도 있고 광역자치단체에도 있고 또 광역 교육청에도 있는데 각각의 도서관 역할이 무엇인가, 이런 고민들이 스스로도 없었다는 반성을 사서들이 하게 됐어요.

국민들이 도서관에 대한 요구가 많기 때문에 도서관 확충에 대한 정책은 계속 발전해 가고 있지만 도서관서비스 질적 성장에 대한 정책은 따라오지 않다보니까 사회복무요원과 자원봉사자가 사서보다 더 많아지는, 그래서 제대로 된 정보 서비스를 시민들이 맛을 볼 수 없는 그런 환경이 돼버린 거죠.

김정명 공공도서관 사서 배치와 관련하여 도서관계의 입장에 대해서 한마디로 말씀을 해주신다면요?

이정수 개악에 가까운 사서배치 제도개선안에 대해서는 철회를 해야 한다는 게 첫 번째 요구 사항이고요. 두 번째는 기형적인 인력구조 문제에 대한 근본적인 정책적인 문제 해결 요구입니다. 어제(2017년 9월 18일) 도메리•에 서울공공도서관협의회와 경기도사서협의회가 원점재검토에 대한 문화체육관광부 입장에 대해서 환영한다는 취지의 입장 발표를 했어요. 시민들을 위한 도서관 서비스 고민들과 함께 내부적인 성찰과 반성이 필요해요. 왜냐면 저희도 지금까지 도서관이 이런 상황이 만들어

• 1997년부터 도서관계 정보 공유 사이트인 '도서관메일링리스트'의 약칭이다.

지기까지 침묵했고 일정부분 현실을 인정했고 시민과 함께 제대로 된 서비스를 제공하기 위한 운동이 결여되었어요. 우리도 이번 기회에 철저하게 반성하고 우리 스스로가 제도 개선을 위해 노력하자는 게 사서들의 입장입니다.

김정명 서울, 경기지역 사서들의 입장은 강력하게 보여주는데 지방은 어떤가요?

이정수 지방에서 근무하는 사서들에게까지 공문이 잘 전달되지 않았을 경우도 있고 도메리에서는 들끓었지만 도메리를 안 보는 사서들도 많거든요. 특히 공공도서관처럼 공무원이 많은 조직은 집단행동을 하기 어려운 여건이에요. 서울도서관도 우리 직원들이 "관장님 우리하고는 관계없어요." 이렇게 이야기하는 거예요. 왜냐면 우리는 이미 도서관 등록이 된 상태이고 직원도 아주 충분하지 않지만 어느 정도 충원이 되어 있기 때문에 사서들이 우리하고는 관계가 없는 일로 인식을 하고 있어요. 그래서 제가 왜 우리하고 관계가 없느냐, 누군가 정년퇴직했을 때 문체부가 제안하는 제도개선안으로 하면 인력충원을 안 해줘도 상관없다는 것인데요. 그리고 사서 중 여성이 많은 인력 구조인데 출산휴가 육아휴직 다 들어가잖아요. 그랬을 때 대체 인력으로 충원이 되어야 하는데 충원을 안 해준다면 어떻게 해야 하느냐, 아주 피부에 와 닿는 예를 들었더니, 아 그렇군요. 그렇게 얘기하더라고요. 대체로 분위기는 알긴 아는데 서울, 경기처럼 토론회를 하고 전체적으로 움직이기엔 어려운 구조적인 환경이 있었던 것 같아요.

김민주 도서관에서는 단체 행동을 하신 적이 있었나요?

이정수 몇 번 있었죠. 도서관 이름을 안쓰고 평생학습관으로 용어를 바꾸려고 한 적이 있었거든요. 도서관법에 관장을 사서로 보한다라는 규정이 있는데 관장을 행정직으로 하기 위해서 도서관을 평생학습관으로 바꾸려고 할 때 사서들이 들고 일어났고요. 또 가까운 예로는 서울도서관을 직영하지 않고 재단을 만들려고 할 때 교육청 사서들 중심으로 저지한 적이 있어요.

송승섭 법적으로 보면 1991년에 문화부로 도서관 정책이 이관이 돼요. 우리나라는 1991년에 와서야 비로소 도서관이 문화기관으로서 인정을 받은 거예요.

김정명 그전에는 어떤 부서에서 도서관을 담당했나요?

이정수 문교부에서 했어요.

송승섭 1994년 도서관법에 처음으로 '도서관 관장은 사서직으로 해야 한다'는 규정을 명문화했습니다. 그래 놓으니까 서울시에서 4개 도서관의 명칭을 평생학습관이라고 이름을 바꿨어요. 평생학습관은 행정직이 관장을 해도 되니까요. 꼼수를 쓴거죠.

정윤희 도서관은 국민들에게 문화적 공공서비스를 제공하는 가장 중요한 인프라이기 때문에 국민들에게 충분한 도서관서비스를 제공해주기 위해서는 사서들이 충분히 있어야 하죠. 대학에서도 문헌정보학과 학생들이 많이 배출될 텐데 어떤가요?

송승섭 1년에 4년제와 2년제 문헌정보학과 졸업생들이 약 2천 명 이상 배출돼요. 정규직 취업은 100명 정도 될까. 그리고 비정규직은 100명 정도. 나머지는 아르바이트니까 취업난이 굉장히 심각하죠.

김정명 나머지 학생들은 어디로 취업을 하나요?

이정수 공무원 시험 준비를 많이 하죠.

송승섭 우리 직종뿐만 아니라 대학 재학생의 반이 거의 공시족이죠. 그러니까 인문학이 사회에 발을 디딜 틈이 없어요.

김정명 사서가 될 수 있는 자격은 어떻게 되나요?

송승섭 4년제 문헌정보학과를 졸업하면 정사서 2급 자격이 나옵니다. 앞서 말씀 드린 것처럼 1년에 2급 정사서 자격증을 가진 졸업생이 2천명 이상 나오는 현실입니다.

이정수 지금 사서 자격증을 가지고 있는 사람들이 약 9만 명에 가까운데 현장에서 사서로 일하는 사람은 1만 3천 명 정도 돼요.

송승섭 학교도서관의 문제도 중요한 게 초중고등학교가 약 1만 1,000개인데 여기서 한 명씩만 뽑아줘도 1만 1,000명이 사서직으로 일자리를 얻는 거예요.

이정수 지금 학교도서관의 경우에도 700명 정도가 정규직 사서교사고요. 나머지 5,000명 정도가 무기계약 등 비정규 사서(사서교사가 아닌)인데, 50% 가까운 학교도서관이 사서교사나 사서 없이 학부모들이 봉사하거나 선생님들이 겸직으로 하고 있죠.

정윤희 2017년 8월 학교도서관진흥법 시행령이 개정되면서 학교 당 사서교사·실기교사·사서를 1명 씩 둘 수 있도록 법으로 규정했어요. 2019년도 사서교사 선발 예정 인원은 163명에 그치고 있죠. 〈내일신문〉 2018년 10월 22일자에 따르면, 2017년 4월 기준 우리나라 초·중·고등학교의 수는 1만 1,647개교이고 대부분의 학교에 도서관은 설치되어 있지만, 사서교사 수는 899명, 사서 수는 3,954명에 불과합니다. 따라서 학교도서관이 있어도 학교 현장에서 청소년들을 대상으로 한 독서지도가 제대로 이루어지지 않다는 것이죠.

김민주 저는 독자이자 저자로서 도서관을 이용하는 사람으로서 이런 도서관의 현실을 들으니까 우울해지네요.

이정수 우리 스스로도 정책적인 키워드를 잘 뽑아내기도 해야 하지만 그것을 4년 전이나 10년 전이나 성과평가를 해봤을 때 하나도 변함이 없다는 거예요. 성과에 대한 점검이나 환경에 대한 변화에 대해서 도서관이 어떤 역할을 할 것인지, 특히 서울도서관은 공공도서관 기능부터 서울시 대표도서관으로서 정책적인 기능까지 상당히 임무가 막중한데 우리 내부에서도 성찰을 해 볼 필요가 있어요. 공공도서관의 인적구성에 대한 문제가 제기되었지만, 실제로 시민들에게 제대로 서비스를 제공하는지 고민해야죠. 닭이 먼저냐 달걀이 먼저냐 문제일 수도 있지만, 할 수 있는 상황에서도 할 의지가 없었는지는 반성하는 거죠.

신규 직원을 뽑으면 학교에서 배운 것과 너무 다르다고 해요. 학교에서는 정보가 중요해, 책을 분류하고 목록화 하는 게 중요해, 라고 배워서 나왔는데, 현장에서는 도서관에 오는 사람들을 상대하고 그 사람들의 요구를 다 들어줘야 하는데 그 일을 다 감당하기에는 역량이 부족하죠. 나는 열심히 공부해서 사회에 나왔는데 도서관에 오는 엄마들을 만나서 독서에 대해서도 이야기를 나눠야 하고 책에 대한 콘텐츠도 잘 모르는데 책도 알려줘야 하고 민원도 대응해야 하고…현장의 상황이 이러니까 처음 시작하는 사서들은 매우 혼란스러워 하죠.

김민주 저도 서울도서관에 와서 책을 읽고 대출도 많이 하는데요. 제가 접촉하는 직원은 대출할 때 접촉하는 그 정도에 불과한데 사서와 교류하는 채널이 있다면 뭐가 있을까요?

이정수 열람실에 있는 사서들이 레퍼런스 서비스를 해야 하는데요.

김민주 원래 도서관에서 사서들이 그 역할을 해야죠.

이정수 도서관에 와서 사람들이 제일 많이 물어보는 질문이 뭔지 아세요? "화장실이 어디에요?"에요.

(모두 웃음)

이정수 도서관에서 해야 할 일을 다산콜센터에서 하는 경우도 많아요.

김명숙   재밌는 책 좀 추천해 주세요? 이런 질문을 하는 사람들은 없나요?

이정수   그런 분도 있죠. 동네도서관에 많이 다니시는 분들은 사서를 활용하는데 많은 사람들은 그렇지 못하거든요. Library Anxiety(도서관 불안증)라고 하는데 도서관에 처음 온 사람들에게는 낯설게 느껴지죠. 도서관이 권위적이고 사람들에게 친근하지 않은 것들, 안내 표지판이나 그런 것들이 물어보기가 거부감이 느껴지니까 내가 알고 싶은 게 있어도 물어보지 않고 활용하지 않는 분위기도 있고요. 또한 도서관에 있는 직원에게 물어봐도 잘 몰라요. 왜냐면 경력이 많은 고참 사서들은 사무실에서 기획안을 만들고 공모사업계획서 쓰느라 바쁘고 열람실에는 비정규직 사서, 자원봉사자, 공익근무요원 등이 앉아있는데 이용자들은 그들을 사서라고 생각하고 물어보죠. 그러니까 거기 도서관 사서들은 형편없다, 물어봐도 모른다며 불만을 터트리고 그러니까 이용자들도 더 이상 물어보지 않게 되고 도서관 이용자들의 도서관 이용 만족도가 낮아지게 되고 악순환이죠. 도서관에 '사서에게 물어 보세요'라는 안내판을 붙여도 이용자들이 무엇을 물어봐야 할지 모르기도 하고요. 서울도서관은 정책도서관이라 전문 정보가 필요하신 분들이 오시기 때문에 궁금한 자료에 대해서는 사서들에게 물어보시더라고요. 제가 구립도서관에서 일을 할 때 어떤 어머니들은 학습만화에 대한 부정적인 입장이 계신 분들은 아이들을 도서관에 안 데리고 오시고 본인이 직접 도서관에 와서 책을 빌려다가 아이에게 책을 읽히는 사례도 있고요. 어린이열람실에 있는 모든 책을 내 아이에게 읽히겠다고 생각하시는 부모님은 001번부터 순차적으로 책을 빌려가세요. 그런데 책이 많아지면 서가를 이동하기도 하는데 책 순서가 왜 변경됐느냐고 하시는 분들도 계시고요. 그 정도로 도서관 활용하는 것에 신뢰하지 않는 분위기가 있어요.

송승섭 사서역량 강화문제와 관계가 있는데요. 일반 공무원 같은 경우에는 상시 학습시간이 100시간이에요. 100시간 교육을 필수적으로 받아야 해요. 그러나 보통 사서들은 100시간 교육을 못 받아요. 바쁘기 때문이죠. 충분한 교육을 받지 못하면 타성에 젖어 일할 수밖에 없어요. 제가 예전에 관장으로 있을 때 경험입니다만 어떤 때는 공익과 알바생이 직원들 보다 더 똑똑해요. 공익요원은 뉴욕대 출신이었어요. 그러니까 외국인들과도 대화도 되니까 도서관 분위기가 좋아졌어요. 이런 사례는 매우 드문 일이지만요. 그리고 요새 학생들은 파워포인트나 엑셀 등 오피스 프로그램을 잘 활용하잖아요. 그러니 어떤 업무를 시키다 보면 알바생들이 직원들보다 더 빠르고 잘해요. 이런 일은 직원의 재교육이 충분히 이루어지지 않기 때문에 발생하는 거죠. 사서역량 강화를 위해서는 직원이 충분히 있어야 합니다. 그래야 교육을 보낼 수 있고, 재교육을 통해서 사서역량이 강화되어야 도서관의 서비스 질이 높아지게 되죠. 양질의 서비스는 시민들의 성장에도 도움이 되고 민주사회로서의 역량도 강화되어 문화강국이 되는 건데 그 시작부터 단절 현상이 일어나고 있는 겁니다. 많이들 이야기해요. 외국에서는 취업, 창업, 경영관련 서비스를 도서관에서 많이 제공하고, 그런 프로그램들이 다양하다고, 그래서 창업 스타트업이라든지 구직과 관련한 모든 정보를 도서관에서 구하고, 이런 활동들을 도서관에서 다 해주니까, 도서관이 지역사회의 구심점이고 핵심이 된다고 하죠.

김민주 우리는 너무 책 중심으로 도서관 문화가 정착되어 있는 것 같아요. 도서관도 많이 변화가 되어야 하는데 현재 인력구조상 책 중심으로 할 수밖에 없는 현실이네요.

이정수 그렇지도 않아요. 2016년 기준으로 공공도서관이 1,010개인데요. 송 교수님도 말씀하셨지만, 도서관이 늘어난 비례에 비해서 장서 수 증가 측면을 보면, 사서나 장서 수는 증가하지 않았어요. 예전에는 책을 안 사주니까 도서관을 독서실로 기능화 한 것처럼 지금은 도서관의 정보서비스보다는 문화 놀이터 정도의 기능을 더 많이 요구받고 있어요.

도서관법에 보면 도서관 자료로서 인쇄자료만 고집하지 않아요. 다양한 시청각 자료, 지도, 그림 등이 도서관 자료이죠. 그런데 독서문화진흥법을 보면 '문자를 사용하여'라고 독서의 범위를 한정해 놓았어요. 도서관에서 이루어지는 독서활동이 영상, 책 등을 통하여 사람들이 리터러시를 해결하고 자기가 스스로 정확한 정보를 얻을 수 있도록 역할을 해야 하는데, 현실적으로 가능하지 않으니까 도서관도 공간, 커뮤니티 개념으로 가고 있거든요.
독서라고 하는 것이 정보 제공의 차원에서 독서라기보다는 아이들 학습, 흥미, 여가 이런 쪽으로 자꾸 접근을 하니까 내가 필요한 정보를 얻기 위해서 도서관에 가기 보다는, 쉬는 시간에 아니면 공부하러 도서관에 가고, 문화센터처럼 강의를 들으러 간다든가 그러죠. 지난 정부에서 '인문정신문화과'를 만들어서 '인문정신'에 대해서 강조했지만 인문학 독서에 대한 수요보다는 강의를 '듣는' 행태로 가다보니까 도서관을 지속적으로 정보서비스를 받는 기관으로 생각하는 데는 구조적으로 한계가 있죠.

정윤희 이정수 관장님께서 말씀해 주신 도서관에서의 독서활동에 대하여 덧붙이고 싶어요. 독서문화진흥법에 독서자료의 개념을 도서·연속간행물 인쇄자료, 시청각자료, 전자자료, 특수자료를 포함하고 있는데, 문화체육관광부의 독서문화진흥계획에는 도서 인쇄자료, 즉 종이책 중심이에요. 우리가 도서관에 가면 종이책뿐만 아니라 전자책, 잡지 등 정기간행물, 시청각 자료 등을 모두 접할 수 있듯이 도서관에서 다양한 독서자료를 통한 독서활동이 이루어질 수 있도록 해야 합니다.

도서관은 우리에게 어떤 공간이어야 하는가?

김정명 그렇다면 이정수 관장님께서 말씀해주신 것처럼 "도서관은 우리에게 어떤 공간 이어야 하는가?"에 대해서 우리가 생각을 해 볼 필요성이 있는데요. 관장님께서 생각하시는 도서관은 어떤 공간이어야 하나요?

이정수 도서관은 공공성을 가진 기관이거든요. 그래서 모두를 위한 공간이기도 하지만 그 누구의 공간도 아니죠. 자기가 원하는 목적에 의해서 이용할 수 있도록 만들어야 하는데, 그렇다면 공부를 하기 위해서 독서실을 원하는 사람, 정보가 필요한 사람, 외로움을 달래는 공간, 힐링을 할 수 있는 공간 등등 이유가 모두 다르지만 책이나 정보로 수렴할 수 있어야 되는데 그렇게 되자면 도서관의 역할이 달라져야 하죠. 도종환 장관님이 오시면서 문화체육관광부 조직개편을 하셨는데 '도서관정책기획단'을 '지역문화정책관' 소속으로 두었어요.

저는 2017년 9월 17일에 국회의원회관에서 열린 '도시재생, 문화재생'을 주제로 한 대토론회에 참가해서 질문을 했어요. 출판과 독서를 묶어서 '출판인쇄독서진흥과'로, 도서관은 지역문화정책관 소속으로 나누어졌는데,* 도서관은 출판과 독서와 나누어져서 도서관정책이 어떻게 바뀔 것인가 궁금하다고요. 원하는 답변을 들을 수는 없었지만 제 생각엔 기초단위의 공공도서관

(동네도서관)은 지역밀착형으로 지역주민들이 일상의 고민을 해결할 수 있는 공간이 되어야 하고, 광역은 기초단위의 도서관들이 잘 할 수 있도록 지원하고 좀 더 전문적인 서비스를 하고, 국가는 도서관 정책의 방향성을 제시해주는 역할을 해야 한다고 봅니다. 도서관이 설립한 주체가 어디냐 그리고 어디에 있느냐에 따라서 도서관의 역할이 달라져야 한다고 봅니다.

정윤희 정부의 조직 개편과 관련하여, 독서와 도서관이 함께 묶여 있었는데 이제는 도서관은 따로 떨어지고 출판인쇄독서진흥과로 도서관과 독서가 나누어졌는데요. 제 생각은 도서관과 독서는 함께 정책을 수립하고 실현해야 한다고 봐요. 앞으로 지방자치가 더 활발해지면 도서관 정책 활성화를 위해 지방정부가 좀 더 적극적인 관심을 가지고 예산을 늘리고 사서도 보강해야 하고요. 중앙정부는 대통령소속 도서관정보정책위원회가 국가의 도서관정책의 큰 그림을 제시하고 각 지방정부는 지역의 특성에 맞게 도서관을 활성화시키는 방향으로 가야 해요. 그리고 문화체육관광부 조사를 보면 독서동아리가 가장 활발하게 이루어지는 곳이 도서관이더라고요. 결국 도서관에는 공간이 있

- 문화체육관광부는 2017년 8월 29일 조직개편을 단행했다. 제1 차관 소속으로 문화예술정책실을 두고 지역문화정책관 내에 지역문화정책과, 문화기반과, 도서관정책기획단을 두었다. 또한 제 1차관 소속으로 미디어정책국을 두고 미디어정책과, 방송영상광고과, 출판인쇄독서진흥과를 두고 있다.

고 책이 있고 사람이 모이는 곳으로서 지역사회에서 책문화 커뮤니티의 중심이 될 필요가 있겠습니다. 또 한 가지는 현재 정부의 조직 구조가 출판-인쇄-독서는 연결되어 있으나 도서관은 따로 떨어져 있는 만큼 출판-인쇄-독서-도서관이 더욱 더 정책 연결이 잘 되어 책문화가 활성화 될 수 있도록 해야겠습니다.

송승섭 저는 2016년에 일본 다케오시립도서관에 다녀왔어요. '다케오시립도서관은 도서관의 미래인가?'라는 주제로 토론을 했어요. 코엑스 별마당도서관도 다케오시립도서관의 연장선상에서 볼 수 있는데요. 별마당도서관은 도서관이라기보다는 일종의 비즈니스 스페이스죠. 집객 효과를 높이고 영업적 이익을 목표로 해서 만들어진 공간인데요. 도서관이라고 이름을 붙였지만 사서도 없고 분류도 엉터리죠. 그래서 도서관 관계자들이 비판적 관점을 내놓기도 했는데요. 당연한 지적이지만 저는 조금 다른 시각으로 봤어요. 도서관이 학습공간이기도 하지만 어떻게 보면 연애를 할 수 있는 공간이기도 하고, 또 그저 쉬는 공간이 될 수도 있죠. 어쨌든 공간 개념으로 보면 도서관은 매력 있고 특별한 경험을 할 수 있는 공간이어야 한다고 생각을 해요.

정윤희 별마당도서관에 가보니깐 웅장하고 아름다운 장점도 있어요. 그런데 사람 손이 닿지 않는 서가에는 책이 아니라 책모형이더라고요. 그러니깐 인테리어용으로 책이라는 디자인을 빌린 거죠. 별마당도서관을 비판적 관점에서 충분히 볼 수 있다고

보여요. 별마당도서관을 만든 기업이 진짜 도서관으로 만들어서 우리 사회에 공헌하면 어떨까라는 생각을 해보았어요.

송승섭 제가 정보문화사라는 과목을 학교에서 가르치면서 문명 이전에 대한 문헌을 찾다 보니까 원시 미술을 보게 되었는데, 거기에 보면 주먹도끼라고 나오죠. 주먹 도끼가 180만 년 전에 나왔는데요. 원래 목적은 자르거나 벗기거나 찌르는 목적인데 발굴된 주먹도끼를 보면 좌우균형이 잘 맞고 아름다워요. 1만 년 전에 나온 빗살무늬토기 같은 경우에도 곡식을 저장해서 땅에 묻어 놓은 건데 거기 보면 손톱무늬, 세모무늬, 물고기 뼈 무늬 등 다양해요. 사실은 도끼나 토기의 모양을 만들고 무늬를 그리는 데 훨씬 더 시간을 들인거죠. 그렇다면 무언가 자르거나 저장하는 기능보다 장식이 본질에 더 가깝지 않았을까요. 그래서 다케오시립도서관이나 별마당도서관의 장식성, 물화성에 대해서 많이 비판을 하는데 인류는 원시시대부터 장식성과 심미적 기능에 훨씬 더 매력을 느끼고 관심을 가지고 있다는 것이죠. 인류의 DNA에 들어있죠. 그런데 우리가 너무 도서관의 실제적 기능만 중요시하다 보니까 미적인 부분은 소홀히 한 측면이 있다고 봅니다. 물론 요즘은 많이 달라졌지만요. 그런 측면에서 우리 도서관계가 별마당도서관을 보면서 반성도 해야 야단만 치는 것은 아니라는 생각이 들어요. 따라서 우리의 도서관도 좀 더 매력적이고 특별한 경험을 할 수 있는 공간으로 만들어졌으면 좋겠다는 생각을 하게 됩니다.

부길만 송 교수님께서 좋은 말씀을 해주셨는데요. 원래 문화(文化)에서 '문'(文)의 의미가 '무늬'에서 나왔어요. 문화라는 것은 의식주 외에 그걸 넘어서는 세상을 만드는 걸 의미하지요. 그리고 같은 의식주라도 의식주를 얼마나 아름답게 만들어내느냐, 집도 비바람만 피하는 게 아니라 아름답게 만들고 옷도 그렇고요. 이러한 문화를 가장 잘 나타내는 게 책이라고 보거든요. 그래서 책이 주는 힘을 도서관에서 보여주는 역할을 잘 해야 한다고 보는데요. 이런 생각을 했을 때, 우리 사회에서 제일 중요한 것은 바로 문화인데, 그 문화는 김구 선생의 주장대로 나와 남을 모두 행복하게 해주는 힘이라고 할 수 있지요. 우리나라 사람들의 행복감이 아주 낮은 걸로 나와요. 2016년 3월 미국 갤럽에서 조사한 한국인의 행복 지수는 143개국 중 118위로 최하위권을 보여주고 있어요. 특히, 중학생들의 행복도는 더욱 심각합니다. OECD 조사에 의하면, 15세 학생 행복지수 조사에서 한국이 72개 국 중에서 71등을 했어요. 전쟁이 나고 있는 터키 다음으로 행복지수가 제일 낮은 거예요. 행복지수를 어떻게 올릴 것이냐, 저는 문화밖에 없다고 봐요. 문화를 가장 잘 담아 낼 수 있는 공간을 도서관으로 봅니다. 그래서 우리 국민들의 행복지수를 높여 줄 수 있는 공간으로 도서관을 만들어야 하고요. 그리고 우리나라 자살률이 최고거든요. 스트레스를 받고 하니까 한쪽으로는 폭력으로 나가고 다른 한쪽으로는 자기 스스로 죽이는 것으로 나타나지요. 이런 문제 해결은 경제와 정치로는 한계가 있어요. 사실 대통령 선거 공약이나 지방 선거 공약에서 이런 문제를 어떻게 풀겠다는 게 나와야 하거든요. 국민들, 학생들의 행복지수를 어떻게 높이겠다는 공약이요.

학생들의 자살률과 함께 높은 게 노인자살률이에요. 노인자살 문제를 어떻게 해결할 것인가. 저는 이것도 문화로 해결할 수밖에 없다고 생각해요. 그럼 결국은 독서와 책인데요. 그런 의미에서 도서관에서 책을 함께 읽는 작업을 할 수 있겠다고 생각해요. 국가가 정책적으로 예산을 쓸 수 있겠다고 봐요. 물론 성인보다 더 심각한 것은 청소년 자살률이라고 보는데요. 이런 문제들을 우리가 독서를 함께 하는 프로그램을 통해서 해결하려고 노력해야 한다고 생각해요.

직장에서 중요한 직책을 맡았던 능력자들이 은퇴 후에는 어디 가서 할 일이 없다고 해요. 활용이 안 되는 거예요. 이런 분들을 사회에서, 특히 도서관에서 잘 활용하면 좋겠다 싶고요. 도서관에서 노인들이 함께 책을 읽거나, 자서전 쓰기 같은 프로그램들이 더 많아져야 할 거 같고요. 또 중고등 학생들도 마찬가지고요.

또한 전문가그룹들이 도서관을 잘 활용하도록 해줘야 해요. 저는 개인적으로 논문 쓸 때 국회도서관이나 국립중앙도서관에 많이 가는데 사서들에게 개인적으로 도움을 많이 받았어요. 석사나 박사과정 학생들이 정보를 어떻게 검색을 해야 하고 논문을 찾아야 하는지 잘 몰라요. 그래서 전문가들에게도 도서관을 활용하는 방법을 알려줘야 한다고 봐요. 키워드를 어떻게 검색하고 청구기호가 어떻게 쓰이는지, 도서관 사서들에게 어떤 도움을 받을 수 있는지 등등 전문가들을 위한 도서관 활용법에 대해서 도서관이 알려주고 홍보하면 좋겠어요.

김민주 제가 《창조적 학습사회》라는 책을 번역했어요. 이 책을 쓴 조지프 스티글리츠 콜롬비아대학 교수는 정보 비대칭성의 결과에 대한 연구로 노벨경제학상을 수상한 세계적인 석학인데요. 경제학자 관점에서 학습을 어떻게 해야 사회 전체로 퍼지고 지식사회가 될 수 있는지를 보여주는 책인데요. 이 책의 핵심 메시지가 뭐냐면 교육(Education)과 학습(Learning)을 확실히 구별했어요. 저자에 의하면 교육이라는 것은 공급자 관점에서 지식을 주는 거예요. 학교가 대표적인 사례고요. 근데 저자는 이젠 교육의 시대는 점점 줄어들고, 개인주도적인 학습, 즉 공급중심이 아니라 수요관점의 학습사회가 훨씬 커질 거라고 봤어요. 이런 학습사회가 잘 확산되기 위해서는 정부가 정책을 많이 써야 한다는 게 핵심인데요. 제가 보기에는 도서관이 러닝의 핵심 포인트라고 봐요. 사실 예전부터 그래왔고요. 우리가 도서관에 가서 공부하고 책 읽는 것도 모두 러닝이죠. 그래서 도서관은 수요자 관점에서 개인 중심의 공간이라는 것을 강조해야 될 거 같아요. 책은 개인이 정보를 얻는 하나의 방법이고 그 외 방법들도 많잖아요. 아까 직업을 찾는 것도 개인 관점에서는 매우 중요하죠. 왜냐면 직업을 구하기 위해서 책을 찾으러 도서관에 오는 거잖아요. 사실 도서관은 직업과 관련된 훨씬 많은 정보들이 있는데 찾을 생각을 안 하는 거잖아요. 그래서 도서관은 학습의 거점이라는 점을 강조하면 좋겠고요. 책은 당연하고 심층적인 다양한 정보를 제공받을 수 있는 곳이라고 강조하면 좋겠습니다.

이정수 서울도서관도 지난 5년을 반성하고 성과평가를 하면서 앞으로 서울도서관을 비롯해서 공공도서관은 국민들에게 어떤 서비스를 해야 할 것인가에 대하여 직원들과 스터디를 하고 있

서울대표도서관 서울도서관(ⓒ 서울도서관 홈페이지)

어요. 정책을 바깥에서 연구용역으로 만들어주면 직원들은 일하기 편리하지만 저는 그 방법을 택하지 않고 직원들과 계속 스터디를 하고 있어요. 왜냐하면 누군가가 내려준 정책은 내가 치열하게 고민해서 나온 자료가 아니기 때문에 성과지향적으로 일을 하지만 내가 고민이 담겨 있는 정책을 만들어내면 곧 내가 하고 싶은 일이거든요. 저희 직원이 김민주 대표님이 말씀하신 것처럼 앞으로 100세 시대에 서울도서관뿐만 아니라 공공도서관이 해야 할 일은 개개인이 원하는 정보를 서비스 하는 것이다, 그 사람의 지적역량을 높여주고 학습을 하는 데 필요로 하는 정보를 제공하는 것이라고 말하더군요.

책문화생태계를 생각해 보면 예전에는 저자, 독자, 서점, 출판사 등 각각의 영역이 명확하게 구분되어 있었어요. 지금은 저자와 독자가 공존해요. 저자이기도 하면서 독자이기도 하고요. 서점은 도서관을 지향해요. 큰 테이블을 놓고 책을 읽게 하고 저자 강연회를 하고요. 출판도 도서관을 지향해요. 출판사들이 북카페를 운영하고 있죠. 그렇다면 도서관은 무엇을 할 것이냐, 이런 질문을 던질 수 있죠.

도서관이 책문화생태계에서 계속 살아남으려면 어떻게 변해야 할까 고민해요. 도서관 이용자 입장에서 생각하면 권위적이고 어둡고 뭔가 딱딱하고 까다롭고… 회원가입을 해야 하고 실명인증을 해야 하고 패널티를 주고 이런 것들이 사람들에게 도서관을 멀리하게 만들죠. 다케오시립도서관이나 별마당도서관 같이 문화를 즐기는 공간에서는 지적욕구를 채우고 내가 뭔가 누린다는 느낌을 들게 하는데, 우리 도서관은 그런 게 없는 거죠. 그렇다면 도서관이 살아남으려면 어떻게 변해야 하는가. 다케오시립도서관이나 별마당도서관이 할 수 없는 것들을 해야 한다고 생각해요. 앞으로 도서관이 살아남는 방법은 도서관이 할 수 있는 고유영역을 찾는 것이 중요하다고 생각합니다.

김민주 저는 남산도서관에 가서 책도 빌리고 그러는데요. 그 전에는 카페가 없었어요. 최근에 카페가 생겼어요. 우리는 도서관에 오면 너무 엄숙하게 있어야 했어요. 좀 편안하게 쉴 수 있는 공간이면 좋겠습니다.

김명숙   저는 출판사를 운영하고 있기도 한 도서관 이용자로서, 지금까지 큰 서점 위주로 책이 유통되면서 큐레이션 기능이 상실되고 있다고 봐요. 독자들은 대형서점에 가면 매대광고인줄 모르고 책이 많이 쌓여 있으니까 그 책이 좋은 책이라고 생각할 수도 있죠. 이런 문제들은 책을 열심히 만드는 사람들이 소외되고 박탈감을 느끼게 해요. 책은 저자와 편집자가 정신을 녹여서 만드는 일인데 매대광고로 밀리고 자본력을 가진 출판사들이 베스트셀러와 비슷한 책을 만들어서 매대광고하고. 서점뿐만 아니라 도서관도 베스트셀러 중심으로 큐레이션을 한다면 책문화 생태계의 다양성이 사라지겠죠. 도서관에서도 전문사서가 부족하고 지식을 분류하는 기능을 확대를 해야 하는데 그게 잘 안 되는 현실이 안타깝고요. 도서관에서 제대로 된 큐레이션 기능을 접하기 위해서는 지금보다 전문사서들을 많이 둬서 서비스를 해주면 좋겠어요. 그리고 사람들이 오늘 어디 갈까? 라고 고민할 때 떠오르는 곳이 도서관이 되어야 한다고 생각해요. 저자와 독자를 연결해주는 도서관의 역할도 필요하다고 봅니다.

그리고 제가 지방에 서점을 다니면서 영업을 배우다보니까요, 이제는 책 납품을 아무나 할 수 있더라고요. 학교 앞에 있는 정육점이 도서관에 책을 납품하는 사례를 보면서 도서관에 책을 납품하는 업체는 책에 대한 전문성을 가지고 있는 업체가 해야 한다고 보는데 도서관 입장은 어떤가요?

이정수 도서정가제가 되면서 공공도서관이나 학교도서관에 납품하기 위해 페이퍼 컴퍼니를 만들거나 주유소가 서점으로 신고하는 등의 부작용이 생겼어요. 그래서 서울시는 서울시에 소재하고 있는 오프라인 서점 전수조사를 실시해서 그 조사를 토대로 2019년부터 서울형 서점 인증을 할 계획입니다. 인증된 서점에서 공공도서관 등 기관이 도서를 구입하면 지역서점 활성화 정책에도 부응하고, 부적절한 업체의 납품으로 진짜 서점이 피해를 보는 경우를 방지할 수 있을 것 같습니다.

송승섭 신자본주의 경제체제에서 일어날 수 있는 일이죠. 바람직한 일은 당연히 아니라고 봐요. 조금 더 가면 4차 혁명시대 이야기로 갈 거 같으니까 여기까지 하겠습니다.

김민주 요즘에 4차 산업혁명이 사회적으로 이슈인데요. 예를 들어서 4차 산업혁명과 관련해서 사서의 역할을 생각해 보면요. 어떤 사람이 4차 산업혁명에 대해서 관심을 갖게 되었어요. 그래서 책을 보고 싶어 하는데 책이 너무 많다 보니까 다 읽을 수도 없고 비교해 볼 수도 없잖아요. 인터넷 서점 별점도 참고하지만 그것도 별도 신뢰성이 없으니까. 예를 들면 그런 사람이 도서관에 와서 사서에게 4차 산업혁명에 대해서 읽고 싶은데 5권 정도 추천해 달라고 했을 때 사서들이 할 수 있나요?

이정수 주제전문사서들이 있어서 그 역할을 해야 하는데 사실

전문분야가 없다 보니까 못하고 있죠. 그래서 주제전문사서제도, 특화전문도서관에 대한 필요성이 제기되고 있는데요. 구조적으로 이 문제도 도서관이 행정적인 틀에서 벗어나야 가능해요. 공무원처럼 2년 정도 근무하다가 다른 부서로 옮기다 보면 전문성을 살리지 못하죠. 그러나 한 군데서 오랫동안 전문영역을 파고들고 개인적으로든 정책적으로든 사서들이 역량을 강화하는 기반이 만들어져야 하는데, 현재는 사서 개인의 노력 밖에는 할 수 없는 게 현실이에요.

제가 미국 어느 도서관에 갔을 때 만난 사서는 만화 전문가였어요. 사서 방에 만화책이 꽉 차 있을 만큼 만화 전문가였는데 그 사서가 개인적으로도 많이 노력했지만 사서가 전문가가 될 수 있도록 정책적인 시스템이 뒷받침되어 준 거죠. 도서관도 지금처럼 행정공무원 움직이듯이 사서들이 이동을 해요. 교육청 같은 경우 22군데 도서관에서 사서들이 이동해요. A도서관 어린이열람실에 있는 사서가 B도서관 어린이열람실로 가면 좋은데 그렇지 않아요. 이렇게 해서는 사서들이 전문성을 쌓을 수가 없죠.

김민주 그래서 제 생각에는 모든 사서들이 4차 산업혁명에 전문가일 수 없으니, 어떤 사람이 4차 산업혁명에 대한 도서를 문의하면 사서는 몰라도 누군가는 전문가가 있을 거 아니에요. 그걸 연결해주는 서비스는 필요해요.

이정수 그렇게 연결해주는 일은 하고 있어요. 사서뿐만 아니라 외부 전문가를 연결해 주고 있어요.

송승섭 어쩌면 그런 문제가 도서관학에서 문헌정보학으로 학명이 바뀐 이유이기도 한데요. 사실은 법학전문도서관, 의학전문도서관이라든지 일부 대학도서관들은 일찍이 전문 정보서비스 업무를 했습니다. 거의 안 되고 있는 분야가 공공도서관인데요. 미국 도서관은 공공도서관이어도 이런 주제전문사서제도가 가능할 수 있는 이유가 사서가 될 수 있는 길이 일반적으로 개별 학부를 졸업하고 석사과정을 마쳐야 하니까 사서들이 나름대로 자기 전문 분야가 있는 거죠. 또 미국 대학도 서관은 6-7년차 정도에 종신직 사서 시험을 봐요. 논문도 쓰고 교수들과 프로젝트도 하면서 전문사서로 성장을 하죠. 이런 걸 못해서 공공도서관으로 가는 사서들도 있다고 해요. 어쨌든 공공도서관에서 완벽한 서비스를 하는 것은 힘들어요. 다만 미국은 제도적으로 주제전문사서가 있고요. 우리도 그래서 국립중앙도서관에서 사서를 대상으로 교육을 해요. 주제전문사서 서비스교육을 초급, 중급, 상급과정으로 운영하고 있어요.

훌륭한 사서 없는 훌륭한 도서관은 없다

김정명 도서관을 이용하는 국민 입장에서는 사서의 역할이 매우 중요하네요. 일본의 어느 서점의 사례를 말씀드리면, 서점 홈페이지에 서점 직원의 사진, 이름과 함께 어떤 책을 좋아하고 지금 어떤 책을 읽고 있는지 게시를 해요. 그러면 독자는 책을 구입할 때 관련된 직원에게 문의를 하면 적합한 책을 추천하는 경우가 있지요. 우리 도서관도 홈페이지에 사서가 누구이고 어떤 분야가 전문이고 어떤 책을 읽고 있는지 알려주면 도서관 이용자들이 더 편리하게 도서관을 이용하고 사서를 더 친근하게 느낄 수 있지 않을까요.

부길만 예전에는 우리가 출판 중심으로 사고를 했죠. 기획을 어떻게 하고 어떻게 만드는지에 집중했어요. 그러나 책을 만드는 것도 중요하지만 이제는 만든 책을 어떻게 활용하느냐가 더 중요해졌어요. 그래서 김민주 대표님이 말씀하신 것처럼 러닝이 핵심이기도 하고 개인의 역량을 키워주기도 해야 하는데요. 그런 점에서 도서관과 출판사가 상호교류를 많이 할 필요가 있다고 봅니다. 출판사에서는 새로운 아이디어가 필요한데 독자가 있는 현장에 늘 발을 딛고 있는 게 아니니까 머릿속에서 기획을 한다고 해도 한계가 있죠. 책을 좋아하는 사람들의 니즈가 뭔지를 알아야 하는데 책문화 현장에서 독자와 가장 많이 접촉하는 곳은 서점과 도서관이라 할 수 있지요. 도서관은 독자들이 어떤 책을 필요로 하는지 알게 되는데, 이러한 정보들을 출판사에 알려주고, 출판기획의 방향 제시도 해 줄 수 있고요. 출판계 에서는 책을 기획하고 만드는 과정을 도서관 사서들에게 알려줄 필요가 있어요.

정윤희 그런 차원에서 도서관에서는 사서 교육을 할 때 출판과 어떻게 교류와 협력을 할 것인지 교육 과정에 포함시켰으면 하고요. 출판 쪽에서는 예를 들면 한국출판문화산업진흥원에 출판아카데미와 독서아카데미에서 교육과정을 운영하고 있는데, 출판인들을 대상으로 출판만 교육하지 말고 도서관에 대한 시스템이라든지 출판인으로서 도서관과 어떻게 협력을 해야 하는지도 교육 프로그램에 넣었으면 합니다.

김명숙 도서관 이용자들이 도서관에 와서 어떤 키워드를 많이 검색하는지, 이런 자료를 바탕으로 출판사에서 출판과정으로 이어지면 좋겠어요.

부길만 국가 발전의 관점에서 우리나라에 필요한 책이 있는데 아직 안 나온 책도 있겠죠. 도서관을 이용하는 독자들의 니즈가 있지만 아직 우리나라에서 안 나온 책도 있을 수 있고요. 이러한 국가적 필요, 독자들의 니즈가 출판으로 반영될 수 있는 시스템이 있어야겠지요. 도서관의 역할이 크다고 생각해요.

김명숙 저는 출판사 입장에서 그리고 〈출판저널〉 독자로서 '편집자 기획노트' 코너가 제일 유익한데요. 편집자로서 책을 만들고 나면 정말 하고 싶은 이야기들이 많은데 〈출판저널〉이 그 기회를 주시는 거 같아요. 출판사 입장에서도 도서관에 책을 많이 알리고 싶은데 기회가 많지 않거든요. 출판사와 도서관의 교류가 필요해요.

부길만 제가 보기에는 도서관이 국민적 공감대를 형성하는데 느린 것 같아요. 이슈가 터질 때 등장하는 게 아니라 평소에 국민들에게 도서관의 기능과 문화를 지속적으로 알릴 필요가 있어요. 〈출판저널〉에서 사서들을 꾸준히 소개하며 국민적 공감대를 높였으면 합니다.

김정명 그러면 앞에서 다케오시립도서관 사례를 말씀도 해주셨는데요. 국내 도서관과 해외 도서관의 차이라고 할까요. 해외 도서관 중 배울 점 등이 있다면 말씀해 주세요.

김민주 저는 해외 중에서도 미국에서 공부를 했으니까 미국 중심으로 이야기를 할 수 있는데요. 예를 들면 시애틀 아래 벨뷰(Bellevue)라는 도시가 있어요. 쾌적한 도시에요. 유학할 때 벨뷰시립도서관에 가봤는데 거기는 도서관이 진짜 좋은 건물이고 그 안에 있는 인테리어나 시설들도 쾌적하고 스터디룸이 있어서 일반인들이 빌려서 함께 공부할 수 있어요. 우선 책을 빌릴 수 있는 한도가 우리나라보다 많아요. 서울도서관은 1인당 3권, 남산도서관은 6권이더라고요. 그리고 마지막주 수요일만 두 배로 늘리고요. 저 같은 경우에는 어떤 주제에 대해서 집중적으로 읽고 싶거나 스터디를 하려면 책이 더 많이 필요해요. 그래서 많이 빌리고 싶은데 도저히 빌릴 수가 없어요. 도서관 이용자로서 개인적으로 가장 불만사항이고요. 단적인 예지만 벨뷰시립도서관은 무한정으로 책을 빌릴 수 있어서 마음껏 책을 읽을 수 있었거든요.

이정수 그래서 서울도서관도 앞으로 대출권수를 늘리고 정회원, 준회원제도를 만들어서 도서대출제도를 보완하려고 해요.

김민주 벨뷰시립도서관은 신간도서의 수요가 많으면 수서를 많이 해요. 시간이 지나 수요가 줄어들면 폐기처분하겠지만 수요가 많은 책을 많이 사서 비치해 놓거든요. 내가 읽고 싶은데 모두 대출 중이면 도서관을 이용하고 싶지 않거든요. 수서예산과 관련되기도 하는데요. 대출권수, 신간도서 공급량 늘리는 문제, 스터디룸 공간 등에 대해서 우리나라 도서관도 관심을 더 많이 가져주었으면 해요. 그리고 제가 안국동의 어느 갤러리에 갔더니 내러티브 연극이라고 해서 무대가 아닌 갤러리 공간에서 연극을 하는 모습을 보면서 우리 도서관에서도 책의 본질을 해치지 않으면서 사람들에게 책의 내용을 보여 줄 수 있는 다양한 프로그램이 운영되면 좋겠어요.

부길만 제가 버클리대학교의 도서관에 갔을 때 아시아도서관이 있더라고요. 한국코너에 가봤더니 우리나라 큰 도서관에서 못 보던 한국 관련 도서 자료들이 그곳에 상당수 있는 거예요. 북한에 대한 책들도 많았고요. 놀랐습니다.

지금 우리나라에 다문화가정들이 많이 있잖아요. 그래서 다문화에 대한 도서관들이 있어야 하고요. 지방자치를 추구하고 지역의 중요성이 높아지는 요즘 지역마다 지역의 특징을 보여주는 전문도서관이 있어야 해요. 우리 도서관도 국제화되어야 할 필요성이 있습니다.

송승섭 미국에서는 북한 자료구입이 훨씬 유리해요. 우리나라는 국정원의 특수 자료지침과 국가보안법 제7조 5항이 있어서 자료구입이 어렵고요. 미국의 도서관에서는 1950년도 이전의 자료를 전시하기도 하고요. 미국, 캐나다, 영국 등에 30여명 정도 한국학 사서가 있어요. 한국학 사서들이 독도 표기도 지켜냈고요. 직지를 발견하고 조선시대 의궤를 프랑스로부터 영구 대출 형식이지만 반환받게 한 박병선 박사님 등 한국학 사서들이 한국학 확산과 교류에 중요한 역할을 하고 계시죠. 우리 한국학 사서가 해외에 많이 진출할 수 있도록 정부 차원에서 적극적인 지원이 필요해요. 도서관에 대해서 여러 가지 말씀을 많이 나누었지만 근대도서관학의 아버지라고 불리는 '가브리엘 노데'•라는 분이 있어요. 루이14세 때, 1600년에 태어나서 1654년에 죽

● 가브리엘 노데(Gabriel Naud ,1600년 2월 2일 – 1653년 7월 10일) 프랑스의 사서이자 학자이다. 그는 정치, 종교, 역사, 초자연적 현상 등 다양한 주제로 글을 쓴 다작 작가이다. 1627년에 쓴 저서 《도서관 설립법》(Advice on Establishing a Library)은 도서관학에 큰 영향을 미쳤다. 그는 후에 쥘 마자랭 추기경의 도서관을 설립, 운영하면서 《도서관 설립법》에 있는 모든 이론을 실천할 수 있었다.

은 사람인데요. 27살에 '도서관 설립에 관한 의견서'라는 책을 써요. 최초의 도서관학 개론서에요. 여러 내용이 있지만 제가 본 핵심은, '훌륭한 사서 없는 훌륭한 도서관은 없다'는 거예요. 여담이지만 면접 볼 때 문헌정보학을 선택한 이유를 물어보면 대부분 책이 좋다고 해요. 저는 문헌정보학은 책보다 사람을 더 좋아해야 한다고 말해줘요. 부길만 교수님께서 '인문학'에서 '문'이 '무늬'에서 나왔다고 말씀하셨는데, 인문학은 사람을 중심으로 한 인간 무늬의 동선이거든요. 사람을 배워야 사서로서 의미가 있다고 말해 주죠. 이렇게 사서에 대한 의미를 부여하지만 강단의 언어와 현장은 차이가 많아요. 강단에서는 빅데이터이니 4차산업혁명이니 디지털혁명에 대해 이야기하지만 도서관 현장에 있는 사람들은 체감하기 어려워요. 늘 부족한 예산에 장서구입 해야지, 시설은 노후화되어 있지, 효율성 제고를 위한 방안을 찾으라고 하지… 그러니 외국도서관 사례도 중요하고 한국의 우수한 도서관 사례도 중요하지만 법적, 제도적으로 사서가 사서로서 역량을 발휘할 수 있는 기반을 마련하는 것이 가장 먼저 할 일이 아니겠어요.

이정수 저는 좀 더 실질적인 말씀을 드리자면요. 공간적인 스터디룸 같은 경우 저도 동감합니다. 일반시민들이 스스로 학습도 하고 동아리활동을 하기 위해서는 공간이 많아야 가능한데요. 서울도서관만 해도 그런 공간이 없어요. 그리고 도서관에서 스터디룸을 만들었다고 해도 시민들이 편리하게 이용할 수 있도록 행정적인 규제가 사라져야 하거든요. 행정을 가만 들여다보면 모든 것이 불신에서 시작해요. 도서관은 행정에서 벗어나야 더 자유롭게 시민들에게 서비스를 할 수 있는데 행정이라고 하는 것이 너무 강력해서 지금 사서들이 하고 싶어도 할 수 없는 현실에 직면해 있어요. 책도 마찬가지에요. 외국의 도서관 같은 경우에는 이용자들에게 1년씩 빌려주기도 하고 1인당 30권씩 빌려주기고 하는데요.

수요가 많은 책은 수서를 더 많이 해서 공급을 많이 해주면 좋지만 행정적으로 보면 도서관의 책은 도서관의 자산이거든요. 폐기규정이 있지만 장서점검을 해서 폐기를 하려면 도서관 문을 닫고 집중적으로 해야 하는데 그럴 시간이 없어요. 폐기를 하기 위해서 목록을 작성하면 돈 들여서 사서 왜 폐기하느냐고 지적을 해요. 왜 폐기를 했는지 근거를 대라고 하죠. 그리고 도서관에서는 예산이 부족하니까 이용자들이 많이 찾아도 1종당 10권, 20권 못 사고요. 기본적으로 모든 책은 1권만 수서할 수 있게 되어 있어요. 그러니까 서비스가 제대로 되려면 인적구성도 제대로 되어야 하고 장서들도 충분하게 갖추어야 하죠. 결국 돈과 사람인데 이 두 가지를 제외하고 도서관 숫자 늘리기 정책은 이제는 그만둬야 한다고 봐요. 인구가 점점 줄어가는 상황에서 도서관 숫자 늘리기보다는 지금 도서관의 현장에 책을 더 사주고 사서 인력 더 보강해 주고 불필요한 행정을 없애면 도서관이 제 기능을 할 수 있고 국민들이 더 좋은 도서관문화를 이용할 수 있어요.

정윤희 공공도서관을 더 많이 늘리겠다는 정부의 관심뿐만 아니라 도서관을 지속적으로 건강하게 운영할 수 있는 인력 인프라를 충분히 갖추어주어야 하고요. 지역의 대표도서관들이 지역의 학교도서관이나 작은도서관과 네트워크가 잘 되어서 이용자들이 도서관을 충분히 누릴 수 있고 도서관을 나의 도서관이라고 느낄 수 있도록 해야 합니다. 특히 도서관을 지을 때 설계자나 도서관 운영자들의 철학이 녹아 있으면 좋겠어요. 욕심을 더 부려보자면 이러한 도서관의 철학을 느끼려고 우리 국민들뿐만 아니라 전 세계에서 보러 오는 사례들이 많아졌으면 합니다.

송승섭 우리나라 공공도서관은 연구도서관이 없어요. 미국은 뉴욕도서관이나 보스턴도서관이 연구도서관 기능을 하거든요. 대학이나 전문도서관이 아닌 도서관에서 연구도서관 기능을 할 수 없죠.

이정수 서울도서관은 정책도서관인데 정책연구를 할 시간과 구조가 안 되어 있어요. 업무를 개편하면서 남는 시간에 연구하자고 해서 직원들 업무시간을 쥐어짜고 있는 상황이에요. 연구도서관의 필요성이 절실해요. 서울시의 도서관정책 연구는 서울도서관이 서울의 대표도서관이기 때문에 해야 하거든요.

부길만 국회도서관은 입법조사관들이 있잖아요. 그럼 서울도서관은 서울의 도서관정책을 담당하는 직책이 있나요?

이정수 없고요. 서울시에 전문관 제도가 있어요. 전문관이 되면 한 곳에 5년 일할 수 있거든요. 정책담당을 하는 직원을 4/4분기 때 전문관으로 신청을 하라고 했어요. 그럼 그 직원이 5년 동안 서울도서관에서 정책을 담당하는 전문관으로 일을 할 수 있죠.

부길만 국회도서관의 입법조사관도 계약직이더라고요. 해외나 국내에서 박사학위를 취득한 전문가들이 많으니까 서울도서관도 박사 인력들을 활용하면 어떨까요?

이정수 교수님께서 서울시장님께 제안을 좀 해주세요.

부길만 서울도서관 예산은 서울시의회에서 결정을 하나요?

이정수 시의회에서 결정합니다. 서울시의회에 문화체육관광위원회가 있어요.

부길만 서울시의회 문화체육관광위원회 위원들과 서울시장님과 좌담을 나눌 기회가 생기면 좋겠습니다. 〈출판저널〉에 만들어 보시죠.

정윤희 (웃음) 또 과제를 주시네요.

이정수 서울도서관은 서울시민을 대상으로 도서관 운영방안을 함께 논의하고 의견수렴을 하고 있어요.

도서관은 어떻게 변화되어야 하는가

김정명 우리가 3시간가량 좌담을 나누고 있는데요. 이번에도 시간이 부족한 것 같네요. 아쉽지만 도서관 발전에 대해서 다음 기회를 또 가지면 좋겠습니다. 이제 마무리를 해야 할 것 같습니다. 앞에서도 조금씩 말씀을 해주셨는데요, 마지막으로 책문화생태계 발전을 위해서 도서관이 어떻게 변화되어야 하는지 말씀 부탁드립니다.

김민주 저는 공공도서관이 왜 중요한지를 사례를 통해서 말씀드리고 싶어요. 공산주의를 배태시킨 것은 런던의 공공도서관이었어요. 칼 마르크스가《자본론》을 런던공공도서관에서 집필했어요. 당시에 공공도서관이 굉장히 최현대식으로 만들어졌대요. 자료도 많고요. 마르크스가 런던에 망명을 가 있었잖아요. 도서관에 출퇴근하다시피 해서《자본론》이 나왔거든요. 역설적인 이야기지만 공공도서관은 그만큼 사회에 파급력이 있다는 것을 강조하고 싶고요.

하나 더 이야기하면 우리나라 어느 변호사는 영어로 써 있는 한국 관련 서적들을 수집하고 있어요. 그래서 북카페를 만들 계획인데요. 서울도서관이 외국인들이 얼마나 자료를 찾으러 오는지 궁금해요. 저는 외국인들이 한국에 대해서 알고 싶을 때 서울도서관에 가면 된다, 그런 포지셔닝도 중요해요.

이정수 공공도서관이 중요하다, 역할이 많다, 그런 이야기들을 많이 하는데요. 사실 도서관에서는 많은 일을 하고 있지만 그 어떤 것도 사람들에게 어필하지 못하는 이유는 많은 일을 하려다 보니까 제대로 못하고, 그러다보니까 도서관의 가치가 사람들에게 잘 전해지지 않은 것 같아요. 도서관이 해야 할 일이 많고 정책적으로 잘 풀어야 하는데 뜬구름 잡는 게 아니라 현장의 여러 가지 문제점들이 반영된 정책이 되려면 사서들이 훨씬 더 많은 목소리를 내야 합니다.

김명숙 출판인으로서 도서관의 현실을 들으려고 왔는데 오늘 많은 생각이 들었고요. 아직도 우리 주변에는 도서관에 돈을 내고 책을 빌려야 하는 곳으로 알고 있는 사람들이 있어요. 의외로 도서관을 활용하는 법을 모르는 것 같아요. 출판사도 책을 많이 팔아야 하겠지만 독자들에게 책을 많이 접하게 해야 하는 역할도 있잖아요. 출판사들도 도서관에 대해서 더 많은 관심을 가졌으면 합니다.

송승섭 도서관이 지역문화의 중심이어야 한다고 많이 말하지요. 도서관의 내부 네트워크는 잘 되어 있지만 학교, 문화원, 다양한 지역센터하고는 횡적연결이 잘 안 되고 있다고 봐요. 파트너십이 부족한 거죠. 그래서 협력모델이 필요하다고 주장도 많이 하는데요. 맞는 것 같아요. 최근에 일어나는 '한 도서관 한 책 읽기' 운동도 좋은 예고, 또 하나 예를 들면 고양시 아름누리도서관이 주최한 '고양의 책 생태계를 읽다'라는 프로그램이 있습니다. 이 프로그램을 통해서 작가들이 도서관에 가서 시민들과 함께 책을 읽고 서점으로 옮겨서 책도 사는 활동을 하는데요. 좋은 시도인데 문제는 이것도 공모사업이거든요. 그래서 좀 더 공적 시스템과 연결된 협력사례가 많아져야 할 것 같아요. 한 가지 보충해서 생각나는 것을 말씀드리자면 조앤 롤링이 《해리포터》를 써서 영국의 문화를 세계에 알리고 부를 누릴 수 있게 된 배경에는 도서관이 있었다는 거죠. 조앤 롤링이 이혼하고 휴지통을 뒤져서 먹을 것을 찾아야 할 정도로 가난했지만 공공도서관에 시인으로 등록이 되어 있어서 소설을 쓸 수 있었던 공간이 있었던 것이죠. 일례지만 작가가 마음대로 책을 읽고 글을 쓸 수 있는 소중한 권리를 국가가 보장해주었기 때문에 조앤 롤링도 궁핍한 가운데 글을 쓸 수 있었고 영국의 소중한 자산이 되었고 영국의 문화가 널리 퍼져나갈 수 있는 계기를 만들 수 있었다는 겁니다. 이런 공적시스템의 형성이 개개인의 아름다운 삶과 지속적인 책문화생태계를 있게 해준다고 생각해요.

정윤희 도서관이 책문화의 중심이면서 책문화를 이끌어가는 리더가 되었으면 합니다. 그런 점에서 도서관에서 일하시는 사서들도 자부심을 가지실거라고 봅니다. 도서관은 개인의 삶뿐만 아니라 지역공동체의 삶의 질을 높여주고 꿈을 실현시켜 주는 곳이 되길 기대해 봅니다. 특히 시민들이 우리 지역 도서관의 발전에 관심을 가지고 함께 성장시켜 나가면 좋을 거 같아요.

김정명 도서관이 지역센터와의 협력모델이 필요하다는 송 교수님의 말씀을 듣고 제가 일본 시오지리도서관에 다녀온 경험을 말씀드리고 싶은데요. 도서관이 쉽게 찾아 올 수 있는 곳이 되어야 한다는 것을 지향해서 1, 2층은 도서관이고 3층은 비즈니스센터, 4층은 주민센터여서 주민들이 도서관에 와서 교류하고 비즈니스 업무까지 볼 수 있더라고요. 도서관이라는 게 조용하고 권위적이고 책만 읽는 공간이 아니라 어느 한쪽에서는 떠들고 대화도 나누고 음악도 들을 수 있는 공간이어야 사람들이 편안히 찾아올 수 있다는 것이죠. 도서관은 누구나가 편안하게 와서 도서관 문화를 향유할 수 있는 공간이 되면 자연스럽게 책을 읽게 되지 않을까 생각을 해봅니다. 도서관의 중요성에 대해서 국민들이 알아야 할 사항들, 예를 들면 도서관 통계 등도 국민들에게 홍보를 해서 도서관에 대해서 관심을 더 많이 가질 수 있도록 하면 좋겠어요.

김민주 도서관 사서의 중요성을 국민들에게 알려줄 때 역사적으로 유명한 인물 중 사서였던 사람들을 〈출판저널〉에 집중적으로 연재시리즈를 해도 좋을 것 같아요. 예를 들면 주은래*, 카사노바**도 사서였거든요. 과거에는 책이 많이 모여 있는 도서관에 아무나 쉽게 접근할 수 없었습니다. 사서는 이런 곳에서 책을 가까이 접할 수 있었으니 생생한 지식을 얻어 자신의 사회와 다른 사람에게 많은 영향을 끼칠 수 있었습니다.

김정명 이번 좌담에서는 책문화생태계에서 도서관의 기능, 사서의 역할이 얼마나 중요한가를 알게 되었습니다. 긴 시간동안 고견 감사합니다.

● 주은래(周恩來, 1898-1976)는 중국의 정치가이다. 중국 여성해 방운동의 선구자인 등영초(鄧穎超, 1904-1992)와 부부이다. 주은래와 등영초의 일대기를 기록한 책 《대륙의 큰언니 등영초》(선, 2017)가 2017년 6월에 번역출간되었다.

●● 카사노바(Giovanni de Seingat Casanova, 1725-1798)는 마리 앙투아네트의 총애를 받기도 하였으며, 만년에는 보헤미아에서 옛 벗 발트슈타인의 사서(司書)를 했다. 프랑스어로 쓴 《회상록 M moires, 12권》이 있다.

5장

지역출판의 가능성을 찾아서

황풍년

최서영

권영란

신중현

김나솔

- **사회** 김정명 / 신구대 미디어콘텐츠과 겸임교수
- **참석** 황풍년 / 대한국지역출판문화잡지연대 회장, 〈전라도닷컴〉 발행인
  최서영 / 더페이퍼 대표, 수원 지역잡지 〈사이다〉 발행인
  권영란 / 진주 〈단디뉴스〉 전 대표, 작가
  신중현 / 2대 한국지역출판문화잡지연대 회장, 학이사 대표
  김나솔 / 전 제주출판연대 사무국장, 제주스퀘어 대표
  부길만 / 동원대학교 명예교수, 문화재위원회 위원, 한국출판학회 고문
  정윤희 / 〈출판저널〉 대표에디터
- **장소** 학이사 회의실

2017년 5월 25일부터 29일까지 제주 한라도서관에서 '2017 제주한국지역도서전'이 열렸고, 2018년 9월 6일부터 10일까지 수원 행궁광장 일대에서 '2018 수원한국지역도서전'이 열렸습니다. 지역출판인들이 '한국지역출판문화잡지연대'를 만들어 지역출판의 가치를 국민들에게 알리고자 지역도서전을 기획했고 긍정적인 바람을 일으키고 있습니다. 지역 고유의 문화를 기록하고 전파하는 역할의 중심에는 지역출판사들이 있습니다. 그러나 지금까지 출판 및 독서정책 등 문화정책은 중앙정부가 주도하고 서울을 중심으로 수도권에 있는 출판사들을 위한 정책이었습니다. 지역출판사들이 지역문화의 파수꾼으로 역할을 할 수 있는 정책이 필요하며, 각 지역에서 지역콘텐츠의 생산-유통-소비가 원활하게 이루어질 수 있는 지역 책문화생태계 조성도 필요합니다. 이번 좌담에는 지역출판사 대표님들을 모시고 지역출판의 의미와 중앙과 지역의 균형발전을 위한 미래를 모색해 보았습니다.

좌 담 포 인 트

– 제주도의회, 국내 최초로 '지역출판진흥조례' 제정
– 지역출판사들이 연대하여 '한국지역출판문화잡지연대' 출범
– 2017년 제1회 지역도서전 제주에서 개최, 올해는 수원시에서 개최
– 지역출판 정책 없는 중앙정부의 출판정책
– 지역출판 살리는 '지역 쿼터제' 필요
– 지역을 세계화 하는 전략

지역출판의 시대가 왔다!

김정명   지방분권시대에 지역출판에 대한 관심이 높아지고 이슈가 되고 있습니다. 지역출판에서 중요한 역할을 해주고 계시는 한국지역출판문화잡지연대(이하 한지연) 회원사 대표님들을 모시고 지역출판의 현재와 미래를 모색해 보는 좌담을 갖겠습니다. 먼저 오늘 참석하신 분들의 간략한 소개를 부탁드립니다.

황풍년   저는 광주광역시에서 출판과 잡지를 발행하고 있어요. 〈전남일보〉 기자와 〈광주드림〉 편집국장으로 일했고 지금은 월

간 〈전라도닷컴〉과 도서출판 전라도닷컴의 편집장 겸 발행인을 맡고 있습니다. '아름다운 전라도말 자랑대회', '전라도 그림전', '촌스럽네 사진전' 등 전라도의 삶과 문화를 기록하는 일을 하고 있습니다. 2017년 한지연을 조직하면서 1대 회장을 맡았습니다.

최서영 안녕하세요? 저는 수원에서 수원골목잡지 〈사이다〉를 발행하고 있어요. 사회적기업 ㈜더페이퍼를 운영하고 있고요. 2017년에는 제주에서 지역도서전이 개최되었는데요. 올해 9월에 수원에서 제2회 지역도서전이 개최됩니다.

권영란 저는 경남 진주에서 활동하고 작가입니다. 이전에는 지역언론인 〈단디뉴스〉 편집장으로 일했습니다. 현재 신문매체에 '지역이 중앙에게' 칼럼을 쓰고 있습니다.

신중현 저는 대구에서 30년 동안 출판으로 밥 먹고 살고 있습니다. 학이사 전신인 이상사에서 출판에 종사했고요. 학이사는 대구인쇄산업단지 안에 있고 학이사 독서아카데미를 운영하고 있습니다.

김나솔 저는 제주 지역의 도서출판 담론에서 편집자로 일하고 있고, 제주스퀘어 대표로 활용하고 있어요. 그리고 제주출판연대 사무국장으로 일했었어요. 출판 및 편집 경험이 많지 않지만 책과 출판에 관한 관심과 애정이 있습니다. 지역에서 출판을 하지만 2016년 가을까지만 해도 '지역출판'이라는 말은 생소했었습니다. 어찌 보면 우연한 계기로 2017제주한국지역도서전 준비하는 팀에 저희 출판사 대표님이 참여하게 되었고, 저도 함께 회의에 참석했다가 지역출판의 의미, 지역도서전을 하는 취지에 공감하게 되었습니다. 그리고 2017 제주한국 지역도서전 준비의 행정사무를 맡게 되었습니다. 도서전을 준비하면서 사단법인 제주출판인연대가 생겼고, 저는 사무국장을 맡았어요.

부길만 저는 앞에 이뤄진 좌담에서 소개를 많이 드렸는데요. 현재 문화재위원회 위원으로 있고, 한지연의 창립 때부터 참여했습니다.

정윤희 〈출판저널〉 통권 500호부터 '책문화생태계 모색과 대안'이라는 주제를 기획하여 책문화 현장의 목소리를 담는 좌담을 진행하고 있습니다. 우리나라도 각 지역이 중심이 되는 진정한 지방자치가 이루어져야 한다고 보고요. 이러한 지방자치, 지방분권에서 핵심적인 역할을 해야 할 지역출판의 현실과 중요성을 이번 좌담을 통해 나누어 보는 소중한 시간이 되어서 기쁘게 생각합니다. 저는 2017년 10월에 제주도의회가 주최한 '지역출판진흥조례' 제정을 위한 전문가 간담회에 참석했었는데요. 제주도가 우리나라 지자체 중 최초로 출판진흥조례를 제정한다는 점은 매우 의미 있는 일이라고 생각합니다. 그러나 아직 지역출판의 현실은 매우 어렵습니다. 오늘 지역출판인들의 소중한 고견 부탁드립니다.

김정명　한국의 출판과 독서정책은 수도권 중심으로 움직이고 있죠. 일본도 그래요. 2016년 3,434사 중 도쿄에 소재하고 있는 출판사가 2,636사로 전체 77%이고, 치바 사이타마 등 수도권과 오사카, 교토, 나고야 등의 대도시권을 중심으로 한 도쿄 집중형의 산업구조를 보이고 있어요. 이러한 구조 안에서 30년 전에 지역출판 활성화를 위해 지역도서전을 시작한 곳이 있었는데요. 일본에서 가장 작은 현인 돗토리현이에요. 2017년 10월 29일은 '북인돗토리(ブックインとっとり)'의 30주년이 된 날이었는데요. 돗토리현(鳥取県)은 일본의 47개 도도부현(都道府県) 중에서 가장 인구가 적은 현이고, 돗토리현은 2017년 10월 현재, 565,233명으로 제주도 인구보다 더 적어요. 도쿄도 세타가야구(東京都 世田谷区)의 인구 3분의 2정도 밖에 되지 않죠. 그런데 지역의 도서관 설치율은 100%이고, 지역출판운동이 활발하게 전개되고 있어요. 그리고 최초로 지역도서전을 개최했는데 2017년에 30년을 맞이했어요. 일본에서 돗토리현은 지역출판의 중심이라고 할 수 있어요. 2017년 10월에 30주년을 맞이했었는데요. 2년 전인 2015년에도 북인돗토리에 지금의 한국지역출판문화잡지연대의 회원들 몇 명과 함께 방문을 했었는데, 방문한 이후에 한국에서도 적극적으로 지역도서전 개최를 진행했고 2017년에 제주도에서 제1회 제주지역도서전이 탄생하게 되었죠.

지역출판이란 무엇인가

김정명 우리가 먼저 지역출판의 정의에 대해서 짚어야 할 것 같습니다. 오늘 좌담에 참석하신 부길만 교수님께서 2013년 (사)한국출판학회 연구분과로 '지역출판연구회'를 만들어서 지역출판에 대해서 연구를 하자고 말씀을 해주셔서 연구회원들이 연구 중에 있습니다. 학회 연구자들이 생각하는 지역출판의 정의, 지역현장에서 출판하시는 대표님들이 생각하시는 지역출판에 대한 정의를 말씀해 주시면 고맙겠습니다.

부길만 출판과 잡지를 통해서 지역의 핵심을 드러내잖아요. 지역출판의 정의 속에 지역출판이 품고 있는 함의가 굉장히 많다는 생각을 해봅니다. 지역은 세계적인 시대정신의 흐름이고요. 국가적으로는 국가경쟁력을 키우는 핵심입니다. 앞으로 우리 사회가 발전해 나가는 방향으로서 본격적인 지방분권을 이루면서 디테일한 시민의 삶 속에 들어가고자 할 때 지역의 문제가 중심의제가 될 것이고, 지역문화가 더 중요해질 겁니다. 여기에서 지역출판은 선도적인 역할을 해야 한다고 봅니다.

김정명 네, 감사합니다. 한지연 대표를 맡고 계신 황풍년 전라도닷컴 대표님께서는 어떻게 정의하고 계시나요?

황풍년 지역에 기반하여 생산한 지역의 출판물들을 통칭하면 지역출판이라고 정의할 수 있고요. 협의의 개념으로는 지역의 삶과 문화와 역사 등을 기록한 책들을 지역출판이라고 말 할 수 있습니다.

최서영 지역출판의 역할 측면에서 본다면, 그동안 지역출판사들은 모이거나 소통할 수 있는 통로가 없다고 봅니다. 지역출판이나 지역 미디어들은 지역 사람들의 이야기가 모이고 소통되는, 그런 공론장 역할을 해야 하는데 아직 부족한 현실이죠.

정윤희 지역(地域)이라는 개념을 국어사전에서 찾아보면, 일정하게 구획된 어느 범위의 토지, 전체 사회를 어떤 특징으로 나눈 일정한 공간 영역이라고 나옵니다. 지역출판이라고 할 때 수도권 안과 밖으로 나눌 수 있겠고요. 흔히 수도권 밖을 지방이라는 용어로 사용하지만 지방출판이라는 용어를 사용하지 않습니다. 따라서 지역출판은, 그곳이 서울이든 제주도이든 책을 내고 있는 출판사가 '지역성'을 띠고 있다면 지역출판이라고 정의를 내릴 수 있고, 중앙정부와 지방자치의 개념으로 볼 때 서울 중심의 중앙정부보다는 지방자치의 행정 하에서 출판을 하고 있다면 지역출판이라고 정의할 수 있다고 봅니다.

신중현 지역출판사는 자신이 살고 있는 지역 고유의 문화를 기록해서 보존하는 일을 해야 합니다. 지역의 어르신들이 가지고 있는 그 지역만의 콘텐츠들이 도시화로 인해 빨리 사라지고 있습니다. 그분들이 체험한 다양한 경험과 문화 등을 기록해서 보존해야 합니다. 이런 일은 지역의 출판사가 해야 할 일이고, 지역 출판사만이 가능한 일입니다. 지역 출판사들의 살 길이 여기에 있다고 생각합니다. 또 지역의 작가를 발굴하고 키울 수 있는 여건이 현실적으로 많이 부족하지만, 하지 않으면 안 되는 일입니다. 이것이 지역 출판사가 풀어야 할 큰 숙제라 생각합니다.

김정명 지역출판에서 '지역'이라는 말이 들어가는데요. '지역'이 어디서부터 어디까지인지 그 범주를 명확히 할 필요가 있다고 보는데요.

부길만 그 문제는 이렇게 정해야 한다고 생각해요. 지역의 반대는 서울이 아니에요. 지역의 반대는 중앙이에요. 예를 들어 서울시도 중앙이 아니라 지역이에요. 우리가 서울시와 중앙을 헷갈리는데 서울시에도 성동구, 도봉구, 은평구 등 서울의 각 지역에서 이루어지는 출판도 지역출판으로 봐야 합니다. 사실 가장 부지런히 지역의 문화를 기록해야 할 곳이 서울이에요. 서울 각 구의 지역들이죠. 우리가 지금 회의를 하고 있는 곳인 대구도 마찬가지에요. 대구광역시보다도 대구의 동구, 서구 등 마을 단위로 이루어지는 출판 행위들이 곧 지역출판이라고 봅니다. 이렇게 제가 말씀드리는 것은 이론적인 접근이고 현실적인 접근으로는 서울의 문제는 나중으로 돌리고 서울 외에 각 지방에 있는 출판사들이 지역의 문제에 관심을 먼저 가지는 것이 중요해요.

황풍년 지역출판물은 유통에서도 소외되고 있어요. 중앙에서 만들어진 유통시스템이 오랫동안 정착되어 있잖아요. 그런데 지

2018년 열린 수원한국지역도서전에서 영부인 김정숙 여사가 지역출판인들을 응원하고 있다.

역에서 만들어진 책은 웬만한 규모가 아니고서는 유통시스템을 통해서 자기 지역 바깥에 있는 독자들에게 전달되기 힘든 구조입니다. 책이 어디까지 유통되는지, 그리고 공공의 시스템으로 지역 바깥으로까지 유통될 수 있는 구조를 만들어야 하는데요. 다른 채널이 필요로 하거나 돌파구가 필요하다는 생각을 하고 있어요.

최서영 한지연에 소속되어 있는 회원사들도 지역출판에 대한 명확한 개념과 기준을 함께 공유하고 있는 게 필요하다고 봅니다. 어디를 가든 우리가 지역출판이라는 키워드를 가지고 이야기를 하는데요. 사람들이 계속 물어보는 게 지역출판이 뭐냐고 물어봐요. 막상 그 질문을 받았을 때 우리의 의미를 담아야 할지 아니면 정량적인 기준들을 정해줘야 할지 그것이 어떤 것이든 우리가 현재 지역출판이 뭐라고 생각한다, 라는 확실한 정립이 필요합니다.

황풍년 한지연에 속한 회원사들 보면 지역 출판사라고 해서 지역의 책만 내지는 않아요. 그래서 두 가지 접근이 필요하다고 봐요. 지역출판사가 내는 책들도 지역출판이고 좀 더 협의의 지역출판 개념으로는 '지역 콘텐츠'를 말하죠. 즉 지역 콘텐츠가 지역출판사를 통해 생산되는 것이 지역출판의 정확한 개념이라고 생각해요.

최서영 그런 차원에서 본다면 우리가 지역출판의 역할에 대한 의미들을 깊이 연구하고 전파했을 때 자연스럽게 우리가 이야기하는 지역출판의 의미들이 전달될 수 있겠다는 생각을 해 봅니다.

정윤희 그렇다면, '지역출판'을 수도권 중심이 아닌 지방에서 출판사를 운영하고 있거나, 지역 콘텐츠를 출판하는 행위라고 정의할 수 있겠네요.

김나솔 저는 크게 두 가지로 생각해 봅니다. 첫째는, 지역에서 이루어지는 출판. 두 번째는 지역에 관해 다루는 출판입니다. 지역에서 이루어지는 출판이라고 해서 반드시 지역에 관해서만 다루는 것은 아닙니다. 처음에 지역출판이라는 말에 대해 듣고, 지역출판의 중요성에 대해 생각했을 때는 두 번째의 의미를 더 강조해서 생각했습니다. 지역출판사가 아니라면 누가 지역의 이야기를, 지역에서 살고 있는 사람들의 삶의 결을 기록하고 보존하겠어요? 살아갈 때는 흔해 보이는 일상의 모습이 막상 사라지고 나면 괜히 그리워지고, 그걸 왜 보관해두지 않았을까 아쉬울 수 있습니다. 지역출판이 있기에 이런 걸 포착하고 보존하는 게 가능한 게 아닐까 생각했습니다. 지역을 담는 출판 작업의 가치는 누가 알아봐줄까? 사회의 다수가 알아봐줄까? 그 존재를 몰라서 못 알아주는 걸까? 아니면 존재를 알더라도 중요하지 않다고 생각하는 걸까? 이런 생각도 들었습니다. 우리 출판사는 두 번째에 해당하지는 않는데… 그렇다면 두 번째는 지키지 않아도 되는 걸까? 상업적인 계산에 맞지 않는다면 두 번째 의미는 소멸되어도 좋은 걸까? 지역에서 이루어지는 출판과 지역에 관해 다루는 출판은 서로 완전히 분리되어 있는 것일까? 지역에서 이루어지는 출판에서 지역에 관해 다루는 출판으로 넘어가는 경우도 있지 않을까? 첫 번째와 두 번째가 건강하게 유지된다면, 두 가지의 품질 모두 좋아지지 않을까? 생각할수록 답보다는 의문이 더 많아집니다. 지역출판에 관한 이런저런 시도와 노력들(지역도서전을 포함하여)을 계기로 이런 것들에 대해서 생각해보는 기회를 갖게 되는 것만으로도 좋은 시작이라고 생각해요.

권영란 저는 출판 경험은 있지만 현재 경상도 진주에서 작가로 활동하고 있어요. 지역출판이라는 것을 지역의 공공재로서 보느냐, 이 문제라고 봅니다. 언론의 경우와 비교해서 이야기 하자면요. 지역의 언론은 지역의 자산으로 보고 있어요. 그래서 지역신문발전법이 생겨서 지역언론을 정책적으로 뒷받침해주고 있는데요. 지역출판이 지역에서 존재감을 드러내지 못하고 지역민들에게 인지도를 높이지 못하고 있는 이유가 영세하기 때문이 아니라 지역민들이 지역의 출판사들은 우리 지역의 자산이고 공공재라는 인식이 제대로 정착되지 않기 때문인 것 같아요. 그런데 지금 시점이 지역출판의 공공재를 알리는 가장 좋은 시기라고 봐요. 지역의 콘텐츠를 발굴해서 그 가치를 기록하고 결국 지역신문이 현재성을 가지고 있다면 지역출판은 과거와 현재와 미래를 모두 엮어 낼 수 있는 거 아니겠어요. 그래서 이것이 단순히 몇몇 뜻있는 사람들의 지역에 대한 애정으로 하는 작업이 아니라 지역 전반적으로 공공사업화 되고 공공재산이라는 것을 출판사들의 자리매김이 필요하고 계속적으로 알려나가는 자리가 필요해요. 정책이나 지원에 대해서 분명한 방향을 우리가 제안할 수 있다고 봐요.

정윤희 지역출판은 지역의 문화, 역사, 사람들이 일상 등 지역의 모든 것을 기록한다는 점에서 공적인 기능을 한다고 볼 수 있어요. 출판이라는 행위는 우리가 살고 있는 시대를 채집하는 역할이 있어요. 지금은 그 기록들이 큰 의미가 없을지라도 나중에 후대 입장에서 본다면 매우 중요한 사료가 될 수 있죠. 이렇게 본다면 지역출판은 그 지역의 공공재 역할을 하고 있는 것입니다.

지역출판사들의 사명

김정명 말씀해 주신대로 '지역출판'의 개념이 정립이 된 것 같습니다. 그렇다면 지역의 출판사들은 지역에서 어떤 역할을 하고 있는지, 그리고 지역출판사로서 어떤 역할을 해야 하는지, 이에 대한 의견을 주시면 고맙겠습니다.

신중현 지역출판사가 해야 할 역할은 분명히 있습니다. 언젠가 '지역에 좋은 출판사 하나 있는 것은 좋은 대학 하나 있는 것과 같다'라고 최낙진 교수님이 인터뷰에서 하시는 말씀을 들었는데요, 아주 적절한 것 같습니다. 그러나 대부분의 지역출판사들이 영세해서 바깥을 돌아 볼 여력이 잘 없습니다. 학이사도 마찬가지입니다만 그래도 서평 쓰기 강좌를 개설하고 미력하지만 독서운동을 펼치는 등의 활동을 하니 〈매일신문〉 등 지역 문화계에서 많은 관심을 가져 줍니다.

황풍년 지역출판의 역할 중 가장 중요한 것은 그 지역의 출판사가 있지 않았다면 사라질 수밖에 없는 역사를 기록으로 남겨 놓는다는 것입니다. 이는 시장논리와는 별개로 존재한다고 할 수 있어요. 예를 들면 제주에 있는 각출판사가 제주4.3에 대한 책을 냈고, 광주에 있는 출판사 심미안이 5월 민주항쟁에 대한 기록을 출판한 것은 그 출판사들이 없었다면 그 역사는 기록되지 않는 것이죠. 한국 사회 전체를 놓고 보면 우리가 후대에 물려 줄 당대의 문화의 완결을 지역이 채워주는 거예요. 이런 측면에서 지역출판의 역할은 매우 중요하다고 봅니다.

두 번째로는, 관점이 어떤 것이냐입니다. 지역에서 출판하는 사람은 지역이 우주의 중심이기 때문에 지역을 중심으로 보는 관점이 있어요. 제가 발행하고 있는 〈전라도닷컴〉을 예로 들자면 우리는 자기 몸을 움직여서 땀 흘려 일하는 사람을 관점으로 보고 세상을 바라보고 있어요. 근데 서울에 있는 사람이 진도의 관점에 본다고 한다면 진도에 가면 어디가 아름답다, 어디가 뷰포인트다, 뭐가 맛있다, 다 이런 식으로 지역을 보잖아요. 지역에 있는 출판사는 지역 안에 있는 사람의 시각으로 지역을 보고 있기 때문에 지역에 대한 속살을 보여 줄 수 있어요. 저 곳은 아름다운 장소이지만 어떤 사연이 들어 있더라. 저기는 무슨 사고가 있었고 어떤 스토리를 가지고 있고 그래서 무심하게 쳐다보면 안 되는 곳이고⋯ 이것을 지역출판사가 남겨주지 않으면 사람들이 모른다는 거예요. 옛날에 광주천변 장터에서 3.1운동이 일어났는데 광주사람들이 만세운동을 했던 곳이에요. 일본 순경들이 여럿을 잡아가서 큰 고초를 겪기도 했는데 지금 그 자리가 밤이 되면 포장마차로 가득하고 어떤 취객들은 노상방뇨도 하는 곳이 된 겁니다. 우리 선조들이 해방을 위해서 3.1운동을 했던 자리였다는 걸 기록한 책을 읽는다면 그렇게 함부로 하지는 않겠지요. 결국 지역출판은 우리 역사의 빈 곳을 채워주고 완결을 해주는 중요한 역할을 하고 있으며 또 지역출판이 그 역할을 해야 한다고 봅니다.

부길만 가장 한국적인 게 가장 세계적인 것이라고 하잖아요. 한국적인 것이 어디에 있는가. 한국의 콘텐츠, 한국의 스토리, 한국의 사연 등은 지역에 있거든요. 이는 중앙에서는 불가능해요. 중앙은 세계와 특별한 차별성을 가지지 않으니까요. 사람들에게 오래 남으려면 보편성을 획득해야 하는데, 보편성을 획득하는 가장 빠른 길이 지역이라고 봅니다. 즉 중앙과 지역의 역할이 다르다고 봅니다.

또 한 가지는 한국만이 아닌 전 세계가 다 지역이니까 우리 지역을 국제화하는 방향으로 가야지요. 물론 이는 개별 출판사들만 할 게 아니라 정책적으로도 요구할 사안이죠. 지역의 출판물을 국제화시키는 것이 한국적인 콘텐츠를 세계에 알리는 가장 좋은 방안이라고 봅니다. 저는 지역 문제와 국제화 문제를 항상 동등하게 봅니다.

권영란 지역의 출판사들이 자체적으로 콘텐츠를 발굴하고 기획하고 생산하는 인적구조가 부족한 것이 현실입니다. 이런 마음이 있다고 하더라도 쉽지 않아요. 또한 우리가 지금 좌담을 나누고 있는 지역출판에 대한 개념을 접근하지 못하는 지역출판사들도 많아요. 그렇지만 지역에 소재하고 지역에서 출판업을 한다면 이러한 지역의 콘텐츠들이 얼마나 가치 있는 것이고, 그리고 지역출판사들이 생산한 지역출판이 수익구조가 만들어진 다면 분명히 그 방향들을 따라 올 거라고 생각해요. 그래서 지역 출판의 초창기에는 광주에 있는 전라도닷컴, 대구에 있는 학이사, 수원에 있는 〈사이다〉 등등 지역의 거점이 될 수 있는 출판사들이 그 역할을 충분히 할 수 있다고 봐요.

지역출판사들의 선진모델이 필요하다 싶은데 그럼 거기에서 지금 할 수 있는 것은, 작가로서 제가 볼 때는 힘들지만 지역 작가들에게 생존할 수 있는 여건을 주었으면 해요. 사실은 지금 농촌에서 농사를 짓는 사람들보다 더 힘든 사람들이 작가들이고 문화 예술을 하는 사람들이에요. 그런데도 재능 기부는 작가들이 1차 대상이에요. 얼마나 웃기는 일이에요. 밥도 못 먹도 사는 예술가들에게 재능기부를 하래요. 그렇다면 지역출판이 어려운 가운데 작가들에게 고료를 충분히 줘야 한다고 보고요. 그래야만 순환구조가 건강하게 이루어질 수 있다고 봅니다. 결국 나중에 지역출판사, 지역작가, 지방자치단체가 손발이 맞아야만 지역출판의 생태계가 선순환 될 거라고 생각합니다. 정확한 방향을 제시하고 지역 작가들이 할 수 있는 정책들을 행정이 따라와 줘야 해요.

최서영 저는 큰 생각이 있어서 수원의 골목잡지 〈사이다〉 발행을 시작한 것은 아니에요. 저는 일과 삶을 동일시 해보겠다는 소박한 취지로 〈사이다〉를 창간하게 되었는데요. 지역잡지를 내다보니까 그동안 민중들의 삶에 대한 이야기들은 소외되고 있다는 것을 알게 되었고, 정말 기록되지 않고 소홀히 지나고 보니까 남아 있는 것은 기억뿐이에요. 저희는 기억을 기록하는 일들을 정말 많이 하고 있어요. 그 기록 안에 사람의 역사가 있고 이야기가 담겨 있는데 이런 것이 중요하고 꼭 필요하다는 것을 인식하고 그 자체가 몇 십 년 후에는 굉장히 중요한 가치로 평가받게 될 거라고 믿고 있고요. 두 번째 역할은 〈사이다〉는 무료 잡지에요. 저는 저 혼자서 〈사이다〉를 내고 있는 것이 아니라 수원의 시민들과 함께 내고 있다고 생각해요. 그래서 저희 필진들은 자발적 집필가라고 스스로 규정하고 있는데요. 이런 작업들을 본 공공의 행정가들은 우리처럼 지역의 문화를 책으로 담을 수 있다고 생각하게 되었고, 그래서 수원시는 많은 출판물들을 냅니다. 저희도 이제 책을 내기 위해서 다른 출판 일을 하는데요. 예를 들면 《수원시민백서》라는 책을 우리가 내요. 사이다 필진들이 모두 참여해서 《수원시민백서》를 만들고 있어요. 책 자체의 결과물도 사람의 이야기가 있기 때문에 자발적 필진들이 참여해서 만들게 되니까 이것도 하나의 일거리를 발생하고 먹고 살 수 있게 된 거죠.

지역에서 생산-유통-소비가
선순환하는 생태계 필요

김정명　지역출판사를 운영하시면서 애로사항들이 많으실 텐데요. (일제히 한숨과 웃음) 그동안 경험하신 애로사항을 몇 가지 말씀 부탁드립니다. 제주도에 계시는 김나솔 대표님 먼저 말씀해 주세요.

김나솔　저는 도서출판 담론이라는 작은 출판사와 제주스퀘어에서 일을 합니다. 물론 다른 출판사의 상황은 다를 수 있겠습니다. 하지만 저의 소속은 이곳만이 아닙니다. 저희 대표님은 담론 이외에 다른 사업들을 합니다. 저는 다른 사업들을 도우면서 담론의 일도 하고 있죠. 출판을 하고는 싶지만, 출판만으로는 생계 유지가 어렵습니다. 책 한 권을 낸다고 할 때 이 책이 얼마만큼 판매될 것이라고 예상하기 어려워요. 그럼 스스로를 지탱할 수 있을 만큼 팔리지 못할 책이니, 출판하지 않는 것이 맞다는 생각이라면, 책을 출판하는 종수가 줄어들겠지요. 그래서 궁금해집니다. 출판으로는 지속가능하게 수익을 낼 수 없는 걸까요? 수익을 내지 못하는 이유는 뭘까요? 낼 방법은 도저히 없는 것일까요? 그럼에도 불구하고 출판을 하고 싶은, 또는 하고 있는 이유는 뭘까요?

저는 제주라는 지역에서 출판을 하면서 이렇게 여러 생각이 듭니다. 출판에 집중해서 출판으로 지속가능하게 수익을 내는 것을 추구해야 하는 걸까? 아니면 그것은 현실적으로 어려우니, 다른 사업과 병행하면서 하는 게 맞는 걸까? 다른 사업과 병행하면 출판에 집중하지 못하니 잘 판매하지 못하는 게 아닐까? 무엇이 답인지 모르겠습니다. 다만, 출판하는 분들을 만나보면, 보고 접하는 것들과 다른 사람의 머릿속의 생각들을 포착하여 콘텐츠로 만들어내고자 하는 욕구와 바람이 강하다는 생각이 들고, 앞뒤 계산 없이 실행한다는 생각이 듭니다. 지역의 이야기를 포착해서 담고 보관하는 것, 이것을 경제적인 가치로 환산하기란 어려워요. 환산하기 어렵지만 그 필요성과 가치를 직감적으로 느끼는 분들이 지역을 다루는 출판을 하고 있죠. 그리고 지금 당장 지역을 다루는 출판을 하지는 않지만, 지역에서 출판을 하는 분들은 어느 지점에서 지역을 다루는 때가 올 거라고 생각합니다.

최서영 제일 힘든 일은 회사이기 때문에 조직을 유지해야 하고 이익을 내지 못하더라도 우리 출판사 직원들은 먹고 살아야 하잖아요. 이건 현실적인 이야기인데요. 월급날은 정말 빨리 돌아와요. 출판은 사람이 없으면 할 수 없는 일이에요. 그러나 직원들에게까지 사명감을 요구하면서 희생을 강요할 수 없겠더라고요. 〈사이다〉를 발행하는 더페이퍼는 사회적 기업이에요. 사회적 기업으로서 추구해야 할 가치가 있지만 제 생각일 뿐이지 않을까, 라는 생각도 들어요. 우리들의 활동을 보고 출판의 의미를 보고 사람들이 변화하는 것을 보면 기쁨을 느끼면서도 이게 얼마나 의미 있는 일일까라는 스스로에 대한 자괴감이 들 때도 있고요. 내가 그것들을 넘어서는 의미와 사명감을 누가 계속 충족시켜 줄 수 있을 것인가. 결국은 내가 해결해야 하는 과정이 아닐까. 올해는 먹고사는 문제를 먼저 해결을 해야 할 것인가, 아니면 사회적 가치를 먼저 추구해야 할 것인가. 이런 고민들을 하고 있어요. 정부가 출판이 중요하고 특히 지원을 해야 한다고 하지만 제가 보았을 때는 가장 쉬운 방식으로 지원을 하고 있다고 생각해요. 현상과 실태 파악을 하지 않고 1인 출판이나 독립출판이라는 이유로 지원을 하는 거죠. 그래서 공공에서 나오는 정책지원들은 지역출판사들을 배제하고 있어요. 지역출판사들이 봤을 때는 답답하죠.

신중현 지역출판사에서는 어쩔 수 없이 자비출판도 겸하게 되는데요, 이 작업도 소중한 작업임에는 틀림없습니다. 자비출판이 팽배해지면 부작용으로는 책은 공짜라고 생각하는 사람들이 많다는 것입니다. 자비로 발간된 책은 서점을 통하지 않고 그저 부조처럼 손에서 손으로 건네지게 되면, 서로 콘텐츠의 가치를 귀하게 여기지 않는다는 것입니다. 저희 출판사에도 책을 전시해 놓았는데요, 어떤 분들은 아는 사람의 책이 보이면 그냥 한 권 얻자고 합니다. 그래서 제가 15% 할인해서 드린다고 하면 서운해 하시는 분들도 있어요. 지역출판을 하면서 가장 힘든 게 이런 분위기 때문에 콘텐츠의 가치를 지역에서 인정받지 못한다는 겁니다.

정윤희 내가 살고 있는 지역문화의 소중함, 그리고 지역문화를 기록한 출판물에 대한 소중함을 아는 문화적인 분위기가 필요하겠어요.

'지역출판 쿼터제' 필요

김정명 정책에 있어서 필요 없는 부분들도 있을 것이고, 개선해야 할 점이나 앞으로 정책적으로 필요한 내용에 대해서 말씀 부탁드립니다.

황풍년 한국출판문화산업진흥원처럼 출판을 '문화'와 '산업'을 동시에 함의하고 있는 기관명처럼 저는 로컬을 심플하게 설명할 수 있다고 생각해요. 로컬 푸드라고 있잖아요. 로컬 푸드를 계속 육성하고 유통하고 보존하는 이유는 결국 인터내셔널이나 내셔널 푸드처럼 수많은 사람들이 즐겨 먹는 대중적인 음식들이 맛도 있고 인기도 있지만 개개인의 체질에 비춰보면 건강에는 좋지 않기 때문이지요. 아이들이 좋아하는 피자와 햄버거만 계속 줄 수 없으니까 엄마들은 아이들에게 보리밥과 된장국과 호박을 챙겨주는 거잖아요. 건강을 위해서 균형을 잡아주는 것이지요.

문화도 이와 같다고 봅니다. 책이라는 것도 결국 시장을 통해서 많이 팔리는 것, 재미있는 것, 유명한 것, 세계적인 것에 계속 익숙해지기 때문에 결국 지역문화의 중요성과 콘텐츠의 중요성을 다 잃어버렸어요. 지역의 가치가 떨어지고 지역정책에 관심을 가질 필요가 없는 것이고, 지역의 삶의 질이 떨어지는 거잖아요. 이런 측면에서 보자면 로컬 북은 맛은 없으나 중요한 것이지요. 물론 알고 보면 맛도 있고 영양가도 높습니다만. 우선 로컬 북이 중요하기에 정책적 지원이 필요하다고 봅니다. 그 공동체의 건강성을 유지해야 하니까요. 그 지점에서 바로 지역출판 시대이고 이를 위한 정책이 있어야 합니다. 지역출판을 위해 따로 돈을 안 들여도 된다고 생각합니다. 현장에서 보면 문화와 관련해서 허비되는 돈들이 너무 많기에 그것만 잘 관리해서 돌리면 되지요. 결국 문화정책이라는 것이 뭔가 보완해 주는 것, 시장을 활성화시켜서 어느 누군가에게만 돈을 많이 벌게 해주는 것이 아니라, 놔두어도 잘 나가는 한류에 지원하는 것이 아니라, 지원하지 않으면 사라질 수밖에 없는 것, 그러한 책이 사라짐으로써 지역이 사라지고 역사가 사라질 수밖에 없는 것, 굉장히 중요한 정서인데 문화가 육성되지 않음으로써 지역이 파괴되고 건강성을 잃어가는 것들을 살리는 데 집중해야 한다는 걸 강조하고 싶어요. 중앙정부도 그렇고 지방정부도 그렇고요.

김나솔 2017년 10월 30일에 개최된 '제주지역출판지원조례'를 준비하는 전문가공청회에 참석하기 위해 제주출판인 분들에게 여쭌 적이 있습니다. 그 내용을 전달하고 싶어요.
① 책 출간 비용이 부담이다. 특히 초기 인쇄비를 지원해주었으면 한다. ② 책 출간 후 홍보하기가 어렵다. 북트레일러 영상을 제작하거나 SNS 홍보를 지원해주면 좋겠다. ③ 가성비 높은 표지와 내지 전문 디자인 지원이 필요하다. ④ 제주 출판인들이 모여서 제주 출판인을 위한 사업을 진행할 수 있도록 지원해주었으면 한다. ⑤ 제주에서 출판되는 책 정보를 제공하는 콘텐츠를 만들어서 온라인, 오프라인으로 배포해주었으면 좋겠다. ⑥ 지역의 학교, 도서관 등에서는 지역도서를 구매해 주는 정책이 필요하다 등의 의견을 주셨습니다.

정윤희 저도 김나솔 대표님과 제주지역출판지원조례 전문가 공청회에 참석해서 의견을 드렸는데 우리나라 최초로 지역출판진흥조례가 제정되어 기쁘게 생각합니다. '제주특별자치도 지역출판 진흥 조례'는 제주지역의 역사, 사회문화에 대한 기록 담당하는 제주지역 출판업계가 시장논리로 축소되지 않고 출판문화산업진흥법을 근간으로 해서 지역출판 제주지역출판진흥계획을 수립하고 지원하도록 했어요. 우리나라 최초로 제주에서 지역출판조례가 제정된 점은 매우 큰 의미를 가집니다만, 저는 지역의 출판이 생산되고 서점에서 유통되고 도서관에 독서로 이어지고 연결되는 사이클인 책문화생태계를 살리고 보존하는 책문화조례 제정이 필요하다고 봅니다.

황풍년   제일 중요한 것은, 서울 등 수도권에서는 싫어할 수도 있는데요. 지역에 대한 쿼터가 필요합니다. 반드시 필요해요. 이게 없이는 지역출판의 생존은 불가능해요. 책을 선정해서 지원한다면 지역할당제를 두어서 지역출판사들의 좋은 콘텐츠들이 묻히지 않도록 해야 합니다. 정부가 문화정책에 대한 모든 정책에 지역 쿼터제를 둬야 합니다. 왜냐면 너무나 오랫동안 지역이라는 이유로 불평등한 구조 속에서 지역과 중앙의 격차가 벌어졌기 때문이에요. 사다리 걷어차기를 당했고 오랫동안 기울어진 운동장으로 방치되었기 때문에 이를 바로잡기 위해서라도 지역 쿼터제가 핵심이라고 봅니다.

최서영   출판이 문화체육관광부 안에 들어 있고 문화예술위원회에서 예술지원금을 지원하고 있는데요. 이 예산이 광역으로 내려오고, 다시 기초로 내려옵니다. 사실 어떻게 보면 쿼터가 시행된다고 보여지거든요. 근데 그 안에 출판이 없어요. 문화에 출판이 포함되어 있지 않습니다. 출판정책에는 출판이 아니라 신진 작가 지원이에요. 신진작가라고 하면 회화미술이에요. 요즘은 설치미술이고요. 이에 대한 예산도 턱없이 부족해요. 출판은 아예 없고요.

권영란　저는 이런 의문이 들었어요. 지금까지 지역출판 정책이 있었던가요? 저는 지역언론에만 있어서 출판을 잘 모르기 때문이기도 할 텐데요. 과연 지역출판정책이 있었는지, 있어야 개선할 점도 생기죠. '문예진흥기금'이라는 게 있어요. 방금 최 대표님이 말씀하신 것처럼 문예진흥기금에 출판에 대한 지원은 없어요. 공연이나 시각적인 문화에만 지원을 하고 있어요. 저는 지역언론도 지역언론을 진흥시키는 법이 있듯이 지역출판도 독자적인 영역으로 법도 만들 필요가 있다고 봅니다. 제주도에서 지역출판진흥조례를 만들었다고 하는데요. 각 지자체에서 지역출판조례를 만들어서 지역출판을 정책적으로 지원하는 것이 필요합니다.

부길만　현재 문체부 도종환 장관님이 국회의원이었을 때 지역출판지원법을 만들어야겠다고 하셔서 저도 참여해서 의견을 냈는데요. 흐지부지 됐더라고요. 지역언론지원법은 만들어졌죠. 지역의 언론들은 목소리를 낸 거예요. 이제는 한지연이 생겼으니까 목소리를 내면 지역출판지원법을 만드는 것은 어렵지 않다고 봅니다.

신중현　대구에는 대구출판산업지원센터가 있어서 다른 지역보다는 좀 나은 편일 겁니다. 지역출판의 가장 큰 문제는 출판인력의 부재입니다. 대구에는 큰 출판사가 없어 인력의 유동도 없고, 무엇보다 대구 경북에는 출판 관련 학과가 있는 대학이 한 곳도 없는 게 현실입니다.

정윤희 대구출판산업지원센터처럼 각 지역마다 출판 클러스터가 필요하고 이러한 클러스터가 서로 네트워크로 연결되어 정보와 인력이 교류될 수 있는 환경을 만들 필요가 있어요. 이젠 출판정책을 좀 더 큰 틀에서 짜야 할 필요가 있습니다.

황풍년 문화체육관광부는 나라 전체의 출판사를 염두에 두고 출판 관련 정책을 입안해야 합니다. 자칫 서울과 파주에 몰려있는 출판사들만 염두에 두기 십상이기 때문입니다. 한국의 정책인데 결국은 서울에 소재하는 곳에만 해당되는 정책이 많거든요. 그건 서울시가 해야 할 일을 문화체육관광부가 하는 꼴이죠. 제일 문제가 되는 것은 정책담당자들이 지역에 대해 너무 모른다는 겁니다. 이번에 한국지역출판문화잡지연대의 사단법인을 추진하는 과정에서 그런 점을 많이 느꼈어요. 기본적으로 서울에 밀집되어 있는 수많은 회사들이 결성하는 단체와 가뜩이나 전국에 산재해 있고 그나마도 미미한 지역출판사들의 단체는 규모면에서 비교해서는 안 되거든요. 아무튼 우여곡절 끝에 광주광역시에서 사단법인 허가를 내준다고 하는 것을 취하하고 다시 문화체육관광부에 접수를 했어요.

최서영 지금 지역이 중요하다고 말하는 사람들이 정책 담당자들이잖아요. 급하게 정책이 나와요. 그리고 지역출판정책에 따른 공모가 나면 과연 이 정책이 지역출판 활성화를 위한 정책인가, 라는 회의가 생겨요. 지역출판정책이 아니라 인문학, 어린이 등이 공모에 선정돼요.

권영란 그래서 우리가 정신을 바짝 차려야 해요. 문재인정부가 지방분권을 강조하고 지역에 대한 문제를 강조하고 있고 〈출판저널〉도 좌담특집이 지역인데요. 사실은 저는 냉소적으로 봤어요. 이 또한 지역을 대상화시키는 것은 아닐까. 서울이 가지고 있는 출판의 영역 속에 지역을 넣으려고 하는 것은 아닐까… 황풍년 대표님이 지역쿼터제도를 이야기 하셨는데요. 지역도서구매제도라든지, 지역작가들에 대한 저술 작업들도 활발하게 이루어져야 하고요. 정말로 지역에 대한 의지가 있다면 지역 현장의 목소리를 잘 경청해서 지역출판에 대한 정책이 올해부터 나올 수 있기를 바랍니다. 지역정책을 이야기하는 정책 담당자들이 제대론 된 현장의 데이터를 뽑아내야 한다고 봐요.

최서영 권영란 작가님 말씀대로 지역을 대상화 시켜서 안으로 끌어들이고 결국 모든 수혜는 서울 중심, 대형출판사 중심이 되면 안 됩니다.

김나솔 지역출판에 관해 간단히 정리해보면, 지역에서 출판하는 분들이 결국 지역에 대해 다루게 되고, 지역에 대해 다루는 출판인들이 결국 독자와 지역이 서로를 더 잘 이해하는 데 기여할 것이다, 정도가 될 것 같습니다. 한지연의 역할은 이 순환이 이루어질 수 있도록 밑받침이 되어주는 것이 아닐까 생각해 봅니다.

한지연이 있었기에, 2017 제주한국지역도서전을 하게 되었고, 도서전을 계기로 제주출판인연대도 만들어졌고, 제주출판인들의 느슨한 네트워크도 생겼습니다. 제주출판인연대를 통해 지역출판사들의 책을 도서관에 납품하거나 지역출판사의 책 서평 레터 공모전과 같은 사업도 진행할 수 있었습니다. 또한 제주에서는 전국에서 처음으로 제주지역출판지원 조례가 마련되었어요. 지역출판의 중요성을 알리고, 지역출판을 지키기 위한 노력이 지속되도록 무엇을 고민해야 하는지, 누구와 함께 해야 하는지, 무엇을 해야 하는지 끊임없이 생각하고 작은 실천을 하는 것이 한지연의 역할이 아닐까 생각합니다.

정윤희 지역출판이 지역에서 가치를 인정받고 지속가능한 경영을 하기 위해서는 출판사의 노력도 필요하겠지요. 대표님들이 말씀하신 것처럼 출판사도 이익을 내야 직원들에게 월급을 주고 경영을 유지할 수 있을 테니까요. 한편으로는 기울어진 운동장을 바로잡아 주는 정부의 정책도 매우 중요합니다. 지역이라서 소외받고 목소리가 작다고 해서 하고 싶은 말이 없는 것이 아닙니다. 지역의 고유한 문화유산을 출판으로 기록하도록 지원하는 인문학적 정책이 실현되어야 하겠습니다. 그런 점에서 제주도가 가장 먼저 '지역출판진흥조례'를 만들었다는 점에서 우리 출판문화의 희망이 조금씩 보이는 듯합니다.

2017 제주한국지역도서전　　　2018 수원한국지역도서전

또한 지역 자체적으로 지역의 출판물이 소비되고 지역을 넘어 타 지역으로까지 지역출판이 소비되는 유통구조를 만드는 것도 시급합니다. 현재 문화체육관광부에서 출판유통을 위한 예산을 책정했는데 지역출판의 유통에까지 적용될 수 있는지 정책담당자들의 관심과 지역출판사들이 그 필요성을 강력하게 요청해야 합니다. 대구에 대구출판문화산업지원센터가 있는 것처럼 각 지역의 지역출판을 지원해 주는 거점 지원센터가 필요해요. 문화체육관광부에 출판인쇄독서진흥과가 있고 한국출판문화산업진흥원에서 출판과 독서진흥을 담당합니다. 한국출판문화산업진흥원 내에 지역출판지원센터를 만들어서 지역출판이 소외받지 않도록 정책적인 뒷받침을 해줘야 합니다.(한국출판문화산업진흥원은 2018년 6월 1일 조직개편을 통해 '지역출판지원팀'을 신설했지만, 파주출판도시를 중심으로 예산이 편중되어 있다)

부길만　오늘 나온 논의를 토대로 지역출판 활성화를 위해서 한지연이 더욱 적극적으로 힘차게 활동해 주시기 바랍니다.

김정명　지금까지 지역출판에 대한 개념, 지역출판인으로서 겪는 애환, 그리고 지방분권시대의 지역출판 역할에 대해서 들어보았습니다.

오늘 좌담회로 출판과 문화의 중심은 지역이라는 생각이 더욱 강하게 들었습니다. 지역이 살아야 나라가 산다고 했지요. 지역출판인들이 함께 모여 지역도서전이 개최하고 정보를 공유하는 활동을 보면 어려운 상황에서도 희망을 느낍니다. 〈출판저널〉의 독자들도 지역 책문화생태계에 더욱 관심을 가져 주시기 부탁드립니다. 행정적으로는 지역을 생각하는 실효성 있는 정책이 올해는 꼭 실행되기를 바랍니다. 감사합니다.

6장

직장환경과 출판의 미래

김영애

박상융

박수연

- **사회**   김정명 / 신구대 미디어콘텐츠과 겸임교수
- **참석**   김영애 / 책찌 대표
  　　　　박상융 / 법무법인 한결 변호사
  　　　　박수연 / 한국여성편집인클럽 회장, 경문사 편집실장
  　　　　부길만 / 문화재위원회 위원, 한국출판학회 고문
  　　　　정윤희 / 〈출판저널〉 대표

책은 인간의 정신의 산물인 만큼 책문화생태계에서 책을 만드는 출판환경은 매우 중요합니다. 좌담 주제는 '좋은 일터를 위한 출판환경'으로 우리 사회에 이슈가 되고 있는 미투(me too) 운동과 관련하여 성폭력 없는 좋은 일터, 양성평등을 지향하는 출판환경을 어떻게 만들어나갈 것인가를 모색해 봅니다. 미투운동은 남녀의 성 대결이라기보다는 상하관계 등 직장 내의 권력관계에서 오는 인권의 문제이며, 점차 우리 사회의 문화를 바꾸는 문화운동이며, 미투운동과 양성평등에 대한 논의가 적극적으로 시작되고 있다는 점에 대해서는 우리 사회가 선진사회로 가는 시작입니다. 이번 좌담에서는 좋은 일터를 위한 출판환경을 어떻게 개선해야 하는지, 그리고 최근 다시 관심을 받고 있는 페미니즘 도서 출판의 사회적 의미도 짚어 봅니다.

> **좌담 포인트**
> - 미투운동은 왜 일어났는가?
> - 출판분야 직장환경 어떻게 개선해 나갈 것인가?
> - 페미니즘 도서의 사회적 의미
> - 미투 이후, 좋은 직장환경을 위한 방안들

미투운동은 왜 일어났는가

김정명 최근 미투가 우리 사회의 이슈가 되고 있는데요. 많은 분야에서 이슈가 되고 있고 출판계도 출판계 내의 성폭력 관련한 논의도 매우 중요하다고 봅니다. 출판계에는 여성인력들도 많고요. 더 좋은 콘텐츠를 만들기 위해서는 근무환경도 좋아야 하고요. 미투뿐만 아니라 책문화생태계를 살릴 수 있는 문화 등 포괄하여 말씀해주시면 고맙겠습니다. 먼저 미국에 이어 우리나라에서 미투 운동이 일어나게 된 의미에 대해서 말씀해 주시면 고맙겠습니다.

박상융 제가 먼저 말씀드리겠습니다. 예전에는 미투가 활발하지 않았죠. 헐리우드 배우들이 자신들이 성폭력을 당했다고 폭로하면서 미투운동이 확산되었고 우리나라에서는 서지현 검사가 성추행을 당했던 사실을 폭로하면서 미투운동이 확산되었죠. 서지현 검사는 성폭력 피해 이후 가해자로부터 사과도 못 들었고 오히려 인사상의 불이익을 받았다고 주장했고요. 그 이후부터 예술계, 연극계 등에서 본격적으로 용기 있는 여성들의 성추행 피해 사실이 드러났습니다. 자신의 인적 사항을 공개하면서까지 폭로를 한다는 것은 쉽지 않습니다. 과거에는 이렇게 미투를 하는 게 어려웠죠. 그냥 참고 살았거든요. 왜 참고 살았느냐. 폭로해 봤자 오히려 내가 사회적으로 매장을 당한다는 두려움이 있었기 때문이죠. 그리고 내가 무고죄나 명예훼손죄로 역고소를 당할 수 있다는 생각 때문에요. 지금은 피해자들이 미투를 하고 있는데요. 그동안 사회에 잠재되어 왔던 피해 사실을 신원 공개 두려움에도 불구하고 용기 있게 폭로함으로써 우리 사회를 변화시키고 있어요.

김정명 서지현 검사가 미투를 한 배경에도 우리 사회가 미투를 할 수 있는 분위기로 변했기 때문이 아닐까 싶어요.

박수연 미투 혁명이라고 말을 하자는 것처럼 사회 전반적으로 잘못된 것을 바꿔보자는 의식이 확산되는 것 같아요. 미투운동이 처음에는 짧게 이슈로만 등장할 줄 알았는데 점점 확산되고 있어서 미투운동이 길게 갈 수 있겠다 싶고요. 미투운동이 길게 간다면 이슈나 가십이 아닌 어떻게 하면 문화운동이 될 수 있을지 고민해야 할 것 같아요.

부길만 미투운동은 우리나라가 선진사회로 가는 시작이라고 봅니다. 선진국과 후진국의 차이는, 선진국은 자기를 방어할 수 없는 사람들도 당당하게 살 수 있다는 거지요. 후진국은 자기를 방어할 수 없는 사람들을 괴롭히거나 그들에게 무관심하고요. 지금까지 우리 사회는 직업 때문에, 직장관계 때문에 상사나 권력을 가진 사람의 말을 따를 수밖에 없는데 그 말이 불합리할 때 '노(NO)' 할 수 없는 사회였거든요. 이렇게 미투운동이 일어나면서 자기를 방어할 수 없는 사람들도 당당하게 살 수 있는 사회로 바뀌고 있다고 봅니다.

정윤희 저는 미투운동이 남녀의 성 대결 차원보다는 권력관계과 인권의 문제라고 봅니다. 저작권법에서도 인격권이라고 있듯이, 내 신체의 권리는 온전히 나에게 있는 것이죠. 그런데 권력을 가졌다는 이유로 신체를 함부로 만지는 것은 범죄라고 봅니다. 미투운동을 통해서 그동안 우리사회에 공기처럼 존재했던 가부장주의, 남성중심주의, 권력중심주의 등 탁한 공기가 점차 밀려나가야 한다고 봐요.

김정명 그동안 우리들 잠재의식 속에서 튀어나왔던 말이 '여자가~' '남자가~' 라는, 발언들이 많았고, 여성 스스로도 '내가 행동을 잘못한 것'으로 자책하는 경우도 많았죠. 미투운동으로 이에 대한 인식도 변하고 있다고 봅니다.

김영애 저는 이 문제가 '여자가~' 이런 것보다는, 우리나라 교육구조의 문제를 같이 들여다봐야 한다고 생각해요. 성범죄와 관련한 문제는 지금까지 법적인 정의나 가이드라인에 대해 국민들이 대부분 무지하다고 해도 무방할 거 같아요. 평소에 이것이 범죄다, 라고 느끼거나 생각하지 않고 살죠. 그렇다면 일반인들의 행동 규범을 규정하는 근거는 어디서 나오느냐. 흔히 말하는 밥상머리 교육이나 학교 교육에서 나오는데요. 우리가 싸가지 없다는 말을 하면 암묵적인 합의가 있잖아요. 어른한테 예의 없이 대한다든가 등요. 그런데 성추행을 당했다는 것에는 개인적인 의견이 다 분분해요. 암묵적인 사회적 합의를 도출하기엔 상당한 시간이 걸릴 거 같아요. 이번 미투운동을 통해서 각자 교육관도 돌이켜보는 계기가 됐다는 것, 그리고 사회적으로는 우리가 성에 대한 문제에 대해서는 조금 더 적극적인 토론이 활발해져야 한다고 봅니다.

김정명 그런데 사회가 많이 바뀌기는 했지만 아직 우리 사회가 미투운동에 대한 문제를 적극적으로 토론할 정도로 성숙한 단계는 아닌 것 같아요. 미투운동을 지지하지 않는 사람들도 많고요.

김영애 네, 그래서 더 활발하게 토론을 해야 한다고 봐요. 내가 기분이 나쁘면 다 성추행이야, 지금은 그런 단계잖아요. 서로 좋아서 손을 잡았으면 성추행이 아닌데 한쪽이 기분이 나쁘면 성추행인 거예요. 저 사람은 미투운동을 하는 사람이야, 라고 낯설게 볼 게 아니라 가정과 사회에서 토론을 할 수 있는 분위기를 만들어야 한다고 봅니다.

그리고 미투 이후에 근거리에서 본 남성들이 굉장히 조심해요. 저도 같이 조심을 하게 되더라고요. 이젠 저보다 아래에 있는 남자직원들을 대하는 나이가 되다 보니까 과거에 내가 상사였을 때 남자직원을 어떻게 대했는지 이런 것들도 생각해 보게 되었어요. 박수현 주간님이 미투혁명으로 이야기를 하셨는데, 다른 게 혁명이 아니라 절실하게 자기가 살아온 길에 대해서 생각을 해보고 있는 상황이 혁명인 거 같아요. 나는 그러면 미투운동으로부터 자유로울 수 있는가. 돌이켜보고 내가 이런 행동을 하면 상대방이 어떻게 생각할까, 이런 것들을 생각을 해보고요. 남성들도 이제는 굉장히 조심하는 것을 보면서 혁명이 다른 곳에서 일어나는 것이 아니구나. (웃음) 우리 각자 마음 속에서 혁명이 일어나고 있구나. 이런 생각을 하게 됐어요.

박상융 미투운동에서 문제가 되는 것은 사회 지도층이에요. 문학계에서는 고은 시인, 연극계에서는 이윤택 감독, 정치계에서는 차기 대선주자로도 거론이 된 안희정 전 충남도지사 등. 문제는 가해자들은 나는 합의에 의해서 한 것이고, 친근감의 표시였

〈표 1〉 성희롱 규제의 강화 흐름

1996년 7월	여성발전기본법상 성희롱 용어 사용	
1999년 2월	남녀고용평등법 개정	• 근기법 사업장, 성희롱 금지, 예방, 구제조항
1999년 7월	남녀차별금지및구제에관한법률 제정	• 남녀차별로 규정, 공공기관 확대
2001년 8월	남녀고용평등법 개정(1차)	• 성희롱 규제 강화 • 모든 사업장 확대, 사업주 규율 범위, 책임강화
2005년 3월	남녀차별금지및구제에관한법률 폐지, 국가인권위원회법으로 이관	
2006년 8월	남녀고용평등법상 개정(2차)	• 고객에 의한 성희롱의 사용자보호의무 신설
2014년 1월	남녀고용평등법 개정(3차)	• 사업주의 성희롱예방교육 수강의무 신설
2015년 7월	(전부개정)양성평등기본법상 성희롱 규율 강화	• 국가기관 등의 성희롱 예방교육,구제 강화
2017년 11월	남녀고용평등법 개정(4차)	• 직장 내 성희롱 적용범위 확대 및 예방교육 강화 • 사업주의 성희롱 발생시 조치의무 강화

※ 출처 : 문강분 박사, 노무법인 행복한 일연구소

다고 진술을 하거든요. 그러면 이제까지 성희롱이나 성추행에 대한 생각들이 내 입장만 봐라봤다는 것이에요. 상대방 입장에서 생각하지 않았다는 거지요. 성희롱과 성추행을 판단하는 법조인들조차도 그렇게 생각을 하고 있었다는 것이고요. 내가 친근하면 상대방도 동의할 것이다, 라는 것에 대해서 생각해 볼 필요가 있어요. 문제의식 없이 내가 한 행동에 대해서 죄책감을 느끼지 않는다는 거죠. 그리고 사회 지도층들이 오히려 성희롱예방교육을 더 철저히 받아야 해요. 안희정 전 지사도 '업무상 위력에 의한 간음'이에요. 본인은 위력이 아니라고 하지만 부하 입장에서는 거절할 수 없다는 거 아닙니까.

정윤희 「남녀고용평등과 일·가정 양립 지원에 관한 법률(약칭: 남녀고용평등법)」에 직장내 성희롱 규정 제12조(직장 내 성희롱의 금지)에 '사업주, 상급자 또는 근로자는 직장 내 성희롱을 하여서는 아니 된다'라고 되어 있어요. 여기서 '직장 내 성희롱'이란 「남녀고용평등법」 제2조(직장 내 성희롱의 정의)에서 '사업주·상급자 또는 근로자가 직장 내의 지위를 이용하거나 업무와 관련하여 다른 근로자에게 성적 언동 등으로 성적 굴욕감 또는 혐오감을 느끼게 하거나 성적 언동 또는 그 밖의 요구 등에 따르지 아니하였다는 이유로 근로조건 및 고용에서 불이익을 주는 것을 말한다.'라고 명시되어 있어요. 그리고 「남녀고용평등법」에 따르면 '10인 이상 사업장에서는 연 1회 이상 직장 내 성희롱 예방교육을 실시하여야 하고 사업주와 노동자는 성희롱 예방교육을 받아야 한다'라고 되어 있어요.

출판계로 좁혀서 말씀을 드리자면, 언론노조 출판지부가 2016년에 조사한 〈2016 출판계 성폭력 실태조사 개요〉에 따르면, 성희롱 예방교육을 받았고 실효성이 있었다는 응답률이 15.6%였고, 성희롱 예방교육을 받았으나 실효성이 없다고 생각한다는 응답률이 39.3%, 성희롱 예방교육을 받지 않았다는 응답률이 무려 45.1%였어요. 결국 법은 있으나 지켜지지 않고 법의 사각지대에 있는 출판현장에서 성폭력 범죄가 일어나고 있다고 보입니다.

김영애 문제는 성희롱예방교육을 하고 있다고 해도 사용자나 상급자들이 성희롱 등 성폭력에 대해서 크게 인식하지 못하고 있다는 거죠.

출판분야 직장환경 어떻게 개선해 나갈 것인가

정윤희 〈출판저널〉에서 출판계에 종사하시는 분 100명을 대상으로 조사한 결과에서, 성폭력 가해자가 누구였냐는 질문에 사내 상급자와 대표라는 응답이 많은 것을 보고 놀랐습니다. 사내 성폭력을 방지해야 할 책임이 있는 사용자가 직원을 성폭력하는 가해자라는 것이죠. 출판계에 종사하고 있는 A편집자는 다섯 군데 출판사에 다니는 동안 모두 사장과 상급자에게 성희롱과 성추행을 당했다고 해요. 여직원의 손을 잡고 어깨를 쓰다듬는 등 이런 행동을 아무렇지 않게 한다는 것이죠. 사용자 단체인 출판단체에서 출판사 사장들을 대상으로 교육을 해야 한다고 봅니다.

〈표 2〉 성희롱 관련 법률과 특징

주제	여성발전기본법	국가인권위원회법	남녀고용평등법
주제	'국가기관 등'(국가기관·지방자치단체, 각급 학교, 공직유관단체)의 종사자, 사용자 또는 근로자	'공공기관'(국가기관·지방자치단체, 각급학교, 공직유관단체)의 종사자, 사용자 또는 근로자	사업주·상급자 또는 근로자
객체	불특정	좌동	다른 근로자
행위의 발생	업무, 고용, 그밖의 관계에서 지위를 이용하거나 업무 등과 관련하여	좌동	직장 내의 지위를 이용하거나 업무와 관련하여
행위의 방법	성적 언동 등	좌동	좌동
행위의 피해	• 상대방에게 성적 굴욕감이나 혐오감을 느끼게 하는 행위 • 상대방이 성적 언동이나 그밖의 요구 등에 따르지 아니하였다는 이유로 고용상의 불이익을 주는 행위	좌동	좌동

※ 출처 : 문강분 박사, 노무법인 행복한 일연구소

〈표 3〉 남녀고용평등법 상 직장 내 성희롱 규정

사업주, 상급자 또는 근로자는 직장 내 성희롱을 하여서는 아니 된다
- 제12조(직장 내 성희롱의 금지)

직장내 성희롱이란
사업주·상급자 또는 근로자가 직장 내의 지위를 이용하거나 업무와 관련하여
다른 근로자에게 성적 언동 등으로 굴욕감 또는 혐오감을 느끼게 하거나
성적 언동 또는 그밖의 요구 등에 따르지 아니하였다는 이유로
근로조건 및 고용에서 불이익을 주는 것을 말한다.
- 제2조(직장 내 성희롱의 정의) 2호

※ 출처 : 문강분 박사, 노무법인 행복한 일연구소

부길만   저도 대학에서 교수로 있을 때 성희롱예방교육을 받았어요. 그런데 뉴스에서 교수들을 대상으로 한 미투가 나와서 놀랐습니다. 성폭력도 성희롱, 성추행, 성폭력으로 나뉘는데 성희롱의 개념이 가장 어려워요. 악수 또는 회식할 때 술 따르기도 상대방이 불쾌하게 여기면 성희롱이라는 거예요. 그래서 교수들 입장에서는 무조건 조심해야 했지요. 출판계의 성폭력 가해자가 출판사 대표라는 것도 정말 문제이지요.

김정명   언론노조 출판지부가 출판계 성폭력 실태조사 결과를 2016년에 발표한 자료가 있어요. 전현직 출판계 노동자 257명을 대상으로 조사를 했는데 여성이 79.8%, 남성의 39.2%도 성폭력을 당했다고 응답했어요. 언어적인 성폭력이 53.7%로 가장 많았고요. 가해자는 저자 이외의 직장 상사가 56.6%, 저자나 역자가 44.6%, 출판사 사장이 40.4%로 나타났어요. 응답자의 84.4%가 출판계의 성폭력 발생 원인에 대해서 저자나 거래처 상사 등 갑을 관계 때문이라고 밝혔습니다. 61.2%가 출판계 인적 네트워크의 폐쇄성, 성희롱 대응 부재 44.4%, 비정규직 해고 일상화 등 고용불안정이 43.2%로 나타났어요. 2016년에 조사를 해서 발표를 했었는데 출판계에서는 이슈가 되지 못했어요. 출판계에서는 그동안 끊임없이 성폭력이 있어왔다는 것을 알 수 있는데요. 출판현장에 계시는 분들은 어떻게 생각하시나요?

박수연   저는 출판계라고 해서 다른 분야보다 더 성폭력 피해자가 많다고 생각하지는 않습니다. 오히려 수직관계가 철저한 대기업이 더 있지 않을까요?

김영애 저는 더 많다고 봅니다. 남성보다는 여성출판인들이 더 많다는 이유도 있지만 산업구조가 워낙 취약한 분야잖아요. 그러다 보면 생계를 유지하는 수단이 매우 제한적이기 때문에 갑을관계에서 발생하는 성폭력뿐만 아니라 모든 폭력, 즉 남성들은 언어적 폭력을 굉장히 많이 당하고 있죠. 존칭 생략은 다반사고 '씨'자 붙은 욕설도 수시로 하고요. 남성들에게는 언어폭력이 스트레스이듯이 여성들에게는 성폭력이 굉장한 스트레스이고요. 그럼에도 참고 다녀야만 생계가 유지가 되는 게 안타깝죠. 방송이나 연극 등 분야도 마찬가지이겠지만, 예술 등으로 포장이 가능한 분야가 있잖아요. 저도 출판계에 몸담고 있으면서 애매하다고 생각을 하는 게 출판은 예술조직이면서 제조업인 거예요. 그러다 보니까 어떤 출판사 사장은 자신을 아티스트라고 이야기하고, 어떤 출판사 사장은 업자라고 얘기를 하고요. 독서 인구는 점점 줄어들지만 출판계로 진출하고자 하는 젊은 사람들은 계속 유입되고 있고, 종사자들의 학력도 상당히 높아졌잖아요. 그렇다보니깐 내 밥그릇을 빼앗기지 않으려면 성폭력을 당해도 참아야 하는 현실이 있지요.

정윤희 한국언론노도 출판지부에서 조사한 〈2016 출판계 성폭력 실태조사〉 보고서에 따르면요, 전현직 출판노동자들의 성폭력 피해경험비율이 68.4%인데, 이는 다른 업계에 비해 압도적으로 높다고 해요. 여성가족부가 2016년 발표한 〈2015 성희롱 실태조사〉 57쪽에 따르면 공공기관 및 민간사업체에 종사하고 있는 7,844명 중 여성의 경우 9.6%, 남성의 경우 1.8%가 성희롱 피해경험이 있다고 응답했다고 해요.

김정명 정당하지 않은 상황에서 생계 때문에 저항하지 못하는 현실이 안타깝네요.

김영애 출판환경이 좋아지기 위해서는 첫 번째로 임금이 높아져야 하고요. 두 번째는 이직이 자유로워야 하고, 세 번째는 출퇴근 거리가 짧아야 하죠. 일하는 환경이 좋아져야 미투할 용기를 내는데 다른 데보다 열악하니까 용기 있게 미투하는 게 어쩌면 더 힘들 수 있다고 생각해요.

박수연 저는 다르게 생각해요. 왜냐면 출판사에서 일하는 사람들은 자긍심이 높기 때문에 자기에게 불합리한 것에 대해서 참지만은 않는다고 생각합니다. 특히 여성편집자들은요. 출판 쪽은 근속 연수가 높지 않고 이직도 더 쉽게 하지 않나요? 미투운동이나 직장 내 성폭력이 출판계라서 생기는 문제가 아닌 거 같아요. 어느 분야이든 모든 조직에서 생기는 일이고요. 출판계이기 때문에 성폭력 문제가 생길 수 있을지, 있다면 고쳐나가야 하지만 그렇지 않다면 너무 출판계가 성폭력 실태를 보여주는 게 좋을까요. 몸담고 있는 조직에 대한 자부심도 떨어지고요.

정윤희 20년 가까이 출판계에서 일한 사십 대 초반 여성 편집자는 출판사에서 일하는 여성들 100%가 모두 성폭력을 경험했을 거라고 말하더군요. 본인이 피해를 당해도 밝히기를 꺼려하니까 이야기를 안 하고 있을 뿐 다 같이 해결해야하는 문제라고 봅니다. 출판계가 다른 분야보다 성폭력 피해가 낮다는 근거도 없고요. 설령 낮다고 하더라도 낮으니까 그냥 비켜가자, 없었던 일처럼 그냥 넘어가자, 이렇게 하면 안 될 문제입니다. 왜냐면 인권에 대한 문제이니까요.

김정명 2016년엔 언론노조 출판지부에서 출판계를 대상으로 성폭력 실태조사를 했는데요. 그 이후에는 실태조사를 지속적으로 실시하지 않은 것 같아요. 지금 현 상황에서 공신력 있는 기관이 출판계 전반적으로 전수조사를 할 필요가 있을 것 같아요.

정윤희 출판산업의 특징이 있는데요. 상시 5인 또는 10인 미만의 노동자를 고용하는 영세사업체 비율이 높다는 거예요. 2014년 기준 5인 미만 종사하는 출판사 비율이 64.4%인데요. 5인 미만의 사업장은 근로기준법의 일부조항과 「남녀고용평등법」에 적시된 모집과 채용, 임금, 복리후생, 교육·배치 및 승진, 정년·퇴직 및 해고에 관련한 성별 차별 금지 조항이 적용되지 않습니다. 그리고 10인 미만의 출판사 사업장이 82.3%에 달하는데요. 이들 사업체는 교육자료 또는 홍보물을 게시하거나 배포하는 방법만으로도 직장 내 성희롱 예방교육을 갈음할 수 있어

문화체육관광부는 출판분야 성 인지 인권환경 실태조사를 추진하고 있다.

요. 따라서 대다수 출판사들이 합법적으로 여성 노동자들을 차별하거나 성폭력 예방을 위한 최소한의 조치인 직장 내 성희롱 예방교육을 제대로 실시하지 않아도 되는 셈입니다. 언론노조 출판지부 조사 결과에서 보듯이 문제는 직장 내 성희롱을 예방해야 할 책임이 있는 출판사 대표와 상사들이 성폭력 가해자라는 점입니다. 특히 출판계는 외주편집자나 외주 디자이너도 많은데 이들도 성폭력에 노출되어 있다는 것이지요. 따라서 「남녀고용평등법」을 개정해서 5인 미만 사업장도 직장 내 성희롱 예방교육을 실시하고, 특히 사업주는 반드시 교육을 받아야 하도록 개정해야 한다고 봅니다.

그리고 문화체육관광부가 9월 7일부터 11월 11일까지 '출판분야 성 인지 인권환경 실태조사'를 시행하고 있어요.

박상융 다른 측면인데요, 저처럼 독자 입장에서 보면 성추문이 일어난 작가의 작품은 어떻게 할 것인가는 매우 중요한 문제인 것 같습니다. 독자도 충격을 받고 상처를 받지만 결국 출판사도 피해를 입는 거죠. 그래서 출판계약을 할 때 출판사에 대한 손해배상 문구를 넣어야 할 거예요. 그리고 형사처벌을 받지 않은 문제로 적용할 수 있는가. 선량한 출판업자들이 피해를 입는단 말이에요. 피해보상도 안 해주고요. 이런 문제는 출판사들이 상당한 리스크를 안고 있을 거예요. 출판계약을 할 때 저자가 어떤 사람인지 알 수 없기 때문이죠.

부길만 미투 이후 밀양 등 지역의 연극계가 아주 힘들어졌다고 해요. 이런 문제도 과도기겠지만 성폭력 가해자 때문에 그 업계에서 종사하는 선량한 사람들까지 피해를 보는 일이 없었으면 해요.

김영애 예술을 하시는 분들은 예술의 표현이나 결과물을 영혼의 뿌리라고 말을 하죠. 사색의 원천이나 영혼의 뿌리가 여성을 함부로 대해도 된다는 사고가 머리 깊숙이 있다는 거죠. 독자들이 그런 내면세계를 알고서도 그 사람의 시를 좋아하고 인정했을까요? 저는 그건 아니라고 생각해요. 시인의 시 세계가 사람들에게 인정을 받는 이유는 일정 정도 도덕성, 창의성, 예술성을 담보하고 있기 때문이에요. 성추문 등은 그것에 대한 배신이기 때문에 소비를 하는 독자 입장에서는 작가와 작품성을 일치시키는 지점이 있는 것 같아요.

김정명 성추문이 일어난 시점에서 그 전에 썼던 작품들도 있을 테고 그 후에 쓴 작품도 있을 텐데요. 그렇다면 그 후에 쓴 작품은 폐기하고 그 전에 쓴 작품은 판매해도 될까요?

박상융 현재 그런 가이드라인이 없다는 거죠. 작가의 성추문 보도가 나면 결국 모든 손해는 출판사가 다 떠안게 되는 거예요. 출판사의 브랜드 이미지에도 문제가 되죠.

정윤희 또 반대로 출판사 사장이나 직원 등 사내 성폭력이 일어났을 때 그 출판사에서 책을 낸 저자들이 피해를 입는 사례도 있죠. 저자, 출판사가 상호 서로의 명예나 재산 상 피해가 없도록 출판윤리강령 지침도 필요하다고 봅니다.

김영애 손해배상 청구보다는 다른 가이드라인이 필요해요. 저자나 출판사의 성추문으로 책이 안 팔려서 어느 한 쪽이 손해배상 청구를 하겠다는 의지를 보여야 하잖아요. 출판사 사장이 뭐 그렇게까지 해, 라고 하면 그만이잖아요.

박상융 그렇게까지 하는 출판사가 몇이나 되겠어요. 잘 안 할 겁니다.

정윤희 광고주 입장에서는 모델이 브랜드에 손상을 입혔을 때는 위약금 등 다양한 조치가 있더라고요.

박상융 광고는 이미지고 출판은 글이거든요. 그래서 이런 문제도 사례를 만들기 위해서 소송을 제기해서 법원에서 어떻게 판단하고 손해배상을 어떻게 인정해 줄지, 인과관계가 있는지 사례가 나올 필요성이 있어요.

정윤희 그런 판례가 없어도 문화체육관광부에서 업계와 함께 만든 출판표준계약서에 관련 조항을 넣어도 문제는 없는 건가요?

박상융 계약은 서로 동의거든요. 이러한 경우에 손해를 배상하여야 한다, 라는 문구를 넣어야 하고, 그렇다면 손해를 어떻게 입증해야 하는지도 문제예요. 예를 들면 책이 안 팔린 만큼만 하느냐, 아니면 출판사의 신용 하락으로 다른 책 판매까지 영향을 줬다고 한다면 거기까지 넣을 것인가도 고려해야죠.

박수연 계약서상의 강제 문구보다는 어떠한 사례가 있으니까 생각해 보고 반영해서 계약을 맺으라는 권고 정도로 가야지, 계약서에 이 조항을 넣는다면 저자도 불쾌하게 생각하지 않을까요.

박상융 출판사와 저자와의 계약에 있어서 이들은 인격체잖아요. 통상 계약기간 중 일어난 일에 대해서만 인정할 수 있고 계약기간 전이나 후에 일어난 일까지 포함시킬 수 없는 문제이기도 해요.

박수연 그런데 저자의 도덕성과 성추문을 어떻게 계약서에서 표현을 해야 하는지…

박상융 출판계약을 하기 전에 각서를 받는 거죠.

김정명 그런데 정말로 앞으로는 출판계약에 있어서도 저자나 출판사의 도덕성 문제도 중요해질 수 있어요.

정윤희 출판사들은 스스로 윤리경영에 대한 인식이 필요하고요. 출판계약기간 동안 청렴이행각서를 저자와 출판사가 함께 계약 조건에 넣는 것도 방법일 것 같아요. 사실 이런 일들이 일어나지 않는 문화가 더 중요하겠죠.

박수연 출판계에 여직원 비율이 높으니깐 성폭력에 대한 가이드를 마련해서 교육을 할 필요가 있어요. 각성 차원에서라도 필요해요.

부길만 출판계약을 까다롭게 함으로써 성폭력 등을 예방한다는 목적이 크죠.

박상융 고은 시인의 성추문을 폭로한 최영미 시인을 보호를 해줘야 한다고 생각을 했거든요. 방송에 출연해서 폭로하는 순간부터 공격을 받기도 했을 거예요. 폭로로 인해서 출판계에 침체를 가져왔다는 이유로도 공격을 받을 수 있고요. 이렇게 폭로를 한다고 해서 국가가 보호를 하지 않거든요. 이런 문제도 깊게 생각해 볼 필요가 있습니다.

박수연 미투운동이 일어나기 전에도 문단이나 출판계에서는 소문들이 많았잖아요. 그래서 앞으로는 업계의 자성이 필요하다고 봅니다.

정윤희 출판계도 출판단체장, 출판사 대표, 출판사 편집장을 대상으로 주기적으로 성희롱예방교육을 받도록 해야 합니다. 교육 주관은 한국출판문화산업진흥원이 해도 좋고요. 교육을 받지 않은 출판사 대표는 출판지원을 받지 못하도록 하는 것도 방법일 거 같아요. 그리고 사내에 성폭력 관련 사건이 일어나면 각종 지원에서도 바로 배제하는 조치도 필요합니다.

김정명 한국출판문화산업진흥원에서 조사한 〈2015 출판산업 실태조사〉에 따르면, 출판사업체 종사자 30,524명 중 51.1%가 여성이라는 조사가 나왔습니다. 그만큼 출판계에 여성들이 많이 종사하고 있는데요. 출판계의 양성평등에 대해서는 어떻게 보시나요?

정윤희 출판계의 양성평등 조사결과는 없기 때문에 관련 자료를 예로 들어보면요. 여성가족부가 조사한 자료에 따르면 2016년 기준 500대 기업 임원 가운데 여성의 비율은 2.7%, 여성 임원이 단 한 명도 없는 기업은 366개로 전체 기업의 73.2%에 달했다고 해요. 2017년 세계경제포럼(WEF)이 발표한 '2017 세계 성격차 보고서'에 따르면 우리나라 성 격차지수는 0.650점으로 총 144개 국 중 118위였어요. 에티오피아(115위), 튀니지(117위)보다 낮죠. 성 격차지수는 매년 각국의 경제, 정치, 등 4개 분야, 14개 지표에서 성별 격차를 측정한 지수로 수치가 1에 가까울수록 양성평등을 이뤘다는 것을 의미하는데요. 부문별 지수를 보면 여성의 경제참여 및 기회에선 0.533점으로 121위, 정치적 권한 부여는 0.134점으로 90위였습니다.

박수연 10년 전만 하더라도 편집장이나 편집주간은 남성 중심이었어요. 그래서 한국여성편집인클럽이 만들어진 계기가 되었고요. 여성편집자들이 모여서 공부를 하고 여성 편집자들의 목소리를 내자는 취지가 있었어요. 그런데 요즘은 왜 여성이 들어가야 하느냐. 이제는 빼도 되지 않느냐는 말도 가끔 듣습니다.

김영애 후배들이 그런 질문을 해요. 출판계에서 왜 오랫동안 일을 하느냐고요. 저는 여성으로서 출판 편집자는 좋은 직업이라고 생각해요. 일하는 만큼의 어떤 성과를 금전적인 부분 말고도 내가 만든 책을 많은 사람들이 본다는 보람도 있고요. 이런 동력으로 더 좋은 책을 만들기 위해서 노력하고요. 출판계는 일을 잘 해서 성과를 많이 낸 사람에게 기회를 더 많이 주죠. 남자들은 군대라는 단계를 하나 더 거치잖아요. 제가 겪었던 출판계의 직장생활에서는 여성들이 능력을 발휘할 수 있는 환경이라고 생각해요. 영업조직에 남성들이 많아요. 그래서 편집자가 책을 만들고 영업자가 책을 파는데, 편집자의 의견이 많이 반영되거든요. 영업자 입장에서는 편집자에게 지시받는 느낌 등 영업조직이 갖고 있는 약간의 박탈감이 있어요. 그래서 출판계 여성들이 기가 너무 세다는 말을 수시로 하죠. 이는 여성에 대한 또 다른 언어폭력이기도 한데요. 남녀차별에 대해서는 저는 크게 느끼지 못했어요.

박수연 다른 시점에서 보면 그런 생각도 해요. 출판계가 임금이 높은 편이 아니잖아요. 남자가 40대, 50대를 버틸 수 있는 임금 수준이 아니에요. 그래서 오랫동안 있지 않아요. 그러다 보니까 여성인력이 더 많이 남게 되죠.

김영애 그런데 지금의 한국사회는 출판계뿐만 아니라 어느 분야에 가도 버티기 쉽지 않죠.

박수연 출판계는 남녀가 똑같은 임금이라도 여성들은 감수해요. 남성들은 결혼하고 나서는 출판계에서 받는 임금으로는 생활을 못하니까 다른 분야로 이직을 하는 경우도 많아요.

김영애 제가 지금까지 말씀드린 것들은 기회에 대한 부분인데요. 개인 능력에 따라 다르다고 봅니다. 직장인들이 3년, 5년 등 위기의 순간을 버텨내면 20년 이상 근무할 수 있는데 위기의 순간을 못 버티는 경우가 있어요. 그렇기 때문에 역설적으로 남성들이 근무하기 더 유리한 환경이기도 하다는 겁니다. 출판계가 여성인력 중심이기 때문에 여성보다 더 빠르게 승진할 수 있는 기회를 갖게 되죠.

부길만 출판계 전체적으로 복지수준과 임금수준을 올려야 해요.

김정명 우리 사회에 미투운동이 확산되면서 대한출판문화협회가 한국여성편집인 클럽과 함께 지난 2월 28일에 보도자료를 발표했어요. 출판계 성폭력 상담신고센터를 운영한다는 내용으로요. 어떻게 가동이 되고 있는 건가요?

박수연 동의하고 지지하는 것에 대해서 공감을 했고요. 그 부분은 앞으로 논의해 가자라고 했던 부분이에요. 그래서 대한출판문화협회 측과 1차 면담을 했는데 이게 쉽게 다가갈 수 있는 사안이 아니더라고요. 일단 온라인상에서 상담신고센터를 운영해보자고 했는데 쉽지 않더라고요. 단순하게 접근하면 안 되겠다는 논의를 했어요. 신중하게 생각을 해야 할 거 같아서 1차 회의만 하고 추후 다시 논의하기로 했어요.

부길만   제가 오래전에 출판사에 다녔을 때 산별노조라고 해서 출판노조가 있었어요. 그런데 없어졌거든요. 출판계에 종사하는 근로자들이 억울하게 당하거나 노무 관련하여 하소연할 때가 있어야 하는데, 그럴 곳이 없어요. 출판계 근로자들이 대한출판문화협회에 가서 노무나 성폭력 관련해서 상담하거나 신고할 수 없어요. 그런 점에서는 한국여성편집인클럽의 역할이 중요하다고 생각해요. 한국여성편집인클럽이 어떤 역할을 할 수 있을까요?

박수연   한국여성편집인클럽은 사단법인도 아니고 편집자들의 친목모임이에요. 사무실이 있거나 간사가 있는 조직이 아니고요. 현재 오프라인에서 활동하시는 분들은 약 30명 정도 돼요.

부길만   300명 정도 되어야 힘이 생기죠. 출판계의 여성 편집자들을 대변할 수 있는 힘이 생겨야겠지요.

김영애   한국여성편집인클럽은 출판사 대표가 된 분들은 탈퇴를 해야 하는 건가요?

박수연   그런 건 아니에요. 조만간 30년이 되어가는데요. 처음에 참여했던 분도 아직까지 참여를 하고 있어요. 편집자로 있다가 출판사를 창업해서 대표가 되신 분들도 있고요. 그런데 20대 등 젊은 친구들은 없어요. 회원의 추천으로 가입하게 되어 있어서 쉽게 들어오는 구조가 아니어서 가입 조건에 대해서 방안을 고민하고 있습니다.

김영애 그럼 만장일치 등을 통해서 들어갈 수 있나요?

박수연 운영위에서 전원일치이어야 하는데, 추천하면 거의 가입 가능하죠.

김영애 전자책을 만들고 있는 분야는 종이책 출판사 편집자들보다도 노동 강도가 더 세거든요. 이 분야도 출판계로 보아야 하는데 이분들의 근무환경은 어떤지 잘 알려져 있지 않아요. 출판계는 듣는 사람들 이야기만 계속 듣는 것 같습니다. 디자인이나 전자책, 종이책, 다 아울러서 이야기 할 수 있는 환경을 만들어야 할 텐데요.

박수연 대체적으로 편집자들은 나서지 않으려고 하죠. 저도 출판계에서 오랫동안 일을 해왔지만 출판사 밖의 일에 관심을 안 가졌던 것 같아요.

정윤희 출판계의 권력들이 존재하고 그런 권력을 가진 사람들이 이너서클을 만들어서 이익을 도모하거나 아젠다를 이끌어가는 것을 볼 수 있었어요. 그리고 양성평등에 대한 논의는 어떤 아젠다를 만들거나 중요한 컨퍼런스 등을 할 때 항상 스피커 역할을 해왔던 사람들만 계속 한다는 거죠. 그것도 남자들만요. 단적인 예로, 한국출판문화산업진흥원에서 주관하는 출판컨퍼런스에도 사회자부터 발제자 토론자 모두가 남성들로만 채워진 사례도 많아요. 항상 발언을 하는 사람만 하기 때문에 출판계가 발전적으로 나아가지 못하는 것 같아요.

박수연   저는 미투는 사회적인 문제이지 출판계만의 문제라고 보지 않아요. 정말 우리 사회의 문제이고, OECD 국가 중 여성의 위상이 전체적으로 낮기 때문에 출판계도 동일하다고 봐요.

부길만   미투운동과 관련하여 출판계의 역할이 중요해요. 우리 사회의 문제를 출판을 통해 어떻게 개선해 나갈 것인가를 생각해 보면, 출판이 매우 중요한 역할을 할 수 있을 것입니다.

정윤희   출판이 중요한 역할을 하기 위해선 출판계의 리더들이 먼저 솔선수범을 보여야 하고 출판윤리에 대한 인식이 있어야 해요. 출판윤리에는 성윤리도 포함하고요.

페미니즘 도서의 사회적 의미

김정명   자연스럽게 페미니즘 출판으로 좌담을 이어가도록 하겠습니다. 최근 페미니즘 도서들이 더 많이 출간되고 있고 독자들도 관심을 갖고 많이 읽고 있어요. 페미니즘 도서 트렌드와 사회적 의미를 어떻게 보시는지요?

박상융   남성과 여성을 구분하거나 남성과 여성이 해야 할 일의 경계가 서서히 없어져 가고 있거든요. 남성 입장에서는 여성이 더 유리하다고 생각해요. 예를 들어 경찰지휘부에 여성 경찰관이 없으니 비율을 맞춰야 한다고 하면, 강제로 비율을 맞추기 위해서 아직 승진 연한이 안 된 경찰을 올리기도 해요. 그래서 지금 가치관의 혼동이 되는 게 뭐냐면, 왜 남성과 여성을 구분해야 하느냐에요. 남녀 구분하지 말자는 거죠. 문제는 이러한 것이 교육을 통해서 이루어져야 하고요. 이와 관련해서 페미니즘 도서들도 맞물려서 출간되고 있다고 봅니다.

박수연   결국 미투운동은 권력 싸움이라고 봐요. 너는 나를 이해하고 내 것은 양보 안하려고 하고⋯ 메갈리아나 1990년생 김지훈 입장도 있고요. 지금은 과도기 아닐까요? 다양한 시각에서 논의하는 페미니즘 책들이 출간되는 것은 바람직해요. 다양한 시각이 있다는 얘기는 다양하게 논의가 되고 있다는 거니까요. 이참에 공론화하는 것은 좋은 거잖아요. 그러다 보면 다듬어지게 되니까요. 자연스럽게 양성평등과 성에 대한 인식이 변화하게 될 것 같습니다. 단시간엔 절대 안되겠죠. 최소한 5년, 10년 가야할 일이에요.

박상융   이번에도 문제가 된 게 폭로한 사람들이 서지현 검사처럼 사회적으로 위상이 있는 사람들이 했기 때문에 더 커진 거거든요. 원래 검찰의 영역은 여자가 못 왔어요. 검사는 강력사건을 다루는 강력부가 있어요. 밤샘조사도 하고요. 여성들이 제일 어려움이 뭐냐면 육아에요. 그러면 휴직을 해야 해요. 휴직을 하게 되면 그 일을 누가 대신 맡아야 해요. 그 다음에 인사문제도 그래요. 아이 때문에 인사이동에도 불만이 많아요. 그러면 남성들 입장에서는 여성들에게 너무 편애하는 거 아니냐고 해요. 검사면 똑같이 해야 한다는 생각이거든요. 우리 사회가 이런 문화에 대해서 소통하고 대화를 해야 하는데 그게 안 된다는 게 문제라고 봅니다.

김영애 페미니즘 관련 도서들도 조금 더 가벼워졌으면 해요. 최근 추세가 책들이 작고 가볍고 예뻐지고 있잖아요. 젊은 친구들의 눈높이에 맞게 페미니즘 관련 도서들도 어느 한쪽의 주장이 아닌 양성평등의 입장에서 다양화된 책들이 나오면 좋겠고요. 제가 박상융 변호사님 얘기에서 깨달은 게 우리나라가 지금의 이런 상황은 승자독식 사회로 간 결과물이라는 생각이 들어요. 그러니까 남성들이 법으로 보장된 육아휴직도 못하고, 여성 동료와 같이 근무하기를 꺼리고 그러지 않았을까요. 그동안 성폭력을 당하면서도 말도 못하고 숨죽여 왔던 여성들이나, 자본주의 사회에서 마지막에 남는 결과물은 결국엔 힘센 놈이 이긴다는 논리에 맞추어진 결과물이었다는 생각이 들면서, 저는 문재인정부에서 근로시간을 단축하는 정책은 굉장히 잘한 일이라고 봐요. 일의 양은 줄이고 그 만큼의 급여는 다른 사람에게 일자리를 만들어서 나누고 선진국처럼 자기 삶을 돌아보고 찾아갈 수 있는 사회가 되었으면 해요. 그럼 누구나 노동의 가치를 비슷하게 받게 되니까 굳이 누군가를 술을 먹이고 억압을 하거나 그런 일은 안 생길 거 같아요. 제일 좋은 것은 양질의 일자리를 출판계가 많이 창출하는 것이 필요하고요. 산업의 규모가 더 커져야 해요.

정윤희 여성도 여성에 대해서 모르고 있었다는 것 때문에 이번 미투운동을 통해서 각인되었고 페미니즘 도서들은 독자들의 니즈를 채워주는 역할을 합니다. 여성들만 페미니즘 도서를 읽을 게 아니라 남성독자들이 함께 읽고 소통하고 토론하는 장이 많이 열렸으면 해요. 세상에는 남녀가 함께 살아야 하니까요.

미투 이후, 좋은 직장 환경을 위한 방안들

박상융 출판계가 좋은 일자리를 만들기 위해서는 경영자들과 관리자들의 생각부터 바뀌어야 합니다. 문제는 성희롱, 성추행, 성폭행 개념을 잘 몰라요. 그리고 지금 미투운동에서 가장 중요한 게 뭐냐면, 피해자에 대한 보호입니다. 피해자는 당사자일 수도 있지만 가해자의 지인들도 있을 수 있어요. 우리가 그것에 대해서 너무 염두에 두지 않아요. 그리고 때로는 가해자 역시 사실 규명이 될 때까지는 또 조사를 해 볼 필요성도 있어요. 방송에서 마녀사냥식으로, 흥미위주로 너무 노골적으로 묘사를 하면 안 된다고 봅니다.

부길만 결국은 한국사회에서 경쟁체제가 지독하게 강화되면서 양극화가 심화되고 승자독식사회로 왔는데요. 1%의 국민이 46%의 토지를 가지고 있을 정도예요. 결국 모든 문제는 교육의 문제에서 와요. 창의적이고 협동할 줄 아는 사람들이 길러져야 하는데 우리 교육에서 아쉬운 점이지요. 그래서 우리 출판산업계가 어떤 출판물을 낼 것이냐에 대해서 깊이 생각해 봐야 할 것 같습니다.

정윤희 먼저, 법제도 개정 및 신설을 통한 성폭력 실태 개선이 필요합니다. 이에 대해 언론노조 출판지부가 성폭력 실태 개선안을 내놓았는데요. 가장 중요한 것은 관련 법 개정을 통해 성폭력 사각지대가 생기지 않도록 하는 것입니다. 언론노조 출판지부에서 출판계 성폭력 실태조사 보고서에 구체적인 대안을 제시했는데요. 결국 노사정 협력을 통해서 성폭력 없는 근무환경을 만들고 자정작용을 해야 할 것으로 봅니다. 5인 미만, 10인 미만 사업장이 많은 출판사들은 개별 출판사들이 성희롱예방교육을 한다는 게 어렵다면, 출판단체나 한국출판문화산업진흥원 등에서 출판사 사장, 임원, 직원 등을 대상으로 주기적으로 교육을 수료하도록 하고, 사규에 성폭력 관련 지침도 마련하도록 하고요.

김영애 부모들에게도 성폭력 교육 자료를 전달해 줘야 할 거 같아요. 가정에서도 부모들이 아이들을 교육할 때 필요하고요.

정윤희 책은 정신의 산물이기 때문에 책을 만드는 사람들이 좋은 일터를 만들기 위해서 이런 논의가 적극적으로 있어야 한다고 봅니다. 최근 연구자료인 〈직장 내 괴롭힘 대책 마련을 위한 실태조사〉(2017, 고용노동부)에 따르면, 덴마크가 일찍부터 '가장 행복한 국가'를 모토로 정한 바와 같이 국제적 무한 경쟁체계에서 각국의 관심은 경제적 성장을 넘어, 정신적 웰빙에 주목하는 일터 차원에서의 직장 내 괴롭힘에 대한 관심으로 수렴되고 있다고 합니다. 우리나라는 8개 분야(전 세계 국가를 평가하는 Word Happiness Reprot, 2016)에서 58위, 11개분야에 대하여 OECD 가입국을 평가하는 Better Life Index에서 36위를 차지하여 국민행복 또는 만족지수가 매우 낮은 것으로 평가되고 있어요. 미투운동을 계기로 출판계도 좋은 일터를 만들기 위한 노력들이 시작되길 기대해 봅니다. 한국출판문화산업진흥원이 4월 2일에서야 홈페이지에 성폭력상담신고센터를 운영한다는 게시글을 올렸어요. 출판계를 공적 지원하는 출판진흥원이 출판 일터에서 종사하는 종사자들에게 더 큰 관심을 가져야 한다고 봅니다. 게시글만 올리고 끝나는 것이 아니라 성폭력 등 직장 내 괴롭힘 문제가 일어나지 않도록 감독을 철저하게 하고 피해자들을 보호해 주는 역할을 해야 합니다. 그리고 정부와 출판사들이 다함께 좋은 일터를 위한 출판환경 만들기에 지속적인 노력이 필요합니다.

박수연 성폭력에 대한 문제는 당장 뭘 하기엔 민감한 주제이지만 차차 논의가 있어야겠지요.

김정명 오늘도 좋은 말씀 감사합니다. 다양한 견해도 들었고요, 앞으로 해야 할 일도 많을 것 같습니다. 미투나 양성평등, 페미니즘 등이 갑자기 관심사가 되고 이슈가 된 것 같은데요, 그 전부터 있었던 것입니다. 저는 걱정이 이러한 움직임이 한 때의 움직임으로 끝나지 않았으면 해요. 최근에 페미니즘 도서가 따로 분류가 되어 진열되고, 다른 장르로 생각하는 것을 이상하다고 느껴야 한다는 거죠. 그리고 이러한 교육은 사회에서뿐 아니라 가정에서 부모님들부터 바뀌어야 한다고 생각합니다. 좋은 콘텐츠가 나오려면 출판사부터 즐거운 일터가 되어야 한다고 생각합니다. 이번 기회에 시간이 걸리더라도 좋은 일터, 일하고 싶은 출판계로 거듭나길 바라며, 이런 노력에 이번 좌담회도 도움이 되길 바랍니다.

부록

〈출판저널〉의 출판문화사적 의의와 과제

―

독일의 사상가인 쇼펜하우어는 신문을 '세계사의 초침'이라고 비유했다. 초침이 시계의 숫자판 위에 언제나 동일한 규칙에 따라 움직이기를 반복하는 것처럼, 신문도 정기적으로 발행되면서 세계 역사를 껴안고 간다는 의미일 것이다. 마찬가지로 〈출판저널〉은 시계의 초침처럼 규칙적으로 움직이면서 한국 출판계를 주시하며 출판 역사의 살아 있는 증인 역할을 하고 있다.

되돌아보면 〈출판저널〉은 발행이 두 차례나 중단되는 사태를 겪기도 했다. 첫 번째 중단 사태는 2002년 6월 발행사인 한국출판금고(지금의 한국출판문화진흥재단)에서 발행을 포기함에 따라 수개월간 휴간에 들어간 때이다. 2003년 대한출판문화협회가 맡아 복간하지만, 불과 5년 후인 2008년 9월호를 끝으로 두 번째 중단 사태를 맞게 된다. 다시 휴간 끝에 2008년 12월 발행이 재개되었다. 이때는 단체가 아니라 개인(당시의 수석기자였던 정윤희 씨)이 발행을 맡게 된다. 그 이후 현재까지 11년간 꾸준히 발행되고 있다.

그러고 보면, 〈출판저널〉의 역사는 아이러니가 아닐 수 없다.

상당한 예산과 조직력을 갖춘 출판단체에서도 운영이 어렵다고 두 손 들고 포기한 출판전문지 발행을 개인이 맡아서 더욱 아름답고 빛나게 만들고 있는 것이다. 2008년 12월 이후 〈출판저널〉은 출판문화 향상이라는 창간 정신을 살려내면서도 국내외의 저술, 출판, 서점, 독서계를 아우르는 다채롭고 확장된 내용 위에 더욱 세련된 감각과 디자인으로 독자들에게 다가가는 노력을 잠시도 멈추지 않았다.

이러한 노력은 정부와 관련 단체로부터 여러 차례 좋은 평가를 받기도 했다. 문화체육관광부 우수콘텐츠잡지로 연속 5회 선정, 한국출판학회상 '기획편집 부문' 수상, 한국언론진흥재단 소외계층잡지 지원 대상 선정 등을 들 수 있다. 나아가 사업 영역도 크게 확대되었다. 몇 가지만 예를 들면, 문화체육관광부 한류잡지 번역지원 대상 잡지로 선정되어 영문판과 중국어판 디지털 매거진 〈K-Book Review〉를 발행한 바 있고, 2017년에는 법인명을 PRN(Publishing & Reading Network) Korea로 바꿔 출판과 독서의 네트워크를 지향하고 있다. 법인명에서 보듯이, 향후 우리 출판을 세계로 뻗어가게 하려는 〈출판저널〉의 의지를 읽을 수 있다.

그렇다면, 잡지 발행에서 재력과 조직을 겸비한 단체는 포기하거나 실패한 반면, 개인이 활기차게 이끌어가고 있는 그 차이는 어디에서 오는 것일까? 그것은 바로 사명감과 문화의식의 차이일 것이다.

역사적으로 볼 때, 한국에서 잡지 발행은 자금력이나 조직의 힘을 이용한 단체에서 이루어낸 것이 아니라 확고한 사명감과 문화의식을 지닌 선각자들에 의하여 이루어져 왔다. 개화기 잡지를 만든 선각자들이 그랬고, 6.25전쟁의 피난지에서 〈학원〉과 〈사상계〉를 창간한 김익달, 장준하 선생 같은 인물들의 경우도 그랬다. 그들이 처한 시대 환경과 배경은 달랐지만, 확고한 사명감과 문화의식은 공통적이라 할 수 있다. 이것은 한민족의 문화적 유전자이기도 하다. 고려인들은 외적의 침략을 당하는 상황 속에서도 팔만대장경을 새겼고, 세계 최초로 당시 첨단의 정보기술인 금속활자를 발명했으며, 15세기 조선의 군왕은 하층 민중을 커뮤니케이션의 주체로 인식하여 한글을 창제하였다. 이러한 일련의 역사적 사실들은 우리 민족의 문화적 자부심을 높여주는 출판문화의 전통으로 이어지고 있다.

〈출판저널〉이 악조건 속에서도 뜻있는 지식인과 독자 대중의 성원 속에서 오늘처럼 발전할 수 있었던 것은 한국 출판문화의 전통 또는 우리 민족의 문화적 유전자를 잘 살려낸 때문이라 생각한다.

〈출판저널〉은 국내의 대표적 출판전문지이다. 〈출판저널〉이 창간된 1987년 7월은 한국 사회에서 민주주의를 부분적으로나마 성취하기 시작한 시기이다. 같은 해 민주화를 외치는 학생과 시민들의 6월 항쟁을 견디지 못한 군사정부는 '6.29선언'을 발표하여, 대통령선거를 위한 직선제 개헌, 언론출판의 자유 등을 약속하게 되었다. 당시는 신문, 잡지는 물론이고 출판사의 설립도 원천적으로 봉쇄되어 있던 상황이었다. 6.29선언 이후 출판사 설립이 자유로워짐에 따라 출판사 수도 크게 증가하여, 1987년 3,004개사이던 출판사가 1989년 5,106개사를 기록했다. 출판계의 힘이 다시 커지기 시작한 때이기도 한다.

〈출판저널〉 창간호[1987.7.20.]의 발행인(고 정진숙 을유문화사 회장) 칼럼 제목도 '도서문화의 확장과 충실화를 위한 공론'이었고, 서점·출판·언론계 인사들이 행한 권두 좌담의 제목도 '한국출판, 넓어지고 깊어졌다'였다. 당시 출판계의 시대적 분위기를 반영한 것이라 할 수 있다.

이 무렵의 기사를 보면, 〈출판탄압백서〉 발간[〈출판저널〉 제2호], 도서유통 현대화를 위한 결의문 채택[제3호], 프랑크푸르트도서전에 576종 출품[제4호] 등을 출판계 주요 뉴스로 꼽았다. 이처럼 출판계는 권위주의 정부에 저항하는 한편, 내적으로 도서유통 구조 개선에 힘쓰고, 출판의 국제화에도 본격적으로 나서기 시작했음을 알 수 있다.

이후에도 〈출판저널〉은 출판 관련 분야의 뉴스와 이슈에 대한 점검은 물론이고 한국과 세계의 책 문화 전반을 알리는 역할을 충실히 수행해 왔다. 〈출판저널〉은 서평지로서 책 자체에 대한 분석과 평가에도 많은 역량을 쏟았지만, 동시에 한 권의 책이 저술에서부터 독자의 손에 들어가기까지의 과정 전반에 대해서도 관심을 기울여왔다. 이에 따라, 흥미 위주로 진행하는 타 매체에서 주목하지 않는 저술가, 출판기획 편집자, 서점, 도서관이나 독서운동단체 등을 폭넓게 발굴하고 소개해 왔다. 특히, 한 분야에서 일가를 이룬 저술가들을 표지 모델로 등장시키고 상세히 소개함으로써 이들의 창작 의욕을 고취시켰을 뿐만 아니라 문화 발전에도 크게 기여해왔다. 이러한 〈출판저널〉의 기사를 살피고 있으면, 한국의 정신사가 농축되어 있음을 느끼게 된다. 동시에, 시대의 역사, 사회상, 문화 현상 등이 여실히 드러나고 새삼 출판의 위대성을 실감하게 된다.

〈출판저널〉은 또한, 출판문화사의 정립에도 큰 관심을 보여 '증언으로 엮는 해방전후 출판계', '우리 시대 베스트셀러의 사회사', '책의 해에 찾아가 본 책의 명소' 등 소중한 주제들을 찾아 연재한 바 있다. 이와 함께 〈출판저널〉은 학교의 독서교육, 출판규제, 저작권 문제, 해외 출판 수출 등 출판계 현안에 대해서도 선구적으로 대처해왔다. 특히, 일반인들은 물론 출판계에서도 관심을 갖지 않았던 '지역출판'에 대한 이슈를 이미 1988년 7월에 기획 기사로 제기한 바 있다. 높이 평가해야 할 것이다. 지역 출판은 30여 년이 흐른 최근에야 그 중요성이 출판계 안팎에서 부각되고 있다. 2017년 5월 제주도에서 40여 개 출판사에서 만든 책과 잡지를 전시하고 소통하는 지역출판도서전이 개최되었고, 〈출판저널〉에서는 통권 497호, 통권 503호에 지역출판도서전 모습을 표지 사진으로 부각시키고 기사로 상세하게 알린 바 있다.

앞으로 〈출판저널〉이 크게 발전할 것을 기대하며 미래 과제를 다음 세 가지로 정리해 본다.

첫째, 우리 역사에 나타난 출판문화 선각자들의 정신을 이어받으며 한국 출판의 방향을 선도하는 매체가 되어야 할 것이다. 미래에 대한 설계로써 지방분권시대, 제4차 산업혁명, 다문화사회, 고령화 추세 등등에 대비한 출판활동을 전개할 수 있도록 여론을 선도해 나가야 할 것이다. 또한, 출판계의 중요한 과제로 통일과 출판의 문제를 빼놓을 수 없다. 통일을 준비하는 출판, 통일 이후를 대비하는 출판이 될 수 있도록 특별한 관심을 쏟아야 할 것이다. '남북 겨레말 사전'의 편찬도 중단되었다가 최근 재개된다는 뉴스는 반갑다. 아울러, 남북 출판물 목록 교환 및 출판인 교류, 남북 공동 저술 편찬, 우리 고전의 공동 출판사업 등을 이루어내면서 통일의 시대를 열어갈 수 있도록 노력해야 할 것이다.

둘째, 전문성과 대중성의 조화를 이루어야 한다. 출판업은 문화성과 상업성의 조화가 필요하다. 마찬가지로 〈출판저널〉은 전문가적 식견을 강화함과 동시에 독자 대중과 함께 가야 한다. 〈출판저널〉 창간 당시는 고급 독자를 대상으로 전문가를 위한 잡지를 지향하는 분위기도 있었으나, 30년이 지난 오늘날엔 전문가와 대중 독자 모두를 만족시키는 〈출판저널〉이 되어야 할 것이다. 지금은 한국 독자의 수준이 매우 높아졌기 때문에, 어려운 과제는 아닐 것이다. 하긴, 한국 독자들은 1980년대에 이미 어려운 사회과학 서적들을 베스트셀러의 대열에 진입하게 한 바 있다. 전문성과 대중성의 조화는 〈출판저널〉의 최근 기획에서 나타나기도 한다. 〈출판저널〉 2016년 2월의 기획 기사 중 해방 이후부터 현재까지의 베스트셀러를 소개하는 '밀리언셀러의 탄생'이 있는가 하면, 2016년 3월의 기사 '나홀로를 위한 도서 50선' 등은 시대의 흐름을 보여주면서 전문성과 대중성의 조화를 이끌어준다. 특히 전문가들이 격찬하는 수준 높은 출판물이 대중성을 확보하게 됨에 따라 우리 출판시장을 크게 확장하는 것이 모든 출판인들의 사명이고 〈출판저널〉의 과제일 것이다. 이러한 출판의 미래를 전망하면서, 젊고 유능한 인재들이 출판계에 대거 진입할 수 있도록 하는 일에 〈출판저널〉이 앞장서야 할 것이다.

셋째, 사회적 약자를 위한 독서와 출판에 관심을 갖도록 해야 한다. 프랑스에서는 장애인, 입원 환자, 수감자 등에게 각자의 상황에 맞추어 책과 작품을 접할 수 있도록 배려해주고 있으며, 미국에서는 지역사회를 중심으로 저소득층을 위한 도서관 서비스 및 기술 지원에 관한 법안을 마련한 바 있다. 우리도 장애인, 다문화가정, 소년소녀 가장, 외로운 독거노인, 빈곤 가정 등 사회적 약자들도 마음껏 책의 문화를 향유할 수 있도록 여론을 조성할 필요가 있다.

글 부길만

현재 동원대학교 명예교수, 문화재위원회 위원이다. 한국외국어 대학교 독어과와 중앙대학교 신문방송대학원을 졸업하고, 한양대학교 대학원 신문방송학과에서 문학박사학위를 취득했다. 한국출판학회 회장을 역임했다. 《출판학의 미래》(일진사,2017) 《출판기획물의 세계사 2》(커뮤니케이션북스,2015) 등 다수의 저서가 있다.

에필로그

책문화생태계를 모색하는 좌담은 계속된다

김정명
(신구대 겸임교수)

"이번 좌담회에서는 어떤 사람들을 만날 수 있을까." 이러한 생각으로 〈출판저널〉의 좌담회는 기다려지는 시간이기도 하다. 책문화생태계를 말하는 좌담회를 할 때는 3시간 이상씩 이야기를 이어나갔다. 그러나 그 시간도 시간이 모자라 모두 아쉬운 마음을 뒤로 하고 뒷이야기는 또 다시 자리를 함께 하자는 약속과 함께 매번의 좌담회는 끝을 맺었다.

처음 〈출판저널〉 500호 특집으로 '책문화생태계의 모색과 대안'이라는 대주제로 좌담회를 진행하자고 했을 때, 출판계의 많은 사람들을 만날 수 있어 다양한 이야기를 들을 수 있는 것과 좌담회를 하다보면 각자의 의견을 서로 공유할 수 있겠다는 생각을 했다. 이를 통해서 미처 몰랐던 책문화생태계를 조금이나 마 알 수 있지 않을까 하는 기대와 함께 좌담회를 함께 하게 되었다.

〈출판저널〉 2017년 9월호인 통권500호를 기념으로 첫 번째 좌담회를 시작하였다. 좌담회에서 나는 사회로서 입을 열기보다는 듣는 귀를 열기로 했다. 책문화생태계에 대해서 말하고 싶은 사람들이 많다고 생각했고, 이렇게 다른 일을 하고 있는 출판계 사람들이 만나서 한 주제에 대해 서로의 이야기를 하는 기회는 별로 없다고 생각했기 때문이다. 사회자가 말하는 자리가 아니라 참석자가 말하는 자리가 되고, 그 자리를 도와주는 것이 내 역할이라 생각했다.

제1장과 제2장은 책문화생태계의 현재를 각자의 관점으로 진단하고 2017년의 이슈를 뽑아보았다. 제3장, 제4장은 서점과 도서관에 대한 문제점과 방안 등을 모색하는 자리였고, 제5장은 지역출판인들과의 자리였다. 제6장은 사회의 이슈가 되고 있는 미투와 관련해서 건강한 책문화생태계를 만들기 위한 출판계 직장환경에 대해서 논의를 했다. 각 좌담회가 출판계에서 반드시 생각을 해야 하는 주제로 이루어졌다.

총 6회까지 진행하면서 좌담을 기획하고 내용을 정리하는 정윤희 〈출판저널〉 대표, 학자로서 의미 있는 조언을 해주시는 부길만 교수님뿐만 아니라 좌담회에서 총 21명을 만났다. 21명의 목소리로 들려주었던 한국의 책문화생태계는 각자의 자리는 다르나 같은 목소리로 들렸다. 좌담회 참석자가 그 업계를 대표하는 사람은 아니지만 그래도 21명의 목소리를 좌담회에 담은 것은 중요한 일임에 틀림없다.

건강한 책문화생태계를 만드는 것은 누가 무엇을 해야 하는 것의 문제가 아닌, 다 함께 무언가를 해야 하는 것이었다. 그러기 위해서는 각자의 자리에서, 서로 함께 협업을 통해, 그리고 서로의 연결과 소통으로 책문화생태계를 보아야 한다는 것을 느꼈다. 〈출판저널〉의 좌담회가 책문화생태계의 구성원들이 함께 소통을 할 수 있는 계기를 만들어 간다면 좋겠다.

〈출판저널〉의 좌담회에서는 참석자들이 많은 이야기를 토해 놓는다. 그래서 좌담회 후에 이를 정리하는데 정윤희 〈출판저널〉 대표가 많은 고생했을 것이다. 그러한 결과가 이렇게 한·일 양국에서 단행본으로 발행하게 되니 다른 참석자들을 대신하여 감사의 인사를 드린다.

건강한 책문화생태계를 만들기 위해 좌담회는 계속된다.

책문화교양 001

책문화생태계의 현재와 미래
독자-출판-도서관-서점의 공생과 공존을 위하여

1판 1쇄 인쇄 | 2018년 11월 05일
1판 1쇄 발행 | 2018년 11월 11일

기획 및 엮음 | 출판저널 · 책문화생태계연구소
저자 | 김나솔, 김명숙, 김민주, 김영애, 김정명, 권영란, 박상융,
　　　박수연, 백원근, 부길만, 송승섭, 신경미, 신중현, 안유정
　　　은종복, 이용훈, 이정수, 이종복, 이 홍, 조진석, 정윤희
　　　천정한, 최서영, 황풍년
발행인 | 정윤희
편집 | 윤재연
본문디자인 | 김미영
표지디자인 | 김미영
발 행 처 | 카모마일북스
　　　　　(카모마일북스는 피알엔코리아(주)의 단행본 브랜드입니다.)
출판등록 | 제 312-2009-000025호(2009년 5월 4일)
주소 | 서울시 강남구 남부순환로 2645 한독빌딩 406호
전화 | 02-313-3063
팩스 | 02-3443-3064
이메일 | prnkorea1@naver.com
블로그 | blog.naver.com / prnkorea1

ISBN 978-89-98204-54-9 04020
ISBN 978-89-98204-53-2(세트)
값 25,000원

● 잘못된 책은 교환해 드립니다.
● 카모마일북스는 콘텐츠의 진심을 독자들에게 전합니다.